习近平给中国劳动关系学院劳模本科班学员的回信

（《人民日报》2018年5月1日 第1版）

中国劳动关系学院劳模本科班的同志们：

你们好！"五一"国际劳动节前夕，收到你们的来信，我感到十分高兴。你们为党和国家事业发展作出了突出贡献，被评为劳动模范，如今又在读书深造，这是对大家辛勤劳动、无私奉献的褒奖，也是党和国家对劳动者的关怀。

社会主义是干出来的，新时代也是干出来的。希望你们珍惜荣誉、努力学习，在各自岗位上继续拼搏、再创佳绩，用你们的干劲、闯劲、钻劲鼓舞更多的人，激励广大劳动群众争做新时代的奋斗者。

我一直强调，劳动最光荣、劳动最崇高、劳动最伟大、劳动最美丽。全社会都应该尊敬劳动模范、弘扬劳模精神，让诚实劳动、勤勉工作蔚然成风。

值此"五一"国际劳动节之际，我向你们、向全国所有劳动模范、向全国广大劳动者，致以节日的问候。

习近平

2018 年 4 月 30 日

中国劳動關係学院
CHINA UNIVERSITY OF LABOR RELATIONS

70 周年校庆丛书

庆祝中华人民共和国成立 70 周年
庆祝中国劳动关系学院建校 70 周年

中国劳模口述史

第 三 辑

CHINESE
MODEL WORKERS'
ORAL HISTORY

李 珂　吴 麟　编著

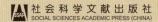

社会科学文献出版社
SOCIAL SCIENCES ACADEMIC PRESS (CHINA)

劳动最光荣　奋斗最幸福

（代序）

　　伟大事业需要伟大实践，人民群众是伟大实践的主体。党的十八大以来，习近平总书记在充分继承马克思主义劳动观和中华优秀传统文化的基础上，多次围绕中国梦、劳动、劳动者、劳模精神等内容进行深刻阐述，内涵丰富、思想深邃，为决胜全面建成小康社会，夺取新时代中国特色社会主义伟大胜利，实现中华民族伟大复兴的中国梦，提供了强大的思想引领和精神支撑。

一　人民是历史的创造者

　　习近平总书记在党的十九大报告中指出："人民是历史的创造者，是决定党和国家前途命运的根本力量。"历史反复证明，人民群众是历史发展和社会进步的主体力量，是先进生产力和先进文化的创造主体。

　　人民群众用劳动创造了人类历史。马克思认为，物质生产是"一切历史的基本条件"，有了人类的劳动，才有满足人类生存必需的前提，才产生了生活和历史。人民群众不仅是物质财富和精神财富的创造者，而且是变革社会制度、推动历史发展的决定性力量。从唯物史观和劳动哲学层面，习近平总书记深刻阐释了人民的主体地位，科学阐明了人民劳动创造历史的重要意义，指出"劳动是推动人类社会进步的根本力量"，"人民是历史的创造者，人民是真正的英雄"。这些观点全面把握了人民、劳动与历史发展、时代进步的内在逻辑，与马克思主义既一脉相承又与时俱进。

　　勤劳勇敢智慧的中国人民创造了灿烂的中华文明。在五千年历史长河中，中国人民创造了辉煌历史，铸就了灿烂的中华文明。习近平总书记指出："波澜壮阔的中华民族发展史是中国人民书写的！博大精深的中华文明是中国人民创造的！历久弥新的中华民族精神是中国人民培育的！"这一重要论述充分肯定并高度赞扬了中国人民在中华文明创造中的主体地位，也以中国历史发展实践生动阐释、充分彰显了中国人民创造中华文明的重要价值。在漫长的发展实践中沉淀形成的中华优秀传统文化和中国人民特质禀赋，已经成为植根于中国人内心的民族基因，并深刻影响着中国的发展进步。

中国人民在中国共产党的领导下奋力开创伟大事业。改革开放是决定当代中国命运的关键一着。40 年来，中国共产党团结带领全国各族人民为实现人民幸福和民族复兴不懈奋斗，中国特色社会主义取得巨大发展，近代以来久经磨难的中华民族迎来了从站起来、富起来到强起来的伟大飞跃。特别是党的十八大以来，以习近平同志为核心的党中央提出一系列新理念新思想新战略，出台一系列重大方针政策，推进一系列重大工作，推动党和国家事业取得了历史性成就，发生了历史性变革。进入新时代，中国人民正以"实干兴邦"的劳动精神继续谱写中国特色社会主义伟大事业的新篇章，焕发出人民创造历史的强大生命力。

二　以造福劳动者为最大政绩

伟大的发展成就由人民创造，丰硕的发展成果也要由人民共享。习近平总书记强调，要始终把实现好、维护好、发展好最广大人民的根本利益作为党和国家一切工作的出发点和落脚点。这既是以人民为中心发展思想的价值追求，也是广大劳动者的殷切期盼。

造福劳动者是社会主义制度的根本要求。在社会主义制度下，劳动者既是社会财富的创造者，也是社会财富的享有者，社会生产力的发展以人民的共同富裕为目的，其发展的目标是实现人自由而全面的发展。习近平总书记强调，全心全意为工人阶级和广大劳动群众谋利益，是我国社会主义制度的根本要求，是党和国家的神圣职责，"劳动人民是国家的主人"，要把"坚持崇尚劳动、造福劳动者"作为社会主义的奋斗目标。这些思想是马克思关于"实现人的自由全面发展"思想在新时代的新阐释新解读，既重申了社会主义制度下劳动者自身价值实现的回归，又高扬了劳动者在社会主义社会的主人翁地位。

造福劳动者是中国优秀传统文化的时代弘扬。在中国传统文化中，"民惟邦本，本固邦宁""因民之所利而利之"等，均体现了以劳动人民作为强基固本的思想。党的十八大以来，习近平总书记多次指出，"要以人民群众利益为重、以人民群众期盼为念，真诚倾听群众呼声，真实反映群众愿望，真情关心群众疾苦"；"必须始终坚持人民立场，坚持人民主体地位，虚心向人民学习，倾听人民呼声，汲取人民智慧，把人民拥护不拥护、赞成不赞成、高兴不高兴、答应不答应作为衡量一切工作得失的根本标准"。这些重要论述弘扬了中国优秀传统文化，旗帜鲜明地强调了"为人民服务"的宗旨。

造福劳动者是中国共产党人的初心和使命。中国共产党自成立以来，团结带领人民历经千难万险，初心不改、矢志不渝，始终坚持为中国人民谋幸福、为中华民族谋复兴。特别是党的十八大以来，我们党坚持以人民为中心的发展思想，深入贯彻新发展理念，民生状况得到诸多改善和更好保障，劳动者的获得感、幸福感、安全感显著增强。比如教育事业全面发展，就业状况持续改善，城乡居民收入增长跑赢经济增速，覆盖城乡居民的社会保障体系基本建立，健康中国建设取得新进展。这些都是中国共产党人以造福劳动者为最大政绩的生动写照，也是中国共产党人不忘初心、牢记使命的铿锵记录。

三　幸福都是奋斗出来的

功崇惟志，业广惟勤。习近平总书记指出，"幸福不会从天而降，梦想不会自动成真"；"幸福都是奋斗出来的"；"世界上没有坐享其成的好事，要幸福就要奋斗"。这是习近平总书记在新时代为开启新征程、实现新目标而向全体劳动者发出的奋斗召唤。

实现每个人的梦想需要奋斗。中国梦是每一个人的梦，新时代是奋斗者的时代。对于个人和家庭而言，美好的生活不可能自动生成，幸福离不开锲而不舍、驰而不息的艰苦奋斗。在人的一生中，青春时期是敢于有梦、勇于追梦、勤于圆梦的最好阶段。无数人生成功的事实表明，青年时代，选择吃苦也就选择了收获，选择奉献也就选择了高尚。只有进行了激情奋斗的青春，只有进行了顽强拼搏的青春，只有为人民作出了奉献的青春，才会留下充实、温暖、持久、无悔的青春回忆；只有奋斗的人生才称得上幸福的人生！

实现中华民族伟大复兴需要奋斗。人类的美好理想不可能唾手可得，离不开筚路蓝缕、手胼足胝的艰苦奋斗。近代以来，实现中华民族伟大复兴成为中华民族最伟大的梦想，中国人民以光复旧物的决心、自立于世界民族之林的能力，为实现这个伟大梦想进行了170多年的持续奋斗。今天，我们比历史上任何时期都更接近、更有信心和能力实现中华民族伟大复兴。习近平总书记强调："中华民族伟大复兴，绝不是轻轻松松、敲锣打鼓就能实现的。全党必须准备付出更为艰巨、更为艰苦的努力。"只要13亿多中国人民团结一心、不懈奋斗，就一定能够实现中华民族伟大复兴的中国梦！

构建人类命运共同体需要奋斗。当今世界正处于大发展大变革大调整时期，充满希望，也充满挑战。党的十八大以来，中国高举和平、发展、合作、共赢的旗帜，作为负责任的大国，始终做世界和平的建设者、全球发展的贡献者、国际秩序的维护者，为全球治理体系改革和建设贡献了中国智慧和中国力量。世界命运握在各国人民手中，人类前途系于各国人民的选择，各国人民的幸福生活也需要依靠奋斗实现。构建人类命运共同体，既要达成共识，更要见诸行动，需要各国人民一道，共同奋力创造人类更加繁荣、更加安宁的美好未来。

四 劳动开创未来

人民创造历史，劳动开创未来。全面建成小康社会，进而建成富强民主文明和谐美丽的社会主义现代化强国，根本上要靠全国各族人民辛勤劳动、诚实劳动、创造性劳动来实现。

弘扬劳模精神和工匠精神，为实现中华民族伟大复兴汇聚强大正能量。习近平总书记先后使用"民族的精英、人民的楷模"，"坚持中国道路、弘扬中国精神、凝聚中国力量的楷模"，高度赞扬广大劳动模范和先进工作者，并指出劳模精神"生动诠释了社会主义核心价值观，是我们的宝贵精神财富和强大精神力量"。党的十九大报告提出，要"弘扬劳模精神和工匠精神，营造劳动光荣的社会风尚和精益求精的敬业风气"。在新时代背景下，弘扬劳模精神和工匠精神，有利于培养造就一支有理想守信念、懂技术会创新、敢担当讲奉献的宏大产业工人队伍，推动中国速度向中国质量转变、中国制造向中国创造转变、制造大国向制造强国转变；有利于在全社会营造崇尚劳动的浓厚氛围和精益求精的敬业风气，汇聚起"劳动托起中国梦"的强大正能量。

发展和维护劳动者权益，释放劳动最光荣的时代强音。中国特色社会主义进入新时代，我国社会主要矛盾已经转化为人民日益增长的美好生活需要和不平衡不充分的发展之间的矛盾。人民群众不仅对物质文化生活提出了更高要求，而且在民主、法治、公平、正义、安全、环境等方面的要求日益增长。"人民对美好生活的向往，就是我们的奋斗目标。"面对广大劳动者最关心、最直接、最现实的利益诉求，我们应坚持社会公平正义，排除阻碍劳动者参与发展、分享发展成果的障碍，让劳动者实现体面劳动、全面发展。只有持续提升广大劳动者的获得感、幸福感、安全感，才能让"劳动最光荣、劳动最崇高、劳动最伟大、劳动最美丽"的价值引领在人民内心深处生根发芽、开花结果。

加强劳动教育，培育青少年深厚的劳动情怀。中国特色社会主义伟大事业需要依靠一代又一代中国人的辛勤劳动、接续奋斗来实现。青年一代有理想、有本领、有担当，国家就有前途，民族就有希望。习近平总书记对广大青少年寄予殷切期待，"要通过各种措施和方式，教育引导广大青少年牢固树立热爱劳动的思想、牢固养成热爱劳动的习惯，为祖国发展培养一代又一代勤于劳动、善于劳动的高素质劳动者"，"要教育孩子们从小热爱劳动、热爱创造，通过劳动和创造播种希望、收获果实，也通过劳动和创造磨炼意志、提高自己"。因此，要坚持教育同生产劳动和社会实践相结合，让广大青少年投身实践，在增长才干和磨炼意志中感受劳动所带来的收获和乐趣，进而形成尊重劳动、热爱劳动的真挚情感。

"历史承认那些为共同目标劳动因而自己变得高尚的人是伟大人物，经验赞美那些为大多数人带来幸福的人是最幸福的人。"站在新时代的历史方位，我们坚信，在以习近平同志为核心的党中央坚强领导下，一定能够最充分调动广大劳动人民的积极性、主动性和创造性，最大限度地聚合起人们饱满的劳动热情，激发起人民群众昂扬的奋斗精神，为实现中华民族伟大复兴注入源源不断的精神力量！

（原文刊于《求是》2018 年第 9 期）

目录

天安门广场的清洁卫士

——北京环卫集团天安门作业队环卫工蔡凤辉的故事

人物小传

蔡凤辉 女，汉族，1975 年 3 月生于河南省西平县出山乡小潘庄，中共党员。2003 年至 2012 年，担任祥予康信物业有限公司区域部经理，连续多年获评公司级优秀干部。2012 年至今，担任北京环卫集团北清物业有限管理责任公司天安门作业队人工保洁队队长，先后获 2013 年"环卫集团京环服务之星"、2014 年北京市"三八红旗手"、2015 年全国"巾帼建功标兵"、2017 年"北京榜样"优秀人物等荣誉称号，2016 年获得全国"五一劳动奖章"。多次负责国家重大活动和五一、十一天安门环卫保障现场指挥工作。中国劳动关系学院 2018 级劳动模范本科班学员。

一　生命的另一种远航

上学时我们学过"我爱北京天安门，天安门上太阳升"，当时就想，我啥时候能去趟北京天安门看看，这一直是我的梦想，做梦都想去。

我的父亲祖籍山东，是一位地地道道的农民，五岁来到河南，一辈子生活得非常艰辛。因为我的爷爷去世了，奶奶还有神经不正常病，我的舅爷就把奶奶和爸爸接到河南抚养。爸爸没有上过学，从七岁就开始抓工分，每天担柴火走百十里路，回来还得照顾自己的母亲，不但承受很大的劳动压力，还会经常被村上的人看不起，嘲笑自己的母亲是个傻子。

记得小时候有一次我放学回到家里，见爸爸坐在院子的地上，眼里含着泪一动也不动。我赶快把爸爸扶起来，问这是怎么了。爸爸说是村上的人告我哥哥超生了，家里值钱的东西都被拿走了。从那一年开始，我们家年年挨罚。后来我父亲不能遇见任何事，遇到事就拉肚子，从那时起爸爸的身体就垮了。爸爸从小累得腰腿疼，疼得自己打封闭针，不能长时间走路，母亲是气管炎，一走路上气不接下气。因为计划生育罚得家里连吃的都没有了，嫂子和哥哥又开始闹离婚，三个姐姐也出嫁了，家里只剩下我和父母以及一个几个月的小侄女，母亲要照顾小侄女，爸爸瘸着腿还要出去给别人盖房子挣钱，还要干农活。看着父母起早贪黑地劳作，真是太不容易了，对此我非常难过。

从那时起我就撑起家里的农活，每天下午带着同学们逃课帮助我们家干活。后来没有经过父母同意就辍学了，跟着村上的大人一起去窑厂压砖，每天累得浑身酸疼，裤子都被汗水浸湿了大半截，晚上回到家里自己躺到被窝里偷偷地哭。父亲问干活累不累，我却咬着牙笑着说不累。父亲说，眼睛怎么肿了，不行还是回去上学吧。为了不让父亲担心，我说我才不去呢，我觉得干活挺好。母亲心疼我，问我是否愿意去北京打工。我说愿意，上学时我们学过"我爱北京天安门，天安门上太阳升"，当时就想，我啥时候能去趟北京天安门看看，这一直是我的梦想，做梦都想去，但是我自己哪敢去呀。母亲说，你有个表姨在北京打工，可以带你去。从此，我从河南踏入了北京。

二　和自己赛跑的人

这些年的工作经历让我明白一个道理：任何事都是给有准备的人准备的，任何事都不是争来的，只要自己兢兢业业、一丝不苟地把工作做好，别人一定会认可的，自己也一定会得到肯定与嘉奖。

1994 年 10 月，我和表姨来到北京，下车就到天安门转了一圈。当时我心情非常激动，高兴得在广场上蹦蹦跳跳玩了一天。到了第二天，怀揣着满腔的喜悦找工作，没想到那么难。表姨给一位阿姨家做保姆，她也给我找了几家到别人家做保姆，但都嫌我年龄小，后来表姨托人找关系给我找了前门总后招待所（部队招待所）的前新饭店。前来面试我的是饭店客房部总经理田志学，他简单介绍了一下饭店的情况：饭店是国企，占地面积 5800 平方米，南楼三层，北楼六层，员工工资每月 250 元，奖金每月 450 元。一听到工资我高兴坏了，但是又听说不包食宿，试用期为 7 天，还要考试，如果考试不合格是不要的，我一下子又傻了眼，心想这可咋办呀，干还是不干？租房也需要几百元，吃饭还得自己带饭，算算也剩不了多少钱，原来出来找工作也这么不容易，还是上学好，可是上学家里又没钱，还有个侄女需要吃奶粉。算了，我必须行！我在心里告诉自己，我一定要努力工作，珍惜这份来之不易的工作机会。想到这，我就连忙点头说"中"，田总笑着说："说普通话。"

既不能给介绍人丢脸，又不能给阿姨家添麻烦，在阿姨家住了几天，这也不是个办法，自己还是出去租房子吧。问了好几家都是几百块，自己手里也没多少钱了。当时天也不算冷，发现宣武门有个小公园，晚上人也不多，我就睡到树底下，一睡就是一个多月，冷了就用树叶盖盖，有一位经常去公园散步的阿姨，每次走到我跟前都会多看我几眼。有一次她的钱包丢了，我捡到了，里面还有一千一百多块钱。第二天她来问我："小姑娘，你昨天晚上看见谁捡到钱包了吗？"我说我捡到了，并赶快从包里拿出来给她。她说主要是钱包里的卡比较多，办理起来比较麻烦，钱无所谓，我说我看到了，什么都没动。她当时对此很是惊讶，并问我怎么住在这个地方。我就把我找工作的情况给阿姨说了，阿姨说正好她没孩子，老公去世四十多年了，一个人住，并问我是否愿意两人凑合住互相帮忙，每天下班给她洗洗衣服，搞搞卫生，晚上回来做顿饭，每月给我100元钱，只是只有一间房子、一张大床，条件也比较差。我连忙答应说"好好"，条件再差最起码是屋里，便跟着阿姨到了她家。她说这几十年自己都过独了，我说我横着躺一头就行。我把她家的方凳子放到床边，睡觉时头占一个角，脚放凳子上。后来听手帕胡同77号院的其他人对我说："你面子够大的，她从来不让别人去她家。"

刚到前新饭店时自己做事笨手毛脚的。进入饭店的职工先培训，后上岗，前几天的培训是理论加实操，主要是素质培训、知识培训、技能培训。当时在想真是要干什么就得学什么，在饭店搞个卫生、铺个被子也这么多讲究。老师讲要在工作实践中掌握岗位技能，要将所学的知识转化为实际工作能力，提高自身素质，才能有自己的实力，提高劳动效率。当时讲的时候还真没觉得有多大压力，一到实操就傻眼了，每人每天从上午8点至12点四个小时一个人做14间房，那是一分钟都不能闲着。第一天我心里非常紧张，手忙脚乱的也没按照流程去做，给房间补消耗品的时候丢三落四，不是拖鞋没上，就是牙刷没上。一上午做了5间房，班长查出60个问题，当时真想不干了，可是再想想找份工作不容易，家里还需要钱养侄女呢，别人能干我也能干，也不能给介绍人丢脸，我必须认真去学。别人下班了我就跟着晚班的同事练习，第二天我7点钟就来了，先找退房的房间去清理。班长一看我来得这么早，对我说："是不是怕做不完呀？别着急，慢慢来，熟练了速度自然就快了，而且流程和消耗品都不会忘了，到那时候不到12点都会完成任务的。"我笑了笑，拿着工具和水桶干活去了，第三天我真的14间房12点之前全做完了。班长夸我适应得比较快，说新员工基本上都在7天才能完成任务，但是也不要骄傲，还要继续努力。班长告诉我，我们每月的奖金是和做房间的数量挂钩的，还有平时的表现，每月15日饭店内部几个部门联合大检查，会评出优秀职工并戴大红花的。听了班长这些鼓励的话，我就每天5点起床，给阿姨热点奶和馒头就出发了。为了省一角钱的车费，从手帕胡同走到前门需要40分钟，自己一天吃1.5元的馒头，怕其他小姑娘瞧不起，自己每天中午跑到开水间吃着馒头喝着水，因为饭店的其他服务员是成批招来的，她们是管吃管住的，我是走后门进来的，干同样的活不能得到同样的待遇。于是我就努力工作争取做个优秀员工，争取能来到宿舍住。我每天早来晚走，饭店每次到广安门货运站进货，领导都会安排我去，每次最少大纸箱177件，自己装车用绳子系牢，到单位卸车都是我。因为客房部没有男士，单位就把我当男劳力用了。别的小姑娘两人抬一箱送到六层库房还得歇几次，我自己扛着一箱一气扛到六层，别人跑一趟我跑两趟。每月15日的卫生联合大检查都会检查我负责的房间，每月我们组都能得到小红旗，每月月底发工资，我是我们小姐妹中最高的一个。

为了干好工作，我就利用晚上休息时间到培训学校学习，把酒店管理的初级职称和中级职称都拿到手。那些年工资和奖金能拿到八九百块钱对打工妹来说那是天文数字，我每月把钱给我父母邮回去，每次父母都让别人捎信让我自己照顾好自己，一定干正事，踏踏实实做人做事，有点不太相信我怎么能挣那么多钱，好像我在做坏事似的。有一次母亲来北京看我，到单位里看看挺正规，就给我们领导说："孩子小下学就出来打工了，做不到的您多说说她，不听话您就揍她，让她在您这好好干，我也放心。"我们客房部的刘经理说我表现不错，能吃苦又懂事，田总已经给我们下命令了，要把蔡凤辉的吃住解决了，也可以搬饭店宿舍了。当时我高兴得要跳起来，这可是一件大喜事，心里在想我不用躺凳子了，下雨时也不怕把工作鞋弄湿了，也不用担心光着脚丫子走在大街上被别人看着的那个眼神了。从那以后刘经理特别照顾我，在生活上把她家里不穿的衣服还有吃的都拿给我，在工作中给我帮助指导，还教我怎么去跟客人沟通、怎么去排班，给我一些管理的书，经常找我聊工作上的事，慢慢地我也成为一个小班长，后来又走上了主管的岗位。

1997年，饭店改革减员增效，客房部总经理1个、经理2个、主管3个、班长6个、职工45人，共计57人，要减到37人，而且还要安排北京本地3个45岁左右的下岗职工。这可是个大难题，几个主管和班长都在下面议论，减完人活怎么干呀，下岗职工能干得动吗？所有的人员都要调整，区域重新划分，经理让我们三个主管每人上交一份方案。其他两个主管是正式工又是北京人，唯独我是外地的又是临时工，我就琢磨关键是要有思路，思路关系到出路，出路要从更新观念开始，观念创新，才能实现工作创新，只有思想上的创新，才能带来企业管理、技能、形象上的创新。

我们三个人的方案交上去后，领导班子讨论后觉得我的方案比较适合现状，指派我为这次减员增效的执行负责人。工作任务虽然艰巨，但我心中还是掩饰不住喜悦，面对领导的信任和器重，我虽感担子沉重，却也信心满满。这些年的工作经历让我明白一个道理：任何事都是给有准备的人准备的，任何事都不是争来的，只要自己兢兢业业，一丝不苟地把工作做好，别人一定会认可的，自己也一定会得到肯定与嘉奖。回想在前新饭店工作这四年中，我每年都被评为"先进工作者"，每年都会奖励我出去参观学习，还享受了正式工待遇。感谢各位领导在工作上的帮助、支持和信任，尤其是在工作和生活遇到压力和委屈时，得到了领导和同事们的指点和鼓励。

三　村上打出金凤凰

穷人家的孩子可能会去奔波，努力干一些事，两个人的幸福是共同经营的，只要两个人真心在一起，再苦再累也无所谓。

1998 年 8 月，我被父母要求回到家里找对象。我从小有个小小心愿，就是将来找对象必须找个有婆婆的，为什么呢？是因为婆媳老吵架。我就觉得婆媳有那么难相处吗，我一定找个有婆婆的试试。可这就是命运，介绍好多都没成，唯一自己看上一个又是有父亲没有母亲的，就是我老公孔国宇，不但没母亲而且家里还非常穷，到他家看地方的时候，家里就只有两间草房，还要喂牛、做饭、睡觉，还有比他小一岁的妹妹在别人家住着，他妹妹八个月时就没妈妈了。他们家连个坐的地方都没有，我们家去了五个人坐的都是树轱辘。后来父母在他们村周围了解到他们家在我们乡就是最穷的一户，死活不愿意，但我倒是看上了。家人找亲人和我的姐妹做我的工作说不行，咱家穷你再找个穷的以后会受罪的，等等。当时我不这样认为，我觉得什么事都是靠自己的双手干出来的，你即使找个有钱的，两家不搭配的话也会被别人看不起，自己父母也不会一辈子跟着你。况且有钱的一些孩子已经习惯了衣来伸手饭来张口，穷人家的孩子可能会去奔波，努力干一些事，两个人的幸福是共同经营的，只要两个人真心在一起，再苦再累也无所谓，就这样我自作主张和他结了婚。

结婚后是打算不着急要孩子的，计划再去北京干两年挣点钱回来要孩子，没想到自己的想法和实际不是那么回事，突然有一天在饭店累得晕倒了，送到医院一检查是怀孕了。当时我就蒙了，这可咋办呀？家里连住的地方都没有，算了，孩子不要了。可是我的老公不答应，就这样把孩子留下了，辞了职又回到老家去。1999年8月16日，一对龙凤胎小生命的到来让全家人兴奋不已，我也激动地流下了眼泪，体会到了做母亲的不容易。看到两个可爱的孩子，我心里在想：有了这两个孩子，以后打工是出不去了，自己这辈子也就这样了，好好把孩子养大，好好培养孩子，将来也成为有用的人。

2003年8月的一天晚上，女儿感冒了，因为给孩子吃药问题与老公发生了争吵，打了一架，自己感到很委屈，躺床上哭了两天。嫁给他一天福没享，为了让家里富裕点，老公在外地打工，怀孕时人家媳妇吃这个吃那个，我不但吃不上，而且天天骑着三轮车下地跪到地上割草喂牛，怀孕时自己生豆芽自己卖，累得早产，孩子八个月零三天就出生了，躺在床上一边一个，晚上翻身都不敢，怕把孩子吵醒闹人。种地的时候自己学会了开四轮拖拉机，一只手抱着孩子，一只手握着方向盘，座椅背后还夹着一个孩子，两个孩子和我还没有土地，自己又承包别人家的地共计种了十二亩。我躺到床上越想越委屈，突然间一种想死的念头涌上心头，就找了打菜籽的敌敌畏偷偷放到厕所里，想着晚上喝。到了晚上自己拿起药瓶想喝的时候，我的女儿喊妈妈，这时我才意识到我死了倒是一了百了，可是孩子怎么办，又联想到老公从小没有母亲，在村上受了多少气，遭了多少罪，天天被村上的孩子喊着没妈的孩子。算了吧，好死不如赖活着，出去打工，这样孩子还有个妈。我把衣服收拾收拾，把包放到院墙外的玉米秆下面，第二天晚上趁着孩子睡着了，凌晨三点我就偷偷跑了，自己走了四个小时到县城坐上车，第二次踏上了前往北京的旅途。

四 和天安门结缘

天安门广场的保洁任务让我连轴奋战了7天7夜，这7个昼夜也使我意外地与北京环卫集团结缘，中间"做媒"的竟然是天安门，我与天安门广场结下了更深的缘分。

2003年我离开家乡，从河南农村来到美丽的首都北京打工，通过水文家政公司被介绍到304医院做保洁，工资是每月450元，管住不管吃，干起了物业性质的保洁工作。保洁行业不但辛苦，而且经常会被人看不起。我在304医院从事保洁工作，刚开始医院的医生护士都用另一种眼光看我，有的甚至直接说我，你这么年轻怎么干这种活。我听完后笑笑，我心里在想我20岁就干上保洁了，只不过是客房保洁员，那时间我也没少挣，也给家里增加了不少收入，虽说现在没有以前的工资高，但做任何事情都会从零开始，只要你努力、你付出，总会有好的结果。我相信什么活都是人干的，行行出状元。

有一次304医院要进行翻新工程，需要工作人员晚上加班给地板打蜡。知道自己不在加班人员名单中，我主动提出免费加班，不要加班费也要干，只为能学到打蜡这门手艺。经过一晚上的观摩和实践，我轻松掌握了打蜡工艺。第二天免费加班洗地的工作，又是一个晚上，我学习到了操作洗地机的技术。有的人说我傻，连加班费都不要。可我认为这不是傻，我知道自己在做什么，我有一对儿女需要抚养，我也很需要钱，但是任何公司和老板都不会养闲人和懒人。有一句黄金定律的话：先别惦记着能挣钱，先学着让自己值钱。没有哪个行业的钱是好赚的，干工作，没有哪个是顺利的，受点气是正常的。赚不到钱赚知识，赚不到知识赚经历，赚不到经历赚阅历，以上都赚到了，就不可能赚不到钱。只有先改变自己的态度，才能改变人生的高度；只有先改变自己的工作态度，才能有职业高度。没有谁生来就能担当大任，都是从简单平凡的小事做起，今天你为自己贴上什么样的标签，或许就决定了明天你成为什么样的人。责任心直接影响到办事的效率，任何一个公司都迫切需要那些工作积极主动负责的员工，优秀的员工往往不是被动地等待别人的安排，而是主动地去了解自己应该做什么，然后全力以赴地去完成。本该拼搏的年纪应该想得多一点，奉献点，只要用心干，就会有收获。这些功夫都没白费，无论打蜡还是抛光技术，在我后来的工作中都用上了。

2006年，通过努力，我在304医院保洁公司经理认可下当上了主管。那年五一，公司接到了天安门广场的环卫保障任务，是环卫集团请了几家保洁公司，我们一家只负责广场三分之一面积的保洁。记得那年升完旗后，广场上垃圾多得需要保洁员用大扫把推，食品包装袋、报纸、鸡蛋皮什么都有，保洁员的工作量非常大。保障任务圆满完成后，我负责的公司在7天保障里是最优秀的一家，拿了第一名。这一任务却让我连轴奋战了7天7夜，这7个昼夜也使我意外地与北京环卫集团结缘，中间"做媒"的竟然是天安门，我与天安门广场结下了更深的缘分。

　　正是这7个昼夜工作时的劲头、能力与魄力，被我的"伯乐"——环卫集团下属的北清物业管理有限责任公司的孟宪强总经理看在眼里。2012年3月，我接到孟宪强总经理的电话，说环卫集团天安门项目部重新整合，邀请我加入物业公司，到天安门项目部担任人工保洁班班长，负责天安门广场的人工保洁工作。接到电话我很激动，也很意外，意外的是那么大的领导在这7天中不停地在检查，我们基层的辛苦付出也都看在眼里，孟总肯定是个负责任的好领导；但是从内心里我是不想去的，原因是我在公司好几年了，和公司及同事们有着深厚的感情，而且保洁公司的孔总对我也特别好，每年我在公司都会被评为"先进工作者"，会有一部分奖金，并且还帮忙把我的孩子接到北京上学，还让我去考取驾驶证。当时我就拒绝了孟总说我不去，我也把理由告诉了孟总，后来孟总又找到我们孔总说，孔总又找我谈话，说孟总是个好领导，他们又是国企等，我仍然没有答应。最后孔总说："不是我把你往外推，我也舍不得你离开公司，主要是咱们和他还有业务往来，咱们必须帮这个忙。要不你先去帮忙，如果去了不适应的话，可以随时回来，咱们公司的大门永远为你敞开着。"看着孔总为难的样子，我就答应了，去环卫集团帮忙三个月。

五　为祖国"心脏"保洁

"风雨中这点痛算什么，擦干泪不要问为什么。"我不是歌手，不能用动听的歌喉歌颂我的岗位，但我要感谢我的职业，是它让我知道如何真实地工作每一天，是它让我知道劳动者的一种美丽，那就是我们"环卫保洁员"。

2012 年 4 月 25 日，我来到环卫集团，负责天安门广场 28 万平方米的环卫保障工作。天安门广场是世界上最大的广场之一，天安门是祖国的心脏，天安门是所有人向往的地方，每天有数十万计的各地游人，人员密集，工作量大，质量要求高。为保证 28 万平方米的广场清洁，我就给自己拧紧了发条，把全部的时间和精力都投入到天安门广场的保洁工作中。在进场初期，对员工开展岗前培训，进行了天安门地区保洁工作的意义、保洁行业的服务理念和服务意识、人性化管理等一系列思想教育。我要求大家在做好保洁工作的同时，要关心国家大事。我在工作中经常去了解员工的思想动态，对员工思想上的问题和心中的矛盾及时了解并予以化解，"毛毛细雨经常下"是我做思想工作的特点，通过与员工谈心谈话，滋润他们的心田。因思想工作到位，全体保洁员工作热情高昂，精神面貌始终保持在最佳状态，能以满腔的热情投入到工作中去。

广场内卫生死角很多，特别是垃圾桶痰迹斑斑。我带领大家分工合作，成立清洗小组，区域保洁员粗擦，使其表面无尘土，清洗小组人员对其进行细擦，使用清洁药剂清除桶内桶外污物，还原了垃圾桶本色。

为了保障 2012 年的五一节，120 人的人工保洁团队分为早中夜三个班次轮流作业，负责广场和周边的垃圾捡拾、果皮箱清洁和垃圾清运等日常保洁工作，全部人员都是走着用笤帚和簸箕清理地面，工作量非常大。而我亲自指挥三个班次作业，从 4 月 27 日一直在广场值守到 5 月 8 日，这十来天晚上几乎没怎么合眼。队员脚上磨得全是泡，走路一拐一拐的。每天到人民大会堂一侧坐班车，这一路上就有人围观并开玩笑地说，怎么弄来一群瘸子啊！

听到这略带讽刺的话，我的内心被刺痛了。五一节后我去广外医院看望病人，在路上看到一辆电动三轮车。电动车，突然间我的脑海里想到，这种三轮车放到天安门当保洁车不也挺好看吗？抱着学习借鉴的心态，我走向前和驾驶员聊了不少关于电动车的工作原理，拍下照片，回到单位便向领导汇报了此事，并得到了支持。考虑到保洁员习惯右手扶把，左手用夹子捡拾垃圾，我们把行车制动统一设计安装到右手。经过改良的电动车，安全系数提高了。我们还为电动车安装了后垃圾筐，增加了垃圾装载量。于是，我将自己的设计建议报给了厂家，经我和公司领导探讨后，如法炮制并稍加改良，仅用半个月的时间，第一批崭新的 10 辆便捷、高效、环保的电动捡拾车便出现在了天安门广场。保洁员们有了先进的工具"高兴坏了"，以前 5 分钟的路程，现在 1 分钟就能到达，既减轻了劳动量，提高了劳动效率，又让天安门的环卫工作看起来体面了很多。

来到天安门项目部时间不长，我为环卫工解决了一个大难题，这不仅获得了上级领导和下级员工的信任，也增强了我创新的信心，顿时感到一股油然而生的自豪感。那可是在天安门工作，跟家人说了，他们眼神都变亮了。慢慢地，我对环卫集团有了更深的了解，加之集团领导和管理层给予的信任，我决定留在环卫集团。我深深感谢集团公司给予的信任，给予我展示风采的平台。想想孟总当初对我说的那句话依然清晰："天安门位置重要，大国企对你今后的人生会有改变的。"

赶上暑期高峰，广场内每天的客流量大约在 110 万人次，污染物大量增加，保洁员工作量加大，特别是中午游客吃饭的高峰期，一次性饭盒、矿泉水瓶等废弃物被随手丢弃，而这个时段也是保洁员的吃饭时间。为了保证清洁质量，我从自身做起，带领保洁员采取"错峰吃饭"的措施，从中午 11 点 30 分至 13 点 30 分的时间段内，坚持在现场组织，让污染物停留时间不超过 15 分钟。

夏季室外高温，天安门广场地表温度高达 50 多度。为了保证保洁员的工作安全，我积极配合公司做好防暑降温工作，为每一位保洁员配备了草帽、腰包、水杯、防暑降温药品、绿豆汤、冰镇矿泉水等。由于防暑工作充分，整个暑期没有一名保洁员中暑。我带领保洁员经过几个月的摸索与实践，将天安门环卫保障工作按照"人机结合、网格管理、快速捡拾、定期冲刷、监督检查、专业高效"的方式，保质保量地完成了环卫清洁保障任务。

　　火热的 7 月，天安门迎来了暑期高峰，广场及周边地区最让人心烦的就是大面积的"口香糖污渍"，治理口香糖污渍顽疾成了最大的清洁难题。当时保洁队自编一首打油诗："口香糖，是难题，一块一块趴地皮。冬天硬了铲不动，夏天黏糊乳胶泥。"面对困难，我就对它宣战，开展了大量的组织动员工作。在动员大会上，我带领管理骨干和保洁员都纷纷表示：我们不怕苦、不怕累，一定要完成这项艰巨的任务。面对广场及周边地区的口香糖污渍顽疾，我与保洁员们共同摸索解决的方法，通过实践，把钢丝刷头安装在手枪钻上，在口香糖污渍上洒上水软化进行清理，不但成功地去除了口香糖污渍，又保证了不损伤大理石地面。我把这个方法推广开来，大家上下一心，用铲刀和自制电动钢刷，通过小组集中清理，个人自包区域，打响了彻底清除口香糖污渍的大会战。我们制订了 4 个 15 日计划，在 8 月 31 日前要全面清除口香糖污渍，为 2012 年国庆节献礼。这不是痴人说梦，在历时两个月的时间里，我和突击队员们没有休息，每天头上顶着炎炎的烈日，脚下踩着 40 多度的高温，脚走得肿了，脸也晒得起了一层又一层的皮。28 万平方米的天安门广场上的口香糖污渍是靠我们的双手擦出来的，共清除口香糖污渍 50 多公斤，终于完成了广场内口香糖污渍的清除工作。这是靠我们的汗水洗出来的，是靠我们保洁员的敬业精神照亮出来的，有了这种精神，我们的工作无往而不胜。由于长时间没有回家，两个孩子来广场看我，孩子见到我的时候都哭了，说妈妈你太辛苦了。我看着一双可爱的儿女也流下了眼泪，此时我想起有一首歌中唱到的"风雨中这点痛算什么，擦干泪不要问为什么"。我不是歌手，不能用动听的歌喉歌

颂我的岗位，但我要感谢我的职业，是它让我知道如何真实地工作每一天，是它让我知道劳动者的一种美丽，那就是我们"环卫保洁员"。这些好办法和保洁员吃苦耐劳的精神被记者发现，许多媒体对我们的工作给予了报道和好评，也赢得了老百姓的赞誉。

升旗仪式前　忙碌开始时

升旗仪式前是我们每天忙碌的开始。无论春夏秋冬，我每天日出前一个多小时就带着队伍进入广场开始作业。一年四季天还没亮我们就开始了一天的辛勤劳动，从夏天最早的凌晨 3 点起床，到冬天的 6 点起床，我们已经坚持了这么多年，我想我们应该是北京起得最早的一批人。

当嘹亮的国歌声传遍广场，五星红旗冉冉升起之后，清扫工作就开始了。升旗仪式结束后，我带领保洁队伍进入位置，统一着装的保洁员，每人间隔 2 米，一字排开，步调一致向广场东南西三个方向进行清扫，前排保洁员先将垃圾推成堆，再进行装袋、装车，后排保洁员进行地毯式清扫，将遗漏的垃圾扫进他们的铁背篓、垃圾袋。这种清扫方式是受国旗班的启发想到的。升旗仪式后保洁员们清扫广场也是一道亮丽的风景线。

虽然升旗仪式只有短短的十多分钟，每逢赶上节假日，观旗群众和我们保洁员一样，早已进入广场等待，随之而来的是数吨垃圾，但这些对于我负责的 28 万平方米的天安门广场并不算什么。

当升旗仪式结束后，保洁员们回到自己的工作岗位，开始了一天中第二时段广场清扫保洁工作。我们将 28 万平方米的广场分为东南西北四个大区，每个大区又分成若干网格，每个保洁员都有一片自己负责的区域。

天安门无小事　遇大事不惊慌

"天安门无小事"，我来到这里工作的第一天就深深记住了这句话。2012 年 7 月 21 日是让我终生难忘的一天，这天北京城下起了历史上罕见的特大暴雨。

记得那天一早，听天气预报说有暴雨，下班后我就一直留在办公室。晚上 10 点多钟，雨越下越大，我冒雨去广场巡查，发现东区北侧的地下通道积水已经没过小腿。这个地下通道内是地铁一号线天安门东站入口，眼瞅着雨水就要灌入地铁。那时是半夜 11 点多，我一边向领导汇报，一边迅速调派驻在附近的 30 名保洁员为地下通道排水。一部分保洁员在地铁入口组成一道人墙，大家喊着号子用刮地刮子奋力推开涌向地铁口的雨水，另一部分用水桶把推出来的水运出地下通道。暴雨下了一夜，我们也奋战了整整 6 个小时。员工们穿着平日的工作服和单鞋，浑身湿透，脚和小腿都被雨水泡囊了。看着他们熬了一夜后疲惫却依然带笑的脸，我虽有成就感，但更多的是心疼。

这次应急事件，其实并不属于我们的工作范畴，但是我带领我的团队，为了保护国家公共设施全力以赴。事后，天安门管理委员会对我进行了表扬。

大国与小家

我在天安门项目部 7 年多的时间，很荣幸参加每年全国"两会"、五一、十一等各项重大活动，尤其是 2015 年的"9·3"天安门广场举行纪念中国人民抗日战争暨世界反法西斯战争胜利 70 周年庆祝活动，重大活动环卫保障共计上百次。我作为一名环卫工人亲自参与大型活动做环卫保障工作，感到既光荣又自豪，同时又有一种强大的责任感和使命感。为了营造良好的市容环境，环卫集团提前几个月就开始了筹备工作。为了确保"9·3 大阅兵"环卫保障任务圆满完成，我们集团在天安门成立了环卫保障指挥部，天安门地区正在进行着红墙粉刷、地下通道改造、栏杆油漆等翻新工作。同时，环卫集团也加大了天安门地区作业车辆的配置和投入，果皮箱正在换新，这些都增加了保洁员的工作强度，但也体现了我们保洁员的价值所在。28 万平方米，120 人的保洁队伍，平均每人守护着超过 2000 平方米的广场区域，也守护着保洁人的骄傲。

用辛勤的劳动扮靓了大国的"颜面"，我的付出赢得了人们的尊重。偏偏就在此时，我的腰椎间盘突出发作，左腿麻得走不了道，在电动车上也坐不住。为了出色完成任务，我顾不得身体的病痛。我对员工说，我们是首都环卫者的一员，也是环卫者的代表和佼佼者，大阅兵这么重要的日子，不能留有任何瑕疵。我连续工作了 7 个夜晚后，病倒被送进医院。在医生的建议下，我做了微创手术，7 天后我又生龙活虎地回到了天安门广场。"9·3 大阅兵"的彩排此时也进入重要时段，整个天安门地区成了大工地，铺路、栅栏修复、建筑物翻新等同时进行。很多保洁员不让我到现场受累，并向我保证一定能做好，我当场落泪了，我感到了家的温暖，保洁员们就是自己的家人。

　　在天安门工作，政治性很强，一旦有重大活动，政审完后，任何人家里再有事儿也不能请假。我的班组里有一位李广清师傅，2014 年 9 月 30 日，他的爱人出了车祸，身边只有一个十几岁的孩子，可李师傅还是选择坚守在岗位。李师傅的爱人提出了离婚，我是在国庆节后得知此事的。我要来他爱人的电话，又亲自跑到他廊坊家里做她爱人的思想工作，给他爱人讲做我们这一行不容易，家人的理解和支持最重要。最后我把事情的原委说清了，李师傅夫妻和好如初。我们的队伍就是一个大家庭，谁家有点事儿都互相着急，真的是革命友谊。

　　2013 年 11 月 3 日，北京下了两天一夜的一场几十年难遇的雨夹雪。4 日下午两点，人民大会堂将召开一次重要会议，我们接到任务必须提前完成除雪。大会堂周边的下水道都被厚厚的雪覆盖，我就带领着队员，冒着冰冷的雨雪，用脚一点点往前蹭着摸下水道口，穿着靴子的裤腿全被灌进的泥水浸透，厚实的工作服被雨雪打湿。每个队员起码更换了三套工作服，脚被冰水沤得快没了知觉。在办公室里，队员们相互关心着，有的说"快放我怀里暖暖脚"，有的说"快用我的衣服暖暖脚"。有驾驶扫雪机的队员因长时间穿着湿冷的衣服，落下了阴天下雨膝盖疼和腰疼的毛病。但大家无怨无悔，最终将所有的下水道口清理干净，保证了会议的正常召开。

　　在重要的国家保障任务时，我们是勇敢的"战士"，无惧于冲锋陷阵。每逢新春佳节，到处是辞旧迎新的鞭炮，到处是欢乐的笑声。人们都在相互祝福的同时，也赞叹着天安门广场的整洁美观。有谁知道，这里浸透着环卫工人多少辛勤的汗水？为了给来此游览的人们一个清洁的环境，多少环卫工人放下怀中的孩子，离开温暖的家庭，迎着寒风在辛勤地劳作。尽管他们没有听到迎春晚会上的歌声，没在除夕之夜陪伴自己的亲人，但是他们却用自己的艰辛劳作换来了千万游客的点赞。在团结奋斗的队伍中，我们是家人，互相给予温暖；在面临国家与小家的抉择时，他们还有家庭作为后盾，让工作没有后顾之忧。

六 一生甘做环卫人

总书记在回信中强调劳动最光荣、劳动最崇高、劳动最伟大、劳动最美丽，全社会都应该尊敬劳动模范，弘扬劳模精神，让诚实劳动、勤勉工作蔚然成风。

七年来，我收获了人生中的很多荣誉，能够获得这么多的荣誉是沾了天安门的光。我没有什么惊天动地的事迹，只是用心、尽责完成了我的本职工作。我以环卫事业的前辈为榜样，用"宁愿一人脏，换来万家净"的"时传祥精神"鼓励自己，努力拼搏，艰苦奋斗。通过努力，我2014年有幸荣获北京市"三八红旗手"荣誉称号，2015年荣获全国"巾帼建功标兵"荣誉称号，2016荣获全国"五一劳动奖章"，2017年荣获"北京榜样"优秀人物称号。

2017年6月30日那天，我突然接到韩晓鹏总经理的电话让我学习，当时我特别激动，韩总说是两年脱产学习，一般是3月份开学，先报名总工会还得评选。我又问韩总说，如果说出去学习的话，我是愿意去学知识，实际我最缺乏的就是理论知识，可是2019年是国庆70周年我会不会影响工作，因为那时正是需要人手的时候，如果影响工作我就不去了。当时韩总说如果两年的话不会耽误的，先报上名吧，机会难得。我高兴得当时都跳起来了，这不但圆了我的大学梦，而且幸运的是我能到中华全国总工会唯一的直属高校学习，最幸运的是来到学校以后我们还给习近平总书记写信，又得到了总书记的回信，得到了总书记的赞美和认可。总书记在回信中强调劳动最光荣、劳动最崇高、劳动最伟大、劳动最美丽，全社会都应该尊敬劳动模范，弘扬劳模精神，让诚实劳动、勤勉工作蔚然成风。这段话让我很受鼓舞，让我品尝到了其中的甘甜，从一名农民工成长到首都天安门的一名环卫职工，从环卫职工又成长为一名劳动模范，这其中有太多的艰辛，也曾经有过太多的委屈。其实环卫群体在社会上的认可度还比较低，经常会被人看不起，今天我感受到了尊重，也感受到了幸福。现在，我在北京有了自己的家，有了一个温暖的港湾；现在，我又有机会重回校园，成为劳模班的一员，圆了我的大学梦。这一切的一切让我幸福，让我感恩。我要感谢我们的党、感谢我们的国家对劳模各方面的优惠政策，感谢集团领导对我们环卫工人的高度重视，给我们安排了公租房，解决了我们的后顾之忧。感谢各级组织和领导对我的培养和厚爱，感谢集团领导给我搭建了展示自我价值的平台，让我把实践经验和理论知识得到更好的结合。感谢同事们的支持和帮助，感谢家人，我要用感恩的心，用自己的行动回报帮助过我的每一个人。这种幸福感、获得感，激励着我要以百倍的努力投入到未来的工作中去。

五一那天晚上，我就回到天安门项目部，把总书记的回信内容传达到姐妹耳中，让她们也知道劳动最伟大、劳动最美丽，要让姐妹们知道我们干的事是社会需要的，城市的美丽是离不开我们的，我们也是社会主义建设者；让她们感觉到任何劳动都是光荣的观点，我们要用我们的辛勤劳动改变人们对环卫工人的偏见；让她们都知道总书记的这封信是对千千万万个劳动者的认可和肯定；让每个职工感到自己的辛勤劳动得到了总书记崇高的赞美；让她们认识到劳动价值没有大小，劳动分工没有贵贱，热爱劳动是对劳动的情感，是对本职工作的热爱，要焕发出劳动的热情。

习总书记在回信中强调，"社会主义是干出来的，新时代也是干出来的"。我和我的同事们会继续努力把这支队伍打造成为政治素质高、业务过硬、素质优良的品牌队伍。作为队伍的一分子，我们要与伟大祖国荣耀相连，为建设中国特色的城市中心广场作出贡献，把青春的梦想写在天安门广场的每一片土地上。

这次学习的机会开启了我的学习之门，我会倍加努力学习，在工作中不仅要有深厚的专业技能，更要有高尚的道德素养和永无止境的学习心态。我们要有强烈的责任感和使命感，要用新的理念、新的知识充实自己。在今后的工作中，我们要借鉴先进企业的发展经验，在现有的工作基础上，敢于创新，突破传统管理方式的束缚，吸取先进企业的发展精华，掌握最先进的企业管理理念，积极探索更适合我们公司发展的新思路、新理念、新方法。通过管理创新，优化作业流程，进一步突出企业发展风貌，实现新突破、新发展。

　　2019 年将迎来新中国成立 70 周年庆典，北京要创建世界一流的和谐宜居之都，需要我们以赶考的担当精神，全力以赴地做好每一项工作，以更大的干劲、闯劲、钻劲，当好主人翁，为北京环境卫生干净整洁贡献出自己的微薄之力。"我深爱天安门广场的每一寸土地，我喜欢保洁这个行业，我愿做一生的环卫人！"

致敬词

　　她，不怕苦、不怕脏、不怕累，为祖国的"心脏"保洁。五一、十一、假日高峰、重大会议，天安门广场人潮涌动，28 万平方米的清扫工作，每一次都能出色地完成。核心地区无小事，广场上 50 多公斤顽固的"口香糖污渍"，她和团队一点一滴地擦除。无论炎夏的高温，还是数九的寒冰，她都用双手扮靓天安门广场，迎接鲜艳的五星红旗，笑颜如同朝阳一般明艳。她，从山沟沟里走来，是和自己赛跑的人。她说，感谢我的职业，我知道了如何真实地工作每一天。

　　致敬——北京环卫集团天安门作业队环卫工蔡凤辉！

"魔鬼路"上的风雪雄鹰

——新疆塔城公路管理局额敏分局玛依塔斯
救援基地驾驶员李长青的故事

人物小传

李长青 男，汉族，1992年1月生于新疆塔城额敏县。2011年秋考入新疆塔城公路管理局额敏分局，成为机械班驾驶员。现任新疆塔城公路管理局额敏分局玛依塔斯防风雪保交通抢险救援基地道班班长。先后获2014年自治区交通运输厅"优秀共青团员"，2015年塔城公路管理局"青年岗位能手""红旗机车手"，2016年"塔城地区劳动模范"等荣誉称号。2016年"塔城地区五四青年奖章"获得者。中国劳动关系学院2018级劳动模范本科班学员。

一 父亲的风口精神

从基地到登上大巴车，我的视线一刻也没有离开父亲，他疲惫而又坚定的眼神、颤抖而又挺拔的身躯，在我的心里生根发芽。

父亲，是伟大的，是无私的。天下有哪个父亲不是一生中都在为一个家操劳，又有哪个父亲不爱自己的妻儿。同样，我的父亲，也和千百万父亲一样，疼爱妻儿。

我的父亲是塔城公路管理局的一名普通职工。夏季要负责省道 S201 线、S318 线路容路貌管养与恢复工作；冬季在有"魔鬼路"之称的省道 S201 线玛依塔斯路段，担任玛依塔斯防风雪保交通抢险救援基地的道班班长，进行防风雪保畅通抢险救援工作。他工作任务重且多，所以大部分时间都在忙工作，对家里的关心少之又少。从小父亲给我的印象就是"忙"，在家的时候很少。夏天早出晚归，冬季里甚至逢年过节都不在家。父亲难得回家，但却苛刻地对待我的学习，严厉地管束着我。我觉得他不理解我，不够关心我，甚至觉得他不爱我，至少我以前是这样认为的。

直到 2007 年底亲身经历"魔鬼路"与暴风雪后，我才明白父亲的压力、无私、伟大和责任，从那时起我就梦想着有朝一日也能成为一名像父亲那样，可以拿回很多奖状的优秀公路人。2007 年元旦，父亲仍坚守在工作岗位上。单位的领导组织玛依塔斯工作人员家属去慰问，让家人们共度元旦。早上 10 点，我与母亲坐上单位的大巴车，从县城前往玛依塔斯抢险救援基地，在车上我就迫不及待地想看到父亲的工作环境到底是什么样的，是不是像父亲说的那样，真的有那么危险、那么可怕、那么辛苦。半小时后，车辆进入玛依塔斯路段，首先映入眼帘的是白雪皑皑的山峰、戈壁和漆黑笔直的公路。哇——好美啊！风平浪静，这哪里是"魔鬼路"，简直可以说美如仙境。没过一会，车辆到达玛依塔斯抢险救援基地，下车见到父亲，我的第一句话就是："爸，这里哪有你说的那么可怕，你也就是吓唬我。"父亲只是笑着摸着我的头说："你们来了风就不敢刮了，能好好过个元旦了啊。"正当我们陶醉在与家人团聚的气氛中时，说来也巧，下午就遇到了改变我想法的暴风雪。

元旦参观活动结束后，父亲正组织大家吃午饭，就在这时父亲的手机响了起来。接起电话没说几句，父亲的脸色就变得凝重了起来，放下电话就对大家说快些吃饭，吃完就送你们回去。我连忙询问父亲怎么了，父亲说外面起风了，估计一会就要大起来了，要在风力大起来之前把我们送出风区，还要疏导社会车辆穿过风区，风再大了就要封路了。没等我说完话，父亲叫上两名还在吃饭的抢险队员开上巡道车就上路巡道去了。我心想：有这么着急吗？能有多大的风，早上来的时候外面哪有一点风的影子？饭还没吃完就去路上工作，今天可是元旦啊！没过一会，基地所有的抢险队员整装待发，基地的老师傅们告诉我，玛依塔斯之所以被称为"魔鬼路"，是因为玛依塔斯位于新疆塔城地区西北部，是塔城盆地东进西出与外界相联通的必经之路——"咽喉要道"，是中国和世界上罕见的暴风雪灾害区。风区年均8级及以上大风150余天，最多200天，最大风速高达40米/秒，风速之高、积雪量之大，为世界所罕见。

话音刚落，值班室的电话就响了起来，父亲下达命令，全体队员上路清雪作业。我转头看向窗外，早上平静如画的场景已不复存在，风雪肆虐，能见度几乎为零，就连门口停放的大巴车都已经模糊出我的视线，"害怕"这个词第一次出现在我的脑海里。通过值班室报话机里传来的一条条"命令"和一句句"收到"，我仿佛看见父亲站在风雪中的模样——那么的"狼狈"，同时又是那么的"神圣"。20时许，抢险救援工作结束，父亲拖着疲惫的身躯回到道班，身上的防寒服都已经湿透，加上外面极低的气温，已经冻得和铠甲一样了，走起路来"咔嚓咔嚓"的。还没等我开口说话，父亲就下达了护送家属团撤离基地的命令。父亲说："已经封路了，路上还有不少'死车'（人员已经救走的车辆），我带巡道车护送你们出去。"从基地到登上大巴车，我的视线一刻也没有离开父亲，他疲惫而又坚定的眼神、颤抖而又挺拔的身躯，在我的心里生根发芽。大巴车在父亲的带领下缓缓地行驶着，车窗外的景色已和早上来时发生了天翻地覆的变化："仙境"已然变成"魔鬼路"，各种大大小小的车辆横七竖八地被风雪掩埋在路上，还不时地有人在路上求救。看着仍在风雪中救援的父亲，我的眼泪不自觉地流了出来，终于明白了父亲的责任。父亲为了我们这个家，是那么的辛苦，却从来也不给我和母亲说起。

为了解救一名途经的司乘人员，就要冒着巨大的危险，"不抛弃，不放弃，顽强救援，用生命为大爱高歌"，这就是父亲一直坚守着的玛依塔斯风口精神！他的爱，广博！他的爱，沉稳！他的爱，无言！

二 闲不住的师傅巴图散

为了打通道路，让滞困的车辆驶离风区，他不得不穿上湿棉衣，硬着头皮跳进暴风雪里，疏导车辆。湿棉衣、棉裤遇冷，变得硬邦邦的，好像穿了铠甲一样，咔啦咔啦地响。

巴图散是新疆塔城公路局额敏分局的驾驶员，蒙古族，共产党员。1998年工作以来，一直摸爬滚打在公路养护、防风雪抢险、疏通公路第一线，多年的风霜磨砺，使他逐渐成为一名出色的机械手。2010年荣获"自治区交通厅抗雪灾保交通先进个人"、"塔城地区十大杰出青年"称号；2011年荣获"塔城地区劳动模范"称号，并荣获"伊犁州青年五四奖章"、"塔城地区青年五四奖章"；2013年荣获"自治区公路管路局先进个人"称号，并获得"开发建设新疆奖章"；2014年荣获"塔城地区民族团结进步模范个人"称号；2015年荣获"塔城地区民族团结先进个人"、"自治区交通运输行业文化建设'双十双百'工程交通运输行业先进人物"称号；2016年荣获"新疆维吾尔自治区劳动模范"称号。

巴图散和我是师徒俩，他为人谦和，工作勤奋、踏实，我们在工作中互相协作，生活上互相照顾，情谊深厚。1998年，师傅巴图散被分配到塔城公路局额敏分局当一名养路工，2006年，领导安排他到玛依塔斯应急保障基地开除雪车，十多年来，他对玛依塔斯风区的每一段路都了如指掌，对这里的天气也非常熟悉。风雪封路时，前面的车堵在雪窝里，后面来的车不是把车停靠在路右边等待救援，而是见缝插针抢占公路，把公路塞得水泄不通。他不但要清雪，还要下车疏导拥挤的车辆。

暴风雪里，猛力而刺骨的风雪发疯似地往棉鞋、衣领、口袋里钻，热棉衣、棉裤上也会粘上薄薄的一层细雪，进了驾驶室后，融化成毛细水，反反复复几十次，棉衣、棉裤、棉鞋都湿了。为了打通道路，让滞困的车辆驶离风区，他不得不穿上湿棉衣，硬着头皮跳进暴风雪里，疏导车辆。湿棉衣、棉裤遇冷，变得硬邦邦的，好像穿了铠甲一样，咔啦咔啦地响，御寒的效果就差了好多。硬棉衣裹不实，风雪就往内衣里钻，十几个小时下来，棉衣、棉裤就变成湿漉漉的。除雪车的驾驶室门离地面有两米多高，暴风雪里，上下车和开关车门是件极其困难的事，体力透支时，更充满着危险，有好几次开门，被车门阻挡的风直接拽出去，摔在路上，他没有抱怨过。他既除雪保通，又参与了上百次的抢险，营救出三四千辆车和上万名旅客，没有一起因抢救不及时使旅客冻死、冻伤的事件发生，赢得了过往司乘人员的赞誉。

师傅巴图散手脚麻利，干活特别能吃苦，对机械车辆非常感兴趣。当养路工时，只要有车辆停在身旁，他就喜欢往车辆跟前凑，与司机聊聊天，侃侃车的知识。谁的机械车辆有毛病了，只要喊他帮忙，他准去，一来二去，学到了许多机械车辆的原理知识。开上车后，他更加勤快，对机械做到勤检、勤修、勤保养，碰到疑难问题，就不停地向老师傅们请教。由于工作出色，2016年荣获自治区劳动模范称号。2017年3月，自治区总工会把他送到中国劳动关系学院劳模班学习。暑假，闲不住的他跑到领导办公室，缠着他们给他安排活。额敏分局机械车辆多，他协助设备部门管理车辆。在管理中，他意识到安全的重要性，时常组织驾驶员学习安全生产相关文件和知识，要求驾驶员自觉遵守交通法规和单位的规章制度，对车辆做到每日三检查（出车前、行车中、收车后），不开带病车，不开快车，不酒后驾车，不私自出车，车辆保持整洁、卫生、干净。寒假，他也不休息，来到他所熟悉的玛依塔斯应急保障基地，熟练地开着除雪车，为出行的司乘人员保驾护航。师傅巴图散在技校学的是烹饪，持有二级厨师证，闲暇时他还走进厨房露几手，给除雪保通的队友们做上可口的饭菜。师傅巴图散的付出，赢得了单位领导的信任，同时也赢得了同事们的敬重。

三　从毛头小子成长为多面机械手

经历了6个冬季的洗礼，我已能熟练地驾驭除雪车，熟悉玛依塔斯风区的每一公里路段，成为一名可以"独立作战"的抢险队员。

我是公路人的后代，在很小的时候，我就梦想着有朝一日能成为一名像父亲那样、可以拿回很多奖状的优秀公路人。为了实现这个梦想，我不断地努力着。

我出生在新疆塔城市一座美丽的小县城——额敏县。从记事起，好像就是外婆和妈妈陪伴在我的童年中，爷爷、奶奶还有爸爸都在额敏养路段（现公路局）上班，所以我是名副其实的公路人后代。因为父亲的原因，从小我就对各种车辆特别的感兴趣，最喜欢的玩具也是各种车辆模型。小时候，我家就在单位的家属院里，距离单位只有500米左右，每天早上起来第一件事就是跑去单位大院里去"开拖拉机"（别的车都上锁进不去）。每天都起得特别早，妈妈还在做早饭我就跑去单位了，因为早上车都还没开走。那时候的老局长和我父亲开玩笑说："你儿子每天都是第一个上班，我是第二个。"有时母亲单位有事，没时间带我，我就坐上父亲的车和他一起去路上。

从小接触车辆，让我对车辆的了解也比别人多一点。上初中后，因为S201线玛依塔斯路段道路修建完成开始通车，父亲就开始驻扎在那里防风雪保交通，很少能在家住。由于觉得父亲不够理解我、不够关心我，叛逆期的我开始逃课、上网吧，学习成绩一落千丈。学校老师没少叫我父母去学校，当然回来免不了一顿打。2007年，没有选择上高中的我，去了乌鲁木齐上技校学习一技之长。2010年毕业后，父亲告诉我单位招考，我就翻阅了各种事业单位考试书籍、做试卷，抱着试一试的想法报考了塔城公路管理局额敏分局的机械驾驶员岗。

2011年秋天，我考进了额敏公路分局，成为一名驾驶员。一上班，就被单位领导分配到父亲所在的玛依塔斯防风雪抢险基地进行防风雪保畅通工作。基地的除雪机械、装甲车、坦克都是我没有见过的，这让年仅21岁的我充满了好奇。2012年，我成为自治区劳模巴图散的徒弟，和他一起开除雪车。为了尽快让我掌握机械性能和熟悉作业环境，师傅巴图散手把手地教我什么时候下除雪滚筒、雪筒该朝那个方向、怎么清雪等。玛依塔斯风雪大，所有的涵洞都被积雪掩埋，作业时，师傅巴图散要求我按照轮推推过的雪印进行除雪。出现"雪盲"现象时，指导我怎么看公路上的标线，怎么看GPS定位系统，实在看不见时，就停下车，耐心等待，不要贸然行驶，以免开下路基……冬季，玛依塔斯频频遭受大风袭击，师傅巴图散带着我经常出去抢险救人，每次出去都提醒我要注意什么，怎么去营救被困旅客，怎样去保护自己。经历了6个冬季的洗礼，我已能熟练地驾驭除雪车，熟悉玛依塔斯风区的每一公里路段，成为一名可以"独立作战"的抢险队员。

学会开除雪车的我并不满足，我又打起了学习驾驶装载挖掘机，俗称"两头忙"JCB的主意。于是我主动找到"两头忙"JCB驾驶员孔路敏拜师。"两头忙"JCB的操作与除雪车有着很大的差异，我就多请教、多学习、多实践。有时走在路上，手还在练习操作动作，同事笑我"长青着魔了"。就是靠着这股子"魔劲"，我在短短的两个月内掌握了装载挖掘机的操作要领。在2014年单位引进大型挖掘机后，我融会贯通，很快熟悉掌握了大型挖掘机的驾驶技术。如今，我会驾驶的机械有除雪机、"两头忙"JCB装载挖掘机、大型挖掘机和自卸车等，并在单位的技能比武中获得"两头忙"JCB 和江铃凯运自卸车操作第一名，成了塔城公路管理局最年轻的多面机械手。

四 "魔鬼路"上战风雪

每解救一名司乘人员，就要冒着失去生命的危险！但是，当存有"不抛弃、不放弃，全力解救每位遇困人员"的想法时，也就忘记了畏惧，成了一名真正的风雪斗士，用服务于民、保障民生的大爱，为生命放声高歌！

夜深深，除雪忙

我是塔城公路局额敏分局的驾驶员，同时也是额敏分局最年轻的驾驶员。2011 年工作以来，一直摸爬滚打在公路养护、防风雪抢险第一线，用真情和执着的信念，践行着"不抛弃、不放弃，顽强救援，用大爱为生命高歌"的玛依塔斯精神，在平凡的岗位上默默地奉献着自己的青春。

冬季，处在山区的玛依塔斯的实际温度要比额敏县城低 10 到 15 度，刮风时外面更冷。清晨 6 点多钟，在睡梦中的我就会被班长用手机叫醒，起床、洗漱，从避风雪走廊走进除雪车车库。打开车库大门，攀上除雪车，检查机油、液压油等部位后，钻进驾驶室，发动除雪车，预热，与轮推一前一后上路清雪。我对玛依塔斯十分了解，刮西风时，从基地出发，越往东走，西风越大；刮东风时，越往西走，东风越大。

什么路段积雪严重，什么路段风雪大，我全都一清二楚。班长早上 6 点钟就起来，和巡道员开着皮卡巡道车上路巡道，遇到路上有积雪或紧急情况，及时用报话机或手机跟基地人员联系，基地立刻派出机械、车辆上路清雪或驰援。夜里车少，机械除雪方便，赶在天亮时把公路上的积雪清理干净。11 月份玛依塔斯的雪不多，路上积雪也不会有多少。12 月以后，雪越下越厚，半夜出去除雪，有时候到第二天中午都回不来。遇上救人，更没个准儿，从晚上八九点一直救人到第二天上午是常有的事。所有的机械、车辆里都备有水和干粮，除了扫雪机，其他机械、车辆都配有钢丝绳，用来拽拉滑下路基的车辆。风雪天气，我很少喝水，因为在工作中上厕所是件极其麻烦的事。在家人眼里还是"孩子"的我，不仅承担着除雪保通任务，还要在弥漫的暴风雪中救助遇险旅客。

惊心动魄的救援

2014年2月6日，春节长假的最后一天，许多人开着车踏上返程。中午两点半左右，玛依塔斯风区刮起了六七级东风。为了让道路更畅通，吃完午饭，我和吾拉哈孜·斯拉木尕孜开着轮推（轮式推土机）、除雪车上路清雪。17时30分许，省道201线34公里（第二个垭口）处大风增加到8至9级，瞬间风力达10级，大风卷起地面积雪，漫天飞舞，能见度极低，部分路段出现积雪和"雪盲"现象，垭口处拥挤着许多车，把路堵得水泄不通。

险情发生后，我用报话机通知基地封路，基地立即通知相关部门在库鲁木苏、铁厂沟防风雪点设卡封路，在风区两端的电子屏幕上发布封路信息——玛依塔斯路段于6日17时55分许实施交通封闭。我开着除雪车缓缓清理路上的积雪，除雪车遇到前面的车，想倒回去进行拖拽，尾随在除雪车后面的车把路堵死，除雪车被卡在里面，动弹不得。我下车从后至前一辆一辆地疏导，半小时内冻得三四次躲到车里，头套上也裹着一层冰雪，我脱掉头套，用毛巾擦掉脸上的冰水，把头对着暖风口猛吹，沾在棉衣上的细雪化成了水。刚刚缓过来，我又跳进暴风雪里，进进出出，棉衣湿了又冻，冻了又湿，变得硬邦邦的。19时50分许，被封堵的路打通了。驾驶员见缝就插，抢占道路，20时许，道路再次遭堵。天黑了下来，风越刮越大，能见度几乎为零，气温降至−35℃左右，我通过报话机请求增援。

7日凌晨1时许，阵风达到11级，气温更低，导航用的对讲机不工作了，我只能下车探路。天黑风大，瘦弱的身躯被大风吹得踉踉跄跄，我顶着刺骨的暴风雪，深一脚浅一脚地踩在高低不平的雪梁上，不知道摔了多少跟头。凶猛的风雪见到领口、袖口和鞋口，就往里面钻，口袋里灌满了雪。冻得受不了时，就钻进车里，脱掉湿透的鞋子和袜子，把脚放在暖风口处烤。暴风雪中，我和前来救援的同事三个人一组，相互搀扶，艰难地走到滞困在雪窝里的车辆，敲打车门，营救滞困旅客。实在站不住了，害怕被风刮跑，就趴在公路上，贴着堵在风区的车辆，在公路上一米一米地爬行。有的车周围积雪很厚，车门没法打开，我们就用备用铁锹挖开车窗旁边的积雪，让旅客从车窗口爬出来，再转移到前来营救的越野车里。每解救一名司乘人员，就要冒着失去生命的危险！但是，当存有"不抛弃、不放弃，全力解救每位遇困人员"的想法时，也就忘记了畏惧，成了一名真正的风雪斗士，用服务于民、保障民生的大爱，为生命放声高歌！约莫11时许，风力减小些，军车也来参与救援。13时30分许，大营救结束，营救旅客957人，历时19小时。

就是这样，我和队友们5年里共营救遇险旅客19036名，没有一人伤亡，向社会、向游客、向群众上交了一份份满意的民生答卷。在工作中的历练，让我像雏鹰一样在慢慢成长，现在已经能像师傅巴图散那样工作优秀的劳动模范一般，成为翱翔的雄鹰。

常念安全"紧箍咒"，爱惜机车在心间

我的父亲属于做什么事都特别认真的人，特别是在安全方面。受父亲的影响，我在日常工作和生活中，也把安全当作一件很重要的事，上班时穿上橘黄色标志服、帽，遵守交通法规；牢记单位安全规定，上路作业期间休息时，把机车停放在安全地带，同时人离公路20米以外；经常自我检查、自我剖析，增强安全危机意识、责任意识和防范意识。

受到父亲和师傅以及各位前辈的影响，在接触各种车辆的过程中，我也养成了一种良好的习惯，不放过对车辆保养的任何一个细节，不放过对车辆的任何一个细节的保养（特别是保畅通方面的工作装置），不放过车辆的任何一点异响。就这样，日久生情，作为一名特殊地区的道路工人，爱车就像爱自己的家人和同事一样。

　　刚进单位上班，领导安排我跟一位机修厂的老师傅（张师傅）修理NR281旋抛式除雪机，那也是我第一次接手学习的车辆。NR281旋抛式除雪机是一辆纯进口的除雪机，车辆以及机械配件十分昂贵，所以对操作和保养、维修要求也特别的高，正是在这样的高要求下，让我养成了很好的车辆维护和保养的习惯。每天出车之前，我都会对车辆进行日常检查并记录，下班后对车辆进行清洗和保养。我开的车始终做到清洁、润滑、紧固、调整、防锈、防腐，各部件、随机工具完整齐全。机车出现故障时，就认真进行排查、维修，遇到不懂之处，虚心向周围的驾驶员请教，每月的燃料费和修理费从没有超过定额。只有把车爱护好，它才能正常工作，才能确保人员的平安。定期在驾驶班开展安全驾驶和安全生产相关会议，自2011年工作以来，由我驾驶的机械没有出现过一起安全事故。2015年6月，我获得塔城公路管理局"青年岗位能手""红旗机车手"荣誉称号。

为了大家庭的和谐，积极学习民族语言

　　额敏公路分局是一个哈、维、汉、回、蒙等多个民族和谐生活的大家庭。多年来，单位实施的以围绕"三个离不开"为内容的民族团结教育工作，教育了各族职工，也深深地影响了我。在单位开展的"加强民族团结，双语大家学"主题活动中，我是最积极的一个。为了学习哈语，我谦虚好学，把学习语言当作一项工作，同时我又帮助同事学汉语。

　　我还通过网络、报刊、电视、广播等各类媒体，积极学习民族团结方

针政策，并深入到小区、养护一线做民族团结教育的宣讲人。谁遇到了困难，我都会伸出热情的援助之手来帮助。塔城地区"我身边的雷锋"获得者王海2014年元月在自治区肿瘤医院被确诊为恶性肿瘤，医治花光了他家所有积蓄，12月，工会倡议向王海捐款，我积极响应，为王海捐款500元；在"爱心一元捐"、额敏县灾区捐款中，我都积极响应，为灾区人民群众贡献出自己的力量，近几年累计捐款5000余元。

工作7年以来，我把汗水洒了一路，把真情留了一路，漫漫长路上写满了对事业的挚爱，洒满了对人生的真情。我的付出，赢得了单位领导的信任，同时也赢得了同事们的尊重。

五　理解和认可铸就奋斗的青春

听说我要当玛依塔斯道班班长，妻子左右为难，恋爱的时候就因为工作很少在一起，现在刚结婚又要常驻玛依塔斯。结完婚才三天，我就去玛依塔斯值班，连蜜月旅行都没去。为了我成功的梦想，妻子一直在我背后默默地支持着我。

成长路上的幸运

成功往往也会伴随着一些无奈。在同事们眼里，我是个"好同事""好兄弟"，但在我内心里，自己却不是一个称职的儿子、父亲和丈夫。结婚两年来，我与妻子待在一起的时间少得可怜；父母家人住院，我从来没在他们身边陪伴过。对他们的亏欠，实在太多太多。

2017 年，因为工作需要，分局将我从一名机械驾驶员调到安全责任更重、工作压力更大的玛依塔斯抢险救援基地担任道班班长。听说我要当玛依塔斯道班班长，妻子左右为难，恋爱的时候就因为工作很少在一起，现在刚结婚又要常驻玛依塔斯。结完婚才三天，我就去玛依塔斯值班，连蜜月旅行都没去。为了我成功的梦想，妻子一直在背后默默地支持着我。

2017 年 7 月，妻子为我们生下了一个可爱的小宝宝。在产房里，听见孩子哭声的一刹那，我激动得流下了热泪，体会到做母亲的不容易。老婆，辛苦了！医生抱着孩子向我走过来，说是一个可爱的姑娘，我听了很高兴：女儿好啊，女儿是父母的贴心小棉袄，我当父亲了！我顺手从医生手里接过女儿，看着宝贝女儿的可爱面容，幸福的泪花在我眼里直打转，抱着孩子不停地向身边的人说，咱家的女儿真好看！我当父亲了，身上的责任也更大了，为了让宝贝女儿过上幸福的生活，做父亲的有责任更有义务把自己的孩子培养成才。

在我成长的道路上，身边的同事、师傅和单位的领导，也给了我极大的关心和支持。妻子的理解支持，单位的欣赏认可，让我觉得，人生最大的幸福，莫过于此。

再圆大学梦

2018 年 3 月，我又迎来了人生的一件大事——脱产上大学。经过分局、总局、自治区公路局、自治区交通运输厅层层推荐，妻子家人的支持鼓励，我来到了北京，成为中国劳动关系学院 2018 级劳模本科班的一名学员。重新走进阔别 7 年的校园，这是一线职工一辈子想都不敢想的事，为此我衷心地感谢我的单位工会和全国总工会，圆了我的大学梦。在这里，我结识了来自全国各地 13 名各行各业的优秀劳模同学，也结识了讲授各门课程的专业老师。

刚到学校时，因为自己来自新疆，和北京有着 2 个多小时的时差，北京晚上 6 点天就黑了，早上 6 点多天就亮了，天亮就要起来收拾准备上课，这让我一个多星期都没缓过来。生活上的不习惯加上不善于和同学交流、学习上不敢主动发言，刚来的那段时间真的是很不习惯。但经过一段时间相处，在老师的关心和同学们的帮助下，我很快就打消了顾虑，和老师、同学们相处得非常融洽，为此我非常感谢老师和同学们。在以后的学习和生活中，我将珍惜机会，认真学习各门功课，积极参加学校组织的各种活动，同时学习同学们身上各自的优点，让自己学有所成，以优异的成绩回馈单位，感恩单位。

回顾自己的工作和生活，"没那么多轰轰烈烈的英雄壮举"。其实，每一个时代都有一种先进的精神。几十年来劳模的结构在变、形象在变、工作方式在变，但不变的是执着于事业、不断超越的热情和爱岗敬业、甘于奉献的精神。这种精神源于我们身边每一个身份普通、岗位平凡、业绩突出的劳动者，这种精神成为推动社会前进的源动力，引领着无数人战胜困难，不懈创新，勤勉开拓。"时人莫小池中水，浅处无妨有卧龙"，我的岗位很平凡，每天从事的就是一些很普通的工作，但就是在日复一日、年复一年的逐步积累中，我不断地实践，不断地摸索，不断地改进。人们总说，是金子总会发光的！是啊，平凡的你我，只要扎扎实实、爱岗敬业、甘于吃苦、乐于奉献，抱着对企业高度负责的工作态度，尽心、尽力、尽职、尽责地干好每一天的工作，也一定会在平凡的工作岗位上创造出人生的辉煌。

以奋斗的青春建功新时代

在 2018 年五一国际劳动节前夕，我们劳模本科班全体学员怀着对党和习近平总书记的炽热情感，集体讨论并写信向总书记汇报学习"习近平新时代中国特色社会主义思想"的体会，表达"当好主人翁、建功新时代"的愿望和决心。4 月 30 日，收到了总书记给我们劳模班的回信。总书记在百忙之中抽出宝贵时间给我们回信，勉励我们珍惜荣誉、努力学习，在各自岗位上继续拼搏、再创佳绩，激励广大劳动者争做新时代的奋斗者。我作为劳模班的一员，心情非常激动和高兴，也感到无比的兴奋和幸福。

习近平总书记在回信中说："你们为党和国家事业发展作出了突出贡献，被评为劳动模范，如今又在读书深造，这是对大家辛勤劳动、无私奉献的褒奖，也是党和国家对劳动者的关怀。"这充分表达了总书记对我们工人阶级和广大劳动人民一如既往的深切关怀，充分体现了以习近平同志为核心的党中央对劳动者的高度重视。

我作为新疆塔城公路管理局额敏分局的一名机械驾驶员，虽然在工作岗位上取得了一点小成绩，被授予劳动模范称号，但我深知这都是党和国家各级组织对我们的关怀和培养，是我们的党和伟大的祖国让我们生活在这和平年代，使我们工人扑下身子、撸起袖子安心无虑地劳动；同时让我们奋斗在实现中华民族伟大复兴的新时代，使我们普通工人成了新时代中国特色社会主义发展道路上的产业工人，让我们在心中有梦想、有奔头，在社会上有地位、有作为，在工作中有责任、有担当，还让我们回到国家高等学府继续深造，这是党和国家对我们的殷切关怀。在学校里，我们吸收到新的知识、新的养分，让我们能够紧跟新时代中国特色社会主义发展的步伐，能够胜任未来新的征程。

习近平总书记深刻指出，中华民族伟大复兴，绝不是轻轻松松、敲锣打鼓就能实现的。我们的时代，是千帆竞发、百舸争流、催人奋进的时代；我们的事业，是前无古人、披荆斩棘、前途光明的事业。对青年一线职工来讲，有幸成长于这样的伟大时代，有幸投身于这样的伟大事业，是一种幸运，也是一种幸福。我们要牢记习近平总书记关于做新时代奋斗者的教导，把个人理想同国家的前途命运紧密结合起来，把时代要求和自己的奋斗实践紧密结合起来，继承和发扬老一辈共产党人艰苦奋斗的优良传统，把工作岗位当作干事创业、奉献社会的重要平台，沉下心来干工作，心无旁骛钻业务，干一行、爱一行、精一行，把奋斗精神融于岗位、融于日常，在平凡的岗位上创造出不平凡的业绩。

"劳动最光荣、劳动最崇高、劳动最伟大、劳动最美丽"，这是习近平总书记给予劳动的最好诠释、给予劳动者的最高肯定。"人活着就要有点精神"，劳模精神就是要有真抓实干的精神。新时代劳模精神不仅体现在艰苦创业、踏实苦干，更表现为不断学习新知识，刻苦钻研新技术，努力掌握新本领。广大劳动模范和先进工作者一定会珍惜荣誉、再接再厉，为党为国家发展再立新功。我们作为一个新时代的劳模学生要抓住新机遇，迎接新挑战，紧跟时代步伐，成为撸起袖子加油干的奋斗者典范，为实现中华民族伟大复兴的中国梦谱写新篇章！

致敬词

　　他，与风雪为伍，与大路为伴，与车辆为友，用青春和热血，在平凡的岗位上默默奉献；他，是勇敢的斗士，长年坚守在玛依塔斯路段上的"魔鬼路"，时刻践行"不抛弃、不放弃，用生命为大爱高歌"的风口精神，摸爬滚打在公路养护、防风雪抢险的第一线；他，靠着一股子韧劲，虚心学习专业技能，从毛头驾驶员成长为多面机械手，以惊心动魄的救援，保障民生大道的畅通安全。

　　致敬——新疆塔城公路管理局额敏分局玛依塔斯救援基地驾驶员李长青！

"红薯大王"的追梦之路

——河北省新乐市新农红薯种植专业合作社理事长贾拴成的故事

人物小传

贾拴成 男，汉族，1976 年 5 月生于河北新乐县东明村，中共党员。现任新乐市新农红薯种植专业合作社理事长兼党支部书记，中共河北省第九次代表大会代表。先后获 2006 年"第十一届中国杰出青年农民提名奖"，2009 年"河北省劳动模范"，2012 年"河北省优秀共产党员"，2013 年"河北省第八届农村青年致富带头人标兵"及"首届河北省农村青年拔尖人才"，2015 年"中国乡村好青年"，2015 年"全国劳动模范"，2016 年"河北省优秀共产党员"，2017 年"科普中国·最美乡村科技致富带头人"等荣誉称号。中国劳动关系学院 2018 级劳动模范本科班学员。

一 父亲对我的影响

我还很小的时候，父亲就给我们灌输这样的道理，他说作为一个男人，要懂得谦让，懂得责任，要有情义敢担当，这些话在我以后的成长道路上起到了很大的作用。

有人曾经问我，什么是幸福？我回答说，在我的眼里，幸福是一朵莲花，她不会因为牡丹的雍容而心动，也不会因为玫瑰的芬芳而向往，自然不会因为兰花的雅致而自卑，更不会因为昙花的惊艳而模仿。安安静静地做自己，把自己最真、最纯、最美的一面尽情绽放，尽情地奉献给阳光雨露，岂不就是最幸福的事？

我出生在河北省新乐市一个普普通通的小村里，那是个紧邻县城和神道滩的小村，名字叫东明村。我家世代为农，祖祖辈辈都与土地打交道，是地地道道的农民家庭。我的父亲也是一个标准的农民。在我的记忆中，我的家乡有许多传说，其中一个是关于神道滩的，说是有一年王母娘娘在天宫举行蟠桃盛会，为了给地上的神仙们指路，撒下一把沙子，于是，两河之间便有了一道神道滩。神道滩就是一道黄沙滩，上面除了野草，什么农作物也不生长。由于我们村紧邻神道滩，土地也是比较贫瘠，粮食产量低，收成差，所以乡亲们的日子一般都过得很苦。我虽然没有目睹过故乡的贫穷与饥荒，没有咀嚼过曾经的不幸与艰辛，但我却不曾忘记那低矮的土房、苦涩的井水和村头那条时常干涸的小溪。正是在这片贫瘠的土地上，父辈们默默地耕耘着星光月色、春夏秋冬，收获着微薄的希望。

有人说，家庭是人生的第一所学校，父母是人生的第一任老师。一点不假。一直以来，父亲就是我的榜样和标杆。他忠厚老实，吃苦耐劳，从不为生活的辛苦劳累而叫屈喊冤。据我父亲讲，在他12岁的时候，我的祖父就去世了。因为下面还有两个弟弟需要照顾，从此，尚未成年的父亲便扛起了家庭的重担。那是一个相对贫瘠的年代，父亲为了我两个叔叔能有一个好的前程早早辍学，小小年纪便跟在大人们的身后挣工分。虽然父亲的年龄不大，但积极肯干，干起活来一点不惜力，很快就得到了大家的认可，几年后，他被社员们推选为生产队长、政治指导员，连续干了多年。

就这样，在那个物资匮乏的年代，我父亲硬是凭着自己的勤劳和节俭，把我的两个叔叔一个供上了大学，一个送去参军。后来，父亲又把家里两处相对好些的宅院给了他们，却领着我们一家住进了破旧的老宅里。起初，母亲不理解，还和父亲为此生过气。父亲却不急不恼，耐心做母亲的思想工作，好说歹说，母亲才勉强同意。我还很小的时候，父亲就给我们灌输这样的道理，他说作为一个男人，要懂得谦让，懂得责任，要有情义敢担当，这些话在我以后的成长道路上起到了很大的作用。

父亲默默用他稍显单薄的躯体承受着生活压力，但却从来没有泯灭对美好生活的向往，他用实际行动诠释着这样一种道理：处境一时不佳，用不着怨天尤人、痛心疾首，人生真的一帆风顺、事事如意也不见得是多么好的事情，轻松愉悦的好日子过久了也会令人乏味。面对挫折和困境，你就只当是天降大任于斯人的前兆，抱定"自古雄才多磨难"的思想，把一切坎坷磨难全都当成是应该付出的学费，只有这样痛苦才会悄然遁形，而快乐的心境也会油然而生。所以，在生活面前，需要我们保持定力，更需要有一颗冷静豁达和充满希望的心。

这些年来，我从父亲身上学到了许多东西。他的言行举止和善良品德深深影响着我，好像我骨骼里的钙质和脉管里的血液一样重要，使我终身受益。古人说过这样一句话："当作里中不可少之人，便为于世有济；必使身后有可传之事，方为此生不虚。"我父亲就是这样的人，虽然父亲的身材不算很高，但在我的心目中，他的形象就像山峰一样巍峨高大。

二　创业路上多坎坷

第二天，我早早地来到村外，看着那熟悉的沙，熟悉的水，还有脚下这一片养育了我和我的父老乡亲的古老的黄土地，心中有一种莫名的委屈。晨风轻轻吹着我那熬了一夜的发胀的头颅，霞光剥开乌云射出万道金光，大地上一片明亮。面对着夺目的阳光，我疑惑了，我的路在哪里？

少年不识愁滋味

有一个诗人曾经说过，快乐的人总是把沧桑刻在心底，而郁闷的人只会把岁月刻在脸上。我觉得生活有时候就像是一把无形的琴，只有真情才能奏响自信的和弦。拥有梦想其实是生活中最好的点缀，有梦想的日子，就像身处一座花园，身边到处都是缤纷的色彩；而没有梦想的日子，就如冬天没有雪一样单调而寂寞。生活的节奏是一样的，但不同的人会有不同的表现。

改革开放之后，父亲联合两位村民共同承包了村西的100多亩沙荒地，开始栽种果树、种植花生。他们起早贪黑，精心耕作，有时候还在地头搭个窝棚，吃住都在地里。老天不负有心人，他们的心血没有白费，到秋后终于有了回报。不但花生获得了丰收，果树也有了好的收成。

这一年，我家的日子宽裕了，不仅吃喝不愁，而且还有了存款，成了村里的第一批万元户。刚巧村里规划宅基地，在村东批给了我家两处。我父亲又张罗着盖起来，这样一来，家里的积蓄几乎花光了。但父亲却不在乎，他说，这有啥？钱花光了再接着挣！

那个时候，我正在学校读书，过着无忧无虑的生活，对家里的事情不管不问，一门心思用在学业上。当然，在学校里，我其实也有着自己的梦想。课余之时，我非常喜欢看书，还喜欢写诗，甚至幻想着有朝一日能够当个诗人。那个时候的我，阳光、积极、充满上进心，没有一丝忧愁。学习成绩在班里也是名列前茅，老师也对我报以肯定的态度。假如我按这样的轨迹走下去，顺顺利利地读书，然后考个大学，毕业后再找个体面的工作，那以后的生活可能就安安稳稳地过下去了。但是，天有不测风云，我完全没有想到我们家的经济在这时候出现了状况。

那一天，我从学校回到家，发现从不抽烟喝酒的父亲竟然抽起了烟。我奇怪地问父亲说，你怎么抽烟了？父亲满脸愁云，还不住地叹息。我问他是不是遇到什么难事了，父亲头也不抬，一句话也不说，只是一口接一口地抽烟。我的心一下子提了起来，因为印象里父亲从没像现在这样愁闷过，再难再苦的事他都能扛下来，我忽然一下子觉得父亲苍老了许多。在我的再三追问下，父亲终于向我说了实情。原来，父亲与人合伙在邻村承包了一处果园，因为闹虫灾，减产了不少，又加上这一年的销售价格低等因素，不但没有挣到钱，还一下子赔了四五万，其中还有三万元贷款。我的头也一下子蒙了。要知道，在二十世纪九十年代，对于一个农民家庭来说，四五万元不是个小数字，可以在县城买一处楼房还绰绰有余。况且，当时我们家是乡邻们交口称赞的万元户，现在却一下子背上了四五万元的债务，真是让人的心里一下子转不过弯儿来。

面对如此大的压力，父亲一下子病倒了。看到父亲日渐消瘦的面庞，我的心里不是个滋味儿。那时，我正在上高中。想到父亲12岁就挑起了家庭的重担，而我已经18岁了，成年了，该到了我为这个家庭尽一点力的时候了。如果我继续读书，将来考上大学，可是家里的经济状况能够供得起我吗？父亲的年龄越来越大，他还能干几年呀？我不能太自私了，不能再给家里增加负担了。于是，权衡再三，我也没和家人商量，便自作主张退了学。当时，我并没有觉得自己太幼稚，天真地以为经商很容易，不过是一买一卖，中间赚取利润的事儿。别人能干，自己自然能干。当时，我完全没有明白，一时的冲动是要付出代价的。

父母和哥哥都多次做我的思想工作，我都置之不理。后来，学校的老师也找到家里，劝我不要一时冲动，耽误了大好前程，但固执的我仍然不为所动。我就是这样的性格，只要是自己认定的事情，决不轻言放弃。我觉得，人，应当有梦想，而我的梦想就是用自己的双手发家致富，让家庭摆脱窘境。于是，我在我的记事本上写下这样一句话：梦想，是对未来的一种期望，一种让你感到坚持就是幸福的东西，甚至可以视其为一种信仰。

那一天，我站在村外的沙岗上，看到瓦蓝的天空一碧如洗，一只雄鹰在天空展翅飞翔——我感觉到了一种震撼。雄鹰在我心目中是勇敢的象征，它不畏艰苦，志向远大，巉岩峭壁是它的家，广阔天空是它一显身手的舞台。我幻想着，如果要是变成一只雄鹰该多好啊！不知为什么，那晚我竟真的做了一个梦，梦见在一片广阔无垠的旷野上，我变成了一只雄鹰在空中展翅飞翔。我时而在空中盘旋，时而拍打着翅膀飞上云天，忽而收住翅羽向下俯冲，忽而又折转身，展翅向上一展英姿。

这是一个多么美好的梦啊，是不是预示着我的追梦之旅一帆风顺呢？想到这，我的心里兴奋极了，感觉自己就要像这雄鹰一样，在生活的天空中自由飞翔了，一种激情在心底油然而生，仿佛成功离自己只有一步之遥了。

可惜，我高兴得太早了，一个不切实际的美梦很快便被打碎了。

经商失败的经历

一位作家曾经说过，人生的路，不总是平坦的。生活中，灾难时常会出人意料地突兀而至，令人猝不及防。此时，有人选择了坚强，有人选择了退缩，甚至还有人选择了自暴自弃。最终的结果自然也就大相径庭，选择坚强的人成功了，选择退缩的人失败了，而选择自暴自弃的人堕落了。

有时候选择很重要，所以在面临意外打击和误解的时候，需要冷静下来，好好地思索一下，然后再做决定。而我的创业之路并不是一帆风顺的，其中的酸甜苦辣也是一言难尽。

最初的那一个阶段，我一门心思急于挣到钱，一是想向别人证明自己的本事，二是想填补家里的"窟窿"。但经商也是需要历练的，因为我刚刚进入社会，并没有什么挣钱的门路，只能先从小打小闹开始。那个时候，我们这里流行栽种柿子树，家家户户都在庭院里栽上几棵柿子树。我感觉这是个商机，便张口向两位叔叔借了一些钱，从唐县那边购进来大批的柿子树苗，然后赶集上庙推销。一个月下来，我把周围几个县的集、庙转了个遍，但却没有销售多少。又因为不会保养，树苗的根部缺了水气，慢慢地枯萎了。后来等季节已过，所有的柿子树苗都堆在了家里，再也无人问津。这一次，不光没有挣到钱，还几乎把本钱也赔个精光。我又一次感到了现实的残酷。

有几位村民看我做买卖赔了，便开始议论起来：放着好好的学不上，非要倒腾这东西！做买卖哪有这么容易的，要是钱那么好挣，谁还在家里伺候那两亩地？

那几天，我的心情糟透了，也感到没脸见人。窝在家里几天，茶不思饭不想，心里不停地埋怨自己无能。后来，还是父亲和家人鼓励我，为我打气。父亲对我说，孩子，别怕！一年学个庄稼汉，三年学不了个买卖人，赔点钱算什么，就当是交了学费了。从哪跌倒从哪爬起来，大不了从头再来。

听了父亲的话，我的心里渐渐平静下来，同时也有了再干一次的想法。这年秋天，通过朋友介绍，我决定做贩大枣的生意。山西盛产大枣，质优价廉。于是，我在朋友的带领下，收购了一批大枣，准备运回家里搞批发。一开始还挺顺利，大枣卖得挺好，但后来却出现了问题。

当时，我忽视了大枣储藏的细节。大批量贮存时，采用麻袋码垛贮藏。但在码垛时，袋与袋之间、垛与垛之间没有留有通气的空隙，以利通风，也没有注意到墙壁多少有些湿气，垛离墙壁太近。结果，刚卖到三分之一的时候，发现库房里的大枣色泽发生了变化，颜色暗淡，口味发生了改变，还有霉变虫蛀的现象。我一下子傻眼了，赶紧采取补救措施，腾库、晾晒、分拣，好一通折腾，尽管如此，还是损失了不少。等最后卖完了一算账，仅仅保住了本钱，一毛钱的利润也没赚到，白忙活了一冬。

我又一次成了村民眼里的笑柄，就连我平日里最信任的朋友和同学都对我说，你可别折腾了，就你那头脑，你经不了商，还是踏踏实实干点别的吧。我想反驳他们，可是又觉得无话可说，因为我是个失败者，彻彻底底的失败者。那一夜，我失眠了。第二天，我早早地来到村外，看着那熟悉的沙，熟悉的水，还有脚下这一片养育了我和我的父老乡亲的古老的黄土地，心中有一种莫名的委屈。晨风轻轻吹着我那熬了一夜的发胀的头颅，霞光剥开乌云射出万道金光，大地上一片明亮。面对着夺目的阳光，我疑惑了，我的路在哪里？

三　我成了"红薯大王"

如今，稳定的秧苗质量与"互联网＋合作社＋种植户"的模式，为新农的薯苗打开了销路，从买家难觅到一苗难求，供求关系发生了截然相反的变化。经由航空托运，新农的薯苗带着泥土的芬芳，远销海南、东北、内蒙古、福建、重庆等十多个地区。

空中飞来金凤凰

大多数时候，人做事，尽心而已。因为我们愿意成就的事，只是一种可能性，从来没有必然；而最终成为现实的那些，其实是一切机缘的聚合。所谓"成固可喜，败亦不馁"，说说可以，但真正做到就难能可贵了。

就拿我们最常见到的鸡蛋和石头这两种东西来说吧，尽管有时候一颗石头和一枚鸡蛋在外形上很相似，但发展下去，最后的结果却有天壤之别。鸡蛋，加以适当的温度，就可以孵出小鸡来。然而一颗石头，无论你怎么孵，也始终不会有任何变化。当然，鸡蛋孵出小鸡，这里首先需要满足两个条件：一是鸡蛋，二是适当的温度。如果一直把鸡蛋冷冻在冰箱中，即便天长日久，也不会孵化，甚至可能会坏掉。

人也一样，只有在适合你的范围里，通过自身不懈努力，再加上环境允许，那么成功是迟早的事情。当然，前提是你必须具备一个成功者所具备的素质。有时候，先天条件也是成功所不可缺少的最基本的条件之一。

经历了两次挫折后，我感觉自己不是经商的料，心也一下子凉了，不得不再一次回到原点。但我的家人们并没有嫌弃我，我的父亲劝我说，不行就先回地里干活吧。尽管当时我的心里不太情愿，但还是听从了父亲的劝说，一头扎进了土地里，一边做着农活，一边继续等待时机。毫不讳言，我心中那个致富的梦从未泯灭过。

那时，我们家承包着二十几亩沙荒地，我踏踏实实地在地里侍候了一年庄稼。然而，辛苦了一年之后，却发现种玉米、小麦基本挣不了多少钱，就算是种花生，每亩也只能挣四五百元钱。我不甘心，这样下去，如何能改变家里的窘境，何时才能把贷款还清？我一次次地问自己，我为什么这么无能？

"如何能在同样的地里挣更多的钱？"我陷入了长久的思索。同时，千方百计地寻找致富的门路和商机。就在这时，一条广播播出的消息让我眼前一亮。消息说河南商丘农科所研发出一种红薯高产品种，这种红薯亩产能达到一万多公斤。而当时我们新乐本地的红薯亩产只有一千多公斤。要是这条消息准确的话，那一亩地红薯就能挣好几千元钱呢！我的心又一次蠢蠢欲动。

旁人却劝我说，你可别信，这是骗人的；哪有这样的事儿，一万公斤，那可是两万斤啊，明摆着是个圈套，别上当！耳听为虚，眼见为实。是真是假，我一定要探个究竟。第二年春节刚过，我就和哥哥踏上了去商丘的火车，从那里把新品种52-7，也就是现在的豫薯十号"请"回了新乐。

金凤凰是飞来了，可怎样让它抱窝生蛋还是个问题。各地的土质不一样，在河南能产一万公斤的"宝贝疙瘩"，在我们这里是不是也能高产？于是，我便在自家地里试种了两亩。种是种下了，可结果怎样还是个未知数。那一阵，我的心就没有踏实过，每天一睁眼就往地里跑，直到夜深人静才回家。生物钟在人体里应是正常而有节奏地运行，而我的生物钟却被扰乱了。每天，子夜的钟声敲响过后，我才会合上疲惫的双眼。但即便如此，我脑中的那根神经也松弛不下来，似乎有一种条件反射。人往往就是这样，无论干什么事儿，只要下定了决心就会有使不完的干劲儿。

这年秋天红薯终于喜获丰收，亩产近一万公斤。每个红薯的个头都有足球那么大，而且因为52－7的上市期正好赶上了陈红薯已卖完，当地新红薯还未上市的空档期，很快就占领了周边市场，价格也挺好，每公斤红薯的售价高达一块多钱，两亩试种的红薯田竟然获利了一万多元。金凤凰真的产下了金蛋蛋！

一击即中，这一试不要紧，极大地鼓舞了我的信心，也让我瞅准了红薯种植这条发家路。那一年，正值新乐市大力开展调整农业种植结构，市农业局的一位副局长听说了此事，连夜召集各乡镇主管农业的领导和各村支书、村主任40多人在我的红薯地里召开了现场会，并把红薯种植作为新乐市的特色农业种植品种之一。省市两级的媒体机构听闻此事，也进行了多次报道。我一下子在我们当地出名了，远远近近的人们都知道新乐市东明村出了个"红薯大王"。于是，我感到陌生的世界不再陌生，遥远的天空不再遥远。

不信东风唤不回

人的一生是跌宕起伏、苦乐交加、色彩多样、长短不一的一生，它就像一曲乐章，有时高唱欢乐颂，有时又低弹咏叹调。顺境时无须太过张扬，逆境时也不必太过消沉。

第一年的成功让我开心，可这开心中也有让人忧心的地方。原来52－7品种虽然高产，可既不甜也不面的口感却让老百姓不太喜欢。"一锤子买卖"做不长久，还得从提高种植技术和提高红薯品质上想办法。于是，我就虚心向农科所专家讨教，《作物栽培学》《甘薯栽培技术》等各种书籍成了我不离手的伙伴，看书弄不明白的，就请教专家。就这样，我逐渐由一个普通的红薯种植户成为熟知各种科学知识的种植能手。

1999年，在种植过程中，我偶然发现了一些变异红薯。能不能自己搞杂交？脑子里突然形成的这个想法，又开始让我兴奋起来。一个土生土长的"泥腿子"要搞"高大上"的红薯杂交，难度之大可想而知。但我没有被困难吓倒，经过向农科院专家请教，我熟悉了杂交所需的各项技术，2000年，我正式开始了红薯杂交实验。

凭着一股坚韧不拔的毅力，凭着一种严谨虔诚的态度，我终于感动了上帝，一组组数据被我掌握了，一个个曾经的难题被我攻破了。三年后，一种淀粉型的红薯新品种诞生了，我把这一新品种命名为"新农1号"。次年，这一品种凭借良好的品质在河北省得到了大面积推广。随后，我又陆续选育出了新农2号、食用型新农3号、新农4号等多个新品红薯。其中淀粉型红薯新农1号、食用型新农4号等，在我国得到了大面积推广，并在北京国际农展会及廊坊农展会上得到了好评，经各大网站及其他媒体连续报道后，引来了全国各地农户竞相购买。在培育新品种的同时，我又从全国多所红薯科研所引进了美国黑薯、日本黄金薯、北京553和脱毒徐薯18等四十多个品种。所有引进的品种在红薯种植实验基地（我承包的200余亩土地）试种成功，再向新乐市及周边地区推广发展，深受农民朋友欢迎。

新品种培育成功后，又一个难题现实地摆在了面前，如何攻克"储藏技术"难关？为此，请专家、寻书本，我经历了失败再失败。为了摸清大屋窖一项，就发生了三次整窖烂薯，累计损失近15万公斤的优质种薯，折合人民币近30万元。

想当初，当我第三次试验仍然失败后，村里又传开了，乡亲们开始议论纷纷，一向对我信任有加的妻子也吃不消了，开始跟我吵闹，说我胡折腾，说什么也不让我继续试验了，就连一直支持我的老父亲也对我产生了怀疑。在这种情况下，是就此打住还是查清问题继续向前，我真是左右为难。当时暗地里偷偷流泪，一连几天睡不着。最后我还是把心一横，改进了技术，进行了又一次试验，这次终于找到了诀窍，成功了！男儿有泪不轻弹，我又一次流了泪，但这一次是喜悦的泪水、成功的泪水、坚定我向前发展的泪水！

大屋窖储存技术成功了，储存问题解决了，品质提高了。然而，超负荷地运转，却使我的身体吃不消了。那一天，我觉得整个身子轻飘飘的，平时一双运用自如的手臂软软地垂了下来，怎么也不听使唤了。我发生了严重的虚脱，眼一黑，便昏睡过去了。这一觉一直睡了一天一夜，醒来时我发现妻子正守在我身边。见我醒来，她一转脸就哭了。我安慰她说，别哭了，我这不是好好的吗？红薯的储存技术成功了，我再也不会胡折腾了！

不撞南墙不回头

我从小就有一股犟脾气，是那种认准了一条道就得一气儿走到黑的人。在红薯种植上也是这样，凡是有碍于红薯种植和发展的"坎"儿，我都要想办法跨过去。

在传统的种植模式中，需要在春季平整好土地，栽好薯苗之后，连续两次以大水漫灌的方式把地浇透，以保证红薯苗的成活率。这种方法不仅费水、费电，而且红薯的缓苗时间还长。为了缩短缓苗期和提高红薯种植效益，我请专家、拜名师、访学者、寻书本，通过不断学习摸索，经历了失败再失败，在全国率先掌握了红薯水浇地旱作高产栽培技术。

采用这套技术，只要在育苗期薯苗接近移栽时，对薯苗进行三天的日光照射，使茎、杆粗壮，初步具备抵御风害、霜冻的能力。这样只要在栽种前土壤不旱，在头麦收前基本可以一水不浇。这种方法不仅省水、省电，而且缓苗快、杂草少，对薯块后期膨大也有利。仅是应用此项技术，每亩就能节支增产近 400 元。2005 年 12 月，在河北省举办的省甘薯新技术推广培训会上，我无偿地把这项技术教给前来参加培训的红薯种植户。

从 2000 年起，我开始由种植商品薯为主向主销薯苗转变。在红薯育苗的过程中，我又发现红薯品种都存在育苗不出苗及出苗率低的问题。经过

反复的实验和对比，终于找到了解决方法。通过新技术的推广应用，我的种苗每株售价降到 5 分钱，极大促进了新品种的大面积普及，也使我成了真正的育苗专业户。

除了红薯栽植新技术的应用，营销手段的不断创新也是我坚持的发展思路。以前薯苗到了销售季节，总是忙着四处联系客户销售，或送货上门，或办理托运，几年下来钱没挣多少，物流的名片却积攒了几百张。当初为宣传推广自己的薯苗，我也曾想做些广告宣传，但由于成本太高，一直力不从心。随着互联网的普及，我意识到网络必将对产品的宣传推广起到巨大的推进作用。

2005 年，我开始在网上建起简单的网站，起初只是做些产品宣传。随着薯苗事业不断发展壮大，网站内容也不断完善。如今中国红薯网已经成为国内最大的红薯交易网站，开设了红薯资讯、栽培种植、加工指导等栏目，其中的供求信息平台更是受到了业内人士和广大薯农的欢迎。每到红薯交易旺季，这个供求平台俨然成了一个红火的卖场，供应、求购信息不断发布，气氛热烈。

当年，新老客户都可以入网发布各类供求信息，我创建的这个网站不仅要推广先进的品种和种植经验，还要为大家提供一个便捷的交易平台。如今，稳定的秧苗质量与"互联网+合作社+种植户"的模式，为新农的薯苗打开了销路，从买家难觅到一苗难求，供求关系发生了截然相反的变化。经由航空托运，新农的薯苗带着泥土的芬芳，远销海南、东北、内蒙古、福建、重庆等十多个地区。

四　为小种植户们尽些心力

多家媒体先后对我的事迹进行了报道，我的名气越来越大，可我总觉得缺了点啥。刚开始跑市场的时候，我都是自己拿着样品一家一家地推销，其中的难处说也说不尽。现在我成功了，应该把自己现在的经验拿出来给大伙分享，让那些小种植户们尽量少走些弯路。

创业初期，日子往往都是艰难的。我既是个创业者，又是个实验者。红薯窖的基建，我得亲手抓；为客户跑市场，我得下去走；红薯新品种的来源，我得亲自跑……仗着年轻气盛，我拼着全力向前冲刺，不图别的，只为了一个最初的梦。随着创业路上的一个个难题被攻破，随着梦想的一次次实现，我在乡亲们的眼里已成了一个种植红薯的能手，一个真正的"红薯大王"。

"不愧是红薯大王，种植红薯有一套"，乡亲都这样夸我，随后，河北电视台、《河北科技报》、《河北农民报》、《中国青年报》、《石家庄日报》等多家媒体先后对我的事迹进行了报道，我的名气越来越大，可我总觉得缺了点啥。刚开始跑市场的时候，我都是自己拿着样品一家一家地推销，其中的难处说也说不尽。现在我成功了，应该把自己现在的经验拿出来给大伙分享，让那些小种植户们尽量少走些弯路。在这样的思想激励下，我于2005年牵头成立了新乐市红薯协会，自筹资金创建了中国红薯网，并且加入全国农业信息联播一站通。为解除广大薯农的后顾之忧，协会每年年初都会到北京、内蒙古、山西等地联系客户，签订红薯购销合同，根据客户要求品种和数量组织生产，并且与农民签订红薯回收合同。种植前，协会以低于市场10%的优惠价供应农民优质薯苗。红薯收获后，按高于市场5%的价格由客户收购，负责统一结算，形成了"找客商联系订单、薯农按订单组织生产、销售后统一结算"的"客商＋协会＋薯农"的利益联结机制，解决了"一家一户不能销、外来客商不好购"的矛盾，实现了小生产与大市场的有效对接。现在，红薯协会共发展本地会员800多名、网上会员2000多名，会员遍布全国各地。协会拥有固定资产300万元，建有2座20万公斤储藏窖，1座100万公斤储藏窖；每年向农民会员提供5000

万株优质薯苗，带动种植农户达5000多户，产品远销全国除青海、西藏外的各个省份。为普及红薯高效种植、提高薯农种植水平，我们协会还在积极参加全国科技周、全国科普日、科普之春、科普大集等大型科普活动的同时，下大力气示范、推广种植技术。

虽然我已经由"泥腿子"成长为闻名省内外的"红薯大王"，自己的苗子并不愁销路，但是我一直在密切关注全国红薯市场的供求变化：最近几年市场竞争越来越激烈，互相压价现象普遍，最后挫伤的还是薯农的积极性。于是，我决定筹办甘薯产业发展论坛，为红薯寻找新出路。2015年，在紧锣密鼓的组织筹备下，第二届河北省甘薯产业发展论坛在新乐市召开，300余名来自全国各地的红薯协会合作社代表、种植大户和农业科研院所的专家学者欢聚一堂，共同探讨红薯在育苗、种植、储藏、加工等方面的未来发展趋势。谈及开办论坛的初衷，我在会上介绍说，希望通过举办论坛，把同行和专家邀请到一起，共同总结行业过去的发展状况，并为甘薯产业的壮大尽一份心力。由于得到了河北省农村专业技术协会和新乐市科协的大力支持，第二届甘薯论坛的规模扩大了，第一次不到100人参与，这次已经300多人了。目前红薯深加工领域处于初级阶段，仅有薯粉、薯片、薯条、全粉、粉泥等传统领域，而且多是小作坊式加工，不利于甘薯产业的健康发展。为此，我们邀请了农科院所的专家教授，来论坛上给大家讲讲产业面临的发展困境，探讨行业未来的发展趋势，使大家能够准确地把握好行业的脉动。专家们介绍了红薯加工果蔬饮品、食品原料薯泥等深加工新领域，以及低温膨化技术代替油炸等红薯加工新工艺，还带来了合作项目，开阔了种植户们的眼界。

近些年来，我每年都邀请大专院校、科研单位的专家教授办班和现场指导。特别是2010年和2011年，我们协会与省农业科学院、省农广校联合举办了全省红薯栽培与新技术培训班，邀请河北省农科院甘薯室主任张松树、山东省农科院甘薯室主任王庆美现场授课，培养红薯专业人才近300人，收到较好效果，《河北科技报》《河北农民报》等新闻媒体对此进行了报道。我每年还都组织技术人员开展科技下乡20次以上，发放科技图书、明白纸两万多份，红薯生产期间派技术人员吃住在农民家中，对整个种植过程进行指导，发现问题随时解决，受到广大农民欢迎。

我还引进推广了许多新品种。经过几年筛选、试种和摸索，我先后培育了新农1号、新农2号等新农系列红薯新品种，引进了日本黄金薯、日本红东、美国黑薯、苏薯8号、西农431等十几个高产优质品种，建成了全国品种最全、产量最多的红薯育苗基地，每年向薯农提供优质薯苗五千多万株。

为提高新乐市红薯的市场占有率，除2005年自筹资金3万多元建立了中国红薯网，加入农业信息中心外，我还进一步加大了市场开拓力度。一是开设红薯销售窗口，分别在北京、内蒙古、山西等地设立了新乐红薯经销点，拓宽了红薯销售渠道。二是印发新乐红薯宣传画，每年都印制宣传画五千多张，到各大城市发放，吸引了大批客商。三是扩大产品知名度，多次参加省内外农交会，特别是石家庄首届农业产业化推介会、北京国际农展会和廊坊农展会。

为充分发挥河北省农技协在带领群众脱贫致富中的作用，2013年2月，我还奔赴阜平骆驼湾顾家台村，考察当地农业生产条件，并与阜平科协共同制定脱贫扶贫方案。2013年5月，我们免费向阜平科协捐赠了10万株优质红薯种苗，由困难户试种，通过典型带动，引导当地群众发展甘薯种植，带领群众脱贫致富。阜平科协专门向我们赠送了"扶贫济困，情暖人间"的锦旗。2016年3月，我们又和新乐市科协领导一起赴怀安县南刘家窑村进行实地考察，与省科协扶贫工作组一起把脉会诊，确定了"先示范后推广"发展红薯种植的思路，并于当年5月向该村赠送了8万株价值2万余元的优质红薯种苗，还定期和省科协扶贫工作组沟通，进行远程指导，以确保长势良好，受到了当地群众的欢迎。

五 荣誉意味着"光"和"热"

　　我觉得"劳模"是一个饱含感情的符号，意味着"光"和"热"，是一束能照亮黑夜的希望之光，要有一种能温暖人心的关爱之"热"。

　　在追梦的路上，我经历了不少失败和坎坷，挥洒过许多心血和汗水，但也收获了很多快乐和幸福。石家庄市农村科技致富优秀人才、石家庄市十大杰出青年农民、第十一届中国杰出青年农民提名奖、石家庄市劳动模范、石家庄市青年拔尖人才、河北省劳动模范、石家庄市优秀共产党员、河北省优秀共产党员、河北省第八届农村青年致富带头人标兵、中国乡村好青年、全国劳动模范……这些年来，我收获了诸多荣誉，呈现在此不是展示，而是为了铭记。我清楚地知道，荣誉只能代表过去，新的征程还需要我的跨越。太阳每天都是新的，我永远行走在追梦的路上。

　　有人曾经问我，作为一个全国劳模，你有什么感想？你怎样理解幸福的含义？我觉得"劳模"是一个饱含感情的符号，意味着"光"和"热"，是一束能照亮黑夜的希望之光，要有一种能温暖人心的关爱之"热"。

　　进入中国劳动关系学院劳模班学习以来，我对于人生的内涵有了更深一层的感悟，对于"劳模"这两个字也有了更进一步的认识。特别是2018年"五一"劳动节前夕，习近平总书记的回信，更让我感觉到党和国家对我们劳模的关心与厚爱。我作为中国劳动关系学院2018级劳模本科班的一员，感到更加的骄傲和自豪。作为一名普通农民，我为拥有体面劳动、幸福生活而感到更加知足；作为一名劳动模范，我为今天的无上光荣、褒奖、肯定感到更加的干劲十足；作为一名河北省第九次党代会代表，我为自己永远拥护党、永远跟党走的初心不变而感到更加自豪！总书记在回信中强调，社会主义是干出来的，新时代也是干出来的，所以在新时代的今天，我一定牢记总书记对我们劳模班学员的嘱托，立足自身岗位，培育更多的红薯新品种，研发更先进的种植技术，让小红薯在推动农业强、农村美、农民富的路上展现大作为，用干劲、闯劲、钻劲努力奋斗、争创一流，激励更多的劳动者争做新时代的奋斗者！

　　其实，人生有很多的机遇，有辉煌的时刻，也有处于低谷的时候，我们该如何面对、如何把握呢？无数的人曾经给过无数个答案，也曾经有过无数个结果，但重要的一点就是，我们要遵从自己的内心。这些年，我在红薯行业上挣到了一些钱，但在我看来，新时代劳模精神的真正含义并不是你挣了多少钱，有多大的权，而是你为社会创造了多大的价值，做了多大的贡献。作为一名劳动模范，我要多想着如何回报社会，如何把自己现在的优势拿出来与大伙分享，让更多的农民尽量少走些弯路。

人生载不动太多的烦恼和忧愁，而快乐往往就隐藏在生活的皱褶里，需要唤醒，需要发掘，需要培植，唯有内心充实泰然的人，才能够无往而不乐。如果我们有一颗平常心，坐看云起云落，一任风雨沧桑，就能够获得一份云水悠悠的好心情，如果我们用这样的好心情来对待每一天，则我们的每一天里也就会充满着阳光，充盈着快乐，洋溢着幸福。生活在这个世界上，每个人都有自己幸福的事：小孩子的幸福是拥有一支绵软硕大的棉花糖，或者是一个能飞上天去的氢气球；20岁男孩子的幸福是心仪的女孩从身边经过时不经意的回眸一笑，那种怦然心动的感觉多年后想起来依然会激动不已；中年人的幸福是父母健康长寿、儿女积极向上；老年人的幸福是身边的那个人身体硬朗，陪自己在红尘中一路牵手走过来，盼望着儿女家庭和睦、事业顺遂。作为劳模，或许我们也会有痛苦或者委屈，我们更应该让自己的内心充实泰然。

致敬词

他，为人朴实，凭着一股子犟劲，在平凡中创造奇迹；他，勇于进取，在红薯栽培、窖藏领域屡有创新，培育出多个"新农"系列红薯新品种；他，致富不忘责任，立志要为小种植户们尽些心力，建立了全国最早、最大的红薯专业网站，积极指导贫困地区的红薯种植；他，饱尝创业坎坷，用实践证明，心中若有梦想，终会绽放光芒；他，一名普通农民，一路追梦、一再圆梦，成为新时代的"红薯大王"。

致敬——新乐市新农红薯种植专业合作社理事长贾拴成！

做一个勇于踏浪、敏锐
开创的人

——青岛公交集团李沧巴士有限公司驾驶员
矫立敏的故事

人物小传

矫立敏　男，汉族，1967 年 9 月生于山东省青岛市城阳区，中共党员。1987 年 12
月参加工作，成为青岛公交集团李沧巴士有限公司员工，连续多年获评为集团劳
模。他根据多年行车经验总结的安全行车节能工作法，被命名为"立敏工作法"，
在青岛公交集团推广，并获得青岛市职工创新技术成果一等奖、山东省职工创新技
术成果优秀奖。先后获 2004 年"青岛市文明市民"和"青岛市节能标兵"，2005
年"青岛市优秀共产党员"，2006 年"青岛市劳模"，2007 年"全国十大节油
王"，2010 年"青岛市首席技师"，2011 年"山东省首席技师"、"青岛市优秀共
产党员"和"全国十大节油王"，2013 年"山东省劳动模范"，2015 年"全国劳
动模范"，2016 年"山东省优秀共产党员"等荣誉称号，并获得 2007 年"山东省
富民兴鲁劳动奖章"，2014 年"全国五一劳动奖章"。中国劳动关系学院 2018 级
劳动模范本科班学员。

一　我的家人们

父亲修车时，我也会在旁边看。修完车，看着父亲把电门打开，一下子启动起来，我就会高兴地蹦起来，心想父亲太厉害了，长大后我一定也像他那样到公交公司当一名驾驶员！

1967年，我出生在青岛市的一个海边村子。小时候的我，每到夏天就和小伙伴们到海边嬉戏玩耍，捉螃蟹、捉小虾、拣小海螺，到盐碱地里拣海鸟蛋，不到一个夏天，浑身上下晒得黑黝黝的，像个煤球，冬天打纸牌、踢键子。当时都很穷，也只能把这些东西当作游乐的对象了。

上小学时的我学习不是很刻苦，但是成绩一直处于上游水平，是班里的班长。放学后先做作业，完成作业后不是疯玩，就是帮母亲下地干农活。母亲是打理庄稼的行家里手，我没事就会和母亲去地里锄地除草、施肥浇水，母亲也会手把手地教我锄地的正确姿势，刨地如何刨得深又省力。在农田里，我学到了农民种地的本领，也深刻感受到农民们劳作的艰辛和对劳动成果的渴望，也让我早早理解了"劳动"一词的含义：要丰收就必须付出艰辛的劳作。

上初二时，我转学到南万中学，离家有五里地，每天骑自行车上学放学，因为学习紧，母亲一般不让我去地里干活了，为的是让我集中精力学好功课，考上县里的重点高中。我理解母亲的心思，努力学习，初三考进了重点班。我的目标很明确，要去县里的重点高中——崂山县第三中学，将来考大学，实现我上大学的梦想，为此我努力拼搏着。1985年中考时，我发挥正常，以优异的成绩考入崂山县第三中学，顺利地进入重点高中学习。

1985年9月，我到崂山县第三中学进行高中阶段的学习，同学们都长大了，都有自己的目标定位，都在为实现自己的目标努力拼搏着。开始时我也一样，但是到了高二，我迷恋上了一种运动——足球，迷恋的程度几近疯狂，就连课间休息5分钟也要出去踢球，研究足球的时间比学习的时间都多，学习成绩不断下滑。虽然高三拼了一年，但还是与大学的校门无缘，自己的大学梦想破灭了。

高中毕业后的头几个月我很迷茫，考虑过很多，是接着复读继续考大学，还是找个厂子上班或者是下地干农活，考虑了很久没确定下来。直到10月父亲告诉了我一件事，才让我重新坚定了我儿时的梦想：我将要顶替父亲到公交公司上班。

我的父母都是党员。父亲因工作原因，每月回家一次，我哥俩的家庭教育都落在了母亲身上。母亲是个传统的中国女性，但性格爽朗，心直口快，在村子里很有威望。她对我和哥哥要求非常严格，从小教我们做人的道理，如有犯规就棍棒伺候，老一辈信奉的是"棍棒之下出孝子"这个道理，所以我们俩从不敢越雷池半步。

依稀记得有一次，街上来了一个推车卖大葱的老汉，很快围了一大堆人，有小孩，有大人，小孩子们就是为了偷一棵大葱吃。我哥俩也慢慢地凑了上去，其实也就是上去看热闹，不敢有歪想法。恰巧，母亲下地回来，看到我俩，便悄悄地把我们叫回家。回家后，母亲很是生气，说："不管你们偷没偷，围上去干什么！想吃，回来跟我说，咱们去买，你们必须改掉这个臭毛病！"作为惩罚，我哥俩还是每人挨了两棍子。虽然母亲很严格，但我哥俩非常尊敬我的母亲，她教会了我们做人的道理和做事的底线。

父亲部队退伍后，被青岛公交公司招去当了一名公交车驾驶员。退伍前，他是汽车班班长，在部队期间表现非常优秀，多次获得"五好战士"称号，荣获二等功一次、三等功一次。到公交公司后，因为离家远，住单身宿舍，每月回家一次。

父亲的脾气很好，从不发火，说话总是笑眯眯的，和蔼可亲，跟母亲的性格很是互补。而对我有吸引力的是父亲的手提包，里面有我梦想的东西：糖果、点心、"玩具"。说是玩具，其实是父亲的"宝贝儿"，是车上的化油器、点火线圈、分电器、火花塞、车门开关等，每次回家，都会给我带来不同的惊喜。我会问父亲这啥东西呀，干什么用的呀，父亲总是不厌其烦地告诉我这些东西的名字，起什么作用，我会认真地听，一一记住。当父亲调试化油器和分电器时，我在旁边仔细地看，问为什么要这样调，调大或调小会怎样呀，这也是小孩子的天性。有时我在想，长大后，也要像爸爸那样，做个公交车驾驶员，载着乘客穿梭在大街小巷，多威风啊！

父亲很是勤劳，几乎每天下班后总是开着车支援郊区线路，最多时每月加班时所跑的里程，相当于 22 天的里程。父亲的技术也是非常优秀的，因表现突出，每年被评为先进生产者，1977 年被评为青岛市劳动模范。

上学后，每到假期，我就会跟着父亲去他的单位住一段时间。父亲出车，我会跟着他，坐在驾驶室里面看他开车。父亲修车时，我也会在旁边看。修完车，看着父亲把电门打开，一下子启动起来，我就会高兴地蹦起来，心想父亲太厉害了，长大后我一定也像他那样到公交公司当一名驾驶员！

1995 年 5 月 1 日，我和相恋了 3 年的爱人结婚。妻子也是青岛公交集团的员工，她温柔善良，属传统型女性，工作很是认真负责。妻子对我的工作非常理解和支持，家务活儿几乎全包，为的是让我休息好开车更安全。1997 年 10 月，女儿的降生为我们这个小家增添了许多欢乐，同时也多了一份责任。我们爱女儿，但从不溺爱她，她是在我们的鼓励中渐渐成长起来的。从幼儿园一直到高中，女儿一直是那么的优秀，现在是山东大学的大三学生，仍然是那么优秀。我们父女俩在学习上相互比较、相互鼓励、相互促进，其乐融融！

二　与公交车结下不解之缘

我认为，作为一名公交车驾驶员，自己掌握的不仅是方向盘，还掌握着全车乘客的生命财产安全，因此，工作压力很大，责任心必须强。在面对日益复杂的路面环境时，一定要做到不急不躁、不愠不火，要有底气、有耐性。

1987 年 10 月的一天，父亲公休日回到家中，跟我说，国家有个政策，家在农村的企业职工，孩子可以顶替到企业工作。我听后喜出望外，这不就是我儿时的梦想嘛，很久以来的迷茫化作了期待。

1987 年 12 月，我儿时的梦想成真，顶替父亲参加工作，到公交公司当上了一名乘务员。参加工作后，父亲教育我，做人要诚实，工作要扎实，人这一辈子，不求做出惊天动地的伟业，但做事一定要踏踏实实，对得起自己的良心。在做乘务员的两年时间里，我勤奋地工作着。冬天上早班，我总是提前一个半小时到岗，给发动机箱加热水，清理驾驶室和车厢卫生，帮助师傅检查轮胎气压等，晚班下班后重复着这些工作。最头疼的是雨季，我们的规制之一是，为乘客提供干净舒适的乘车环境，必须保持车内外的卫生整洁，做到"雨后车净""六净一亮"。有时跑一圈回来，刚擦完的车身又溅满了泥浆，有时擦完了车不久又下雨了。我跟同车乘务员商量，白天光线好，我们就圈圈擦。这也练就了我们5分钟保质保量完成一辆15米公交车整车保洁的本领。我们的车子总是车队最亮丽的。因为表现优秀，1989年，我被推荐到公交汽训班接受驾驶培训并以优异的成绩结业，顺利地握上了梦寐以求的方向盘，从此与公交车结下了不解之缘。

20多年间，我从一名普通工人逐步成长为一名全国劳动模范。我人生之路的每一次成长、每一个进步都离不开培育我的公交企业和培养我的各级领导，在新时代发展的大视野、大环境里，在公交都市建设的坚实步伐里，我收获着理想的种子、工作的幸福，也留下了自己奋进、创新、奉献的足迹。

诚信一直是我内心不变的信念。363路线是青岛公交连结南北交通的一条主线，它的主站位于李沧区的百通馨苑。10年前，363路线还是一条有人售票线路，为了更加方便市民出行，公交集团把这条当时长达18.55公里、有着37个站点的线路改为标准无人售票线，以前2.5元的全程票价随之降为1元。可以说，市民尝到了公交发展带来的甜头。而随着房价一个劲儿地走高，岛城出现了一个新市民阶层，他们工作在南部的市区中心，而选择居住在房价较低的北部偏远城区，从而产生了公交客流加大、高峰乘车难的新问题。想上车的上不去，想下车的下不来，饱受拥挤的公交车经常出现甩站甩客的现象，一时间乘客怨声载道。路队在加强综合治理、合理调配车辆运行的同时，我以一名党员的名义主动站出来，向线路职工发出了"文明行驶、诚信待客"的倡议，并提出了五个"多一点"工作法，即多一点微笑、多一点问候、多一点解答、多一点关爱、多一点奉献。每一次驾车出发，我都在心里暗暗提醒自己："我的职责是服务乘客，再挤不能不停站，再难不能让乘客为难。"因此，每一次进入站点，我都要提前减速，缓慢靠站、停稳开门、主动疏导。在我的车上，乘客都自觉地表现出了谦让和尊重，极少发生因为拥挤而相互指责、谩骂的事情。

为更好地做到"无人售票、有情服务"，我率先在车厢里安装了践行社会主义荣辱观和社会主义核心价值观、弘扬红飘带精神、学习雷锋精神宣传牌，还设置了"党员为您服务""乘车导向图""失物提醒栏"等服务设施。冬天我用绒布给车厢冰凉的不锈钢杆缝上套子，使它成为"暖扶手"，雨天我在车门踏板上铺上"防滑垫"，保证了老人、孩子上下车的安全。一位经常坐363路车的退休老教师给路队打来电话说："我每次坐矫师傅的车，他都招呼车内乘客给我找座位，我观察了观察，他不仅关心我，所有需要帮助的人他都能这样做，真是不简单啊！"

为了做到行驶安全平稳，我向全线职工提出了不开快车、不开带病车、不开斗气车、不开英雄车"四不开"的倡议；做到"四不放过"，也就是对车辆异常响声、异常气味、异常抖动、异常温度不放过，始终做到安全警钟长鸣。福州路立交桥下曾经有一段引桥阻隔了驾驶员视线，而行人或摩托车易从桥墩处横穿马路，稍有不慎就会酿成车毁人亡的悲剧。我利用班会和一切可能的时机，一再给每一位同事讲清楚这一路段的危险性，使同事们行驶到那里时引起高度警惕。记得有一年冬季的一天，由于桥下的一处消防栓被撞，地面成了冰面。远远地，我看到一名骑自行车的人正在冰面上艰难前行。那时我心想，必须与他保持一定距离，万一骑车人滑倒后果将不堪设想。果不其然，在骑车人突然摔倒的刹那间，我也一脚踩下了刹车。等到我的车停下来，离这名骑车人只有两米的距离。高度的安全意识和预见性使我在多年的驾车中避免了一起又一起事故，我总是带着这样一份小心上路。从事驾驶员工作25年来，我创下了累计安全行驶里程达到百万公里无交通安全责任事故的纪录。

我认为，作为一名公交车驾驶员，自己掌握的不仅是方向盘，还掌握着全车乘客的生命财产安全，因此，工作压力很大，责任心必须强。在面对日益复杂的路面环境时，一定要做到不急不躁、不愠不火，要有底气、有耐性。工作中，我遇到这样一名老人，他很喜欢运动，经常坐公交车到李村转乘郊区线路爬爬山，锻炼身体。因为我开车稳，老人也就特别愿意坐我的车，他还非常幽默地称呼我为"教练"，一来二往，我俩成了"忘年交"。还有一名退休干部也喜欢登山，因为看过报道我事迹的电视节目，曾经特意坐我的车，目的就是想验证一下"真实工作中的矫立敏是不是跟电视上'演'的一样"。而这些经历，让我切实感受到乘客的信任，也更增强了我的工作责任心。它告诉我，只有摆正自己的位置，把乘客当亲人，才能赢得乘客的理解、赞许和支持。

363 路线每天的客运量近五万人次，还途经李村大集，这自然会给一些小偷惯窃可乘之机。有一次，我在河南站停站上客时，用眼角的余光发现一个窃贼正把手悄悄伸向一名女士的衣兜，我二话没说，一巴掌就向那只伸向衣兜的贼手打去，还没等这名乘客反应过来，小贼已经顺着后门下客的人流逃之夭夭了。行车这么多年，我已经养成了一个习惯，就是每次车到终点站，我都会清扫一遍车厢地板，这些年我发现的乘客失物价值不下四五万元。2005 年，我荣膺"青岛市文明市民"称号，我所在的线路也被评为青岛市首批"职工诚信示范岗"。

在工作的经历中，2008 年对于我来说永远难忘。那一年，经过层层选拔，我到青岛奥帆中心，和 19 位优秀驾驶员一起，作为奥帆赛和残奥帆赛的志愿者，从事抵离服务工作，负责接送参加奥帆赛的各国教练员、运动员。一天夜晚运动员外出活动，3 米多高的大客车要经过一道非常矮小的"之"字型出入口，两边是一米高的隔离墩，方向盘打早了或打晚了都会剐蹭到隔离墩上，车辆剐蹭是小事，关键是车上拉着外国运动员和官员，一旦出事，会直接影响到青岛的声誉。其他驾驶员都不敢贸然通行，但总需要有人带头先行。我驾车移挪转腾，小心翼翼地过了出口，惊叹得一车外国运动员、教练员直竖大拇指，一个劲儿地喊"OK！OK！"行车途中，我还专门选择一些介绍青岛风光和人文的资料片，通过奥帆志愿者这个平凡的岗位，把青岛最美的一面展现给全世界。

三　赋予"立敏"这一名字新内涵

作为一名技术能手，我始终有一种如履薄冰、如临深渊的感觉，因为勤学苦练只能使自己不致落伍掉队，而要想创造佳绩，就要精于业务、善于总结，不断发掘自身潜力，做一个敢于立身时代浪尖、勇于踏浪、敏锐开创的人，我要赋予"立敏"这一名字新的内涵。

从平凡的车厢服务里我感悟出，人无信不立，先做人后做事，做人要"德"字为先。做人要扎实，待人要诚信，真诚需要付出行动，因此我给自己立下了"立于信，敏于行"的座右铭。

作为一名技术能手，我始终有一种如履薄冰、如临深渊的感觉，因为勤学苦练只能使自己不致落伍掉队，而要想创造佳绩，就要精于业务、善于总结，不断发掘自身潜力，做一个敢于立身时代浪尖、勇于踏浪、敏锐开创的人，我要赋予"立敏"这一名字新的内涵。

1990年，我开车第一次碰到机械故障，差点把满车乘客扔在路上。记得那是一个星期一的早晨7点左右，我驾车从板桥坊发往李村。那时候，青岛公交公司共有36条公交线路，从沧口去李村只有10路这一条线路。而李村又是青岛三大商圈之一，平峰时段的客流量都很大，更不用说高峰时段了。当我开出4站后，铰接式客车（俗称大通道车）已经站满了乘客。每到一站，乘客们还是蜂拥而上，拼命往车上挤。我开着那破旧的公交车，好不容易地爬上了去往李村路上一个长长的陡坡，再有三站就到达终点站了，我长长地出了一口气。前面路口是红灯，我随手熄火，等待绿灯。绿灯亮了，我启动车子，一下、两下、三下，没有打着火。等了一会，我又重新打了几次火，还是没打着。这时我也急了，这是怎么回事呀？第一次遇到这种情况，不知从何下手啊。后面的车辆也急了，在后面按喇叭催促我，车上的乘客也开始骚动起来："师傅，快走啊，要迟到啦！""到底会不会开车呀！"我当时也觉得羞愧难当，试着安慰乘客："请大家不要着急，车出了点小问题，一会儿就好。"说着话，脑子飞快地旋转着：跟师傅实习的时候，师傅说过，当几次点火车子启动不了，先看看点火系统的分电器，分电器中的触点是不是脏了或烧蚀，用砂纸打磨一下，然后处理干净再启动。我飞速起身，打开工具箱，拿出了备用的细砂纸条，打开机舱盖，取下分电器盖，摘下分火头，把细砂纸条放入触点里面打磨，再用崭新的纸张叠好后放进去来回拖动，清理触点。结束后，装回分火头和分电器盖，心情忐忑地启动车辆，"轰"的一声，车子启动了，我悬着的心随着启动的车辆渐渐放了下来。轻轻轰了几脚油门，一切正常。后面几位乘客也纷纷议论着："这位小师傅还真行啊！""我还以为我们今天肯定会迟到，钱扣定了，没想到小师傅有两下子！"听着乘客的表扬，我的心情很沉重：这次我是碰巧了才修好的车，要是再不学习维修技术，将来遇到更复杂的问题怎么办？必须尽快提高自己的技术水平，尤其是提高故障判断能力，不至于把乘客扔在路上，让乘客上班迟到。

从那时起，我就下定决心苦练技术绝活。此后，我把大多数业余时间泡在了书店和图书馆，买的汽车维修技术等书籍，摞起来有两米多高。有时候下了班，看到修理工在修车，我便凑上去看维修技工如何维修、如何安装，然后会不停地问技工这些零部件的工作原理、容易出现什么故障、出现故障时有什么异常现象等。很多技工知道我很好学，他们会不厌其烦地给我讲，让我受益匪浅，技术水平提高很快。10年后，在青岛市举办的职业技能大赛上，我厚积薄发，成为青岛公交第一批高级职业驾驶员。

勤学苦练为我打下了坚实的汽车驾驶与维修功底，也迅速使我成为远近闻名的技术能手，在我的周围总是聚集和活跃着一些探讨车辆操作和维修技术的职工。为此，公司成立了技术攻关小组，专门解决职工工作中遇到的疑点难点等问题，我成为生产一线技术攻关的带头人。记得多年前车队上有一部每月浪费100多升汽油的老旧车，谁也不愿接，我就主动请缨，结合车况、路况反复调试化油器、分电器，使车辆的油电路配合达到最佳状态，经过仔细整合，维护各种机件，当月就使这部车摘掉了"油老虎"的帽子，第二个月节约汽油240升。

驾车时，我始终保持中速行驶，平稳加速，轻柔操作，像呵护自己的孩子一样爱护和维护着车辆，这样还可以极大地延长车辆的使用寿命，节约成本。我曾经开过的10路线221号车行驶里程达到20万公里，发动机、变速器和离合器总成无大修，而同期的同类车型已经换了三台发动机，仅此一项，就为企业节约材料费用两万多元（当时一个驾驶员工资五六百元）。

2005年，我所在的363路更新了40部新型柴油车，但这些车几乎车车费油，这让我也暗暗下定决心攻克柴油车节油技术难关。我根据长时间的行车观察和实际操作比较，总结提炼了一套"规范操作节油工作法"。这套工作法对每一个公交站点、每一座立交桥、每一个交通路口的客流、车流、路面、信号灯情况进行了科学分析，精心测算了发动机转速与行车速度之间的契合关系、行车安全与节油之间的关系，找出了最佳经济时速，这样，既能保证行车安全，又能最大限度地节约燃料，减少污染物的排放量。2006年，这项技术创新成果在线路全面推广实施，经济效益明显，平均每车每年节油1000多升，同时还保证了行车安全，降低了交通事故的概率。这个工作法经公司推广后被命名为"立敏工作法"，并荣获青岛市技术创新一等奖，山东省职工创新优秀成果奖，我也获得全国公交系统十大"节油王"的美誉。

对大多数公交驾驶员来说，当时柴油车的使用和维护是个新领域，我废寝忘食地学习，不断充实自己的知识，终于整理出了中冷柴油机的操作

方法。过去车辆冷启动后，发动机需以 400 转/分钟的怠速热机 10 分钟左右，我结合线路柴油机型的特点，大胆将发动机转速提高到 1100 转/分钟，这样怠机时间缩短为 5 分钟，既防止了喷油嘴堵塞，又节约了燃料。我还通过提前 1 分钟润滑、延迟 2 分钟熄火的操作方法，保证了发动机增压器保持良好的润滑条件和正确的冷却时间，从而极大地延长了增压器的使用寿命，降低了故障率。一个发动机增压器大约 2700 多元，而我所驾驶的车辆增压器创造了使用 20 余万公里无故障的纪录。

近年来，我和我的同事们积极开展清洁生产的研究论证，自制了环保名片，向同行推介自己总结的行之有效的清洁生产方法；利用业余时间，我巡回到线路上开办技术课堂，除了将自己多年的驾驶经验和维修经验传授给他们之外，还现场解决车辆存在的疑难问题，得到大家的充分肯定；建立了劳模创新工作室，利用工作室对新职工进行教育培训、技术革新、技改技措，大家在此研究探讨解决生产工作中发现的问题；深入开展"导师带徒"活动。"导师带徒"是青岛公交的优良传统，师傅不仅要把优秀的工作经验和技术传授给徒弟，还要把自身的优秀品质和高尚的道德情操及人格魅力，通过言传身教，不遗余力地传授给徒弟，使徒弟们快速成长起来，形成梯队，为企业培养更多中坚力量。我的徒弟任洪波在青岛市"展技——职工技能大赛"中获得"驾驶状元"称号，被评为青岛市青年岗位能手。我也因持续创新的专业技术成果被评为青岛市首席技师和山东省首席技师。

在 363 路线有一名驾驶员小袁，他经常上班迟到，脾气也比较暴躁，是个投诉大户。路队在划分行车班组时，既考虑力量搭配，又本着班组成员自愿、调动生产积极性的原则，顺应职工自然组合。而小袁却没有哪个班组想要他，要了他意味着拖班组的后腿，影响班组成员的经济利益。看到这种情况，我主动找到领导说，别的班组不要他，我要！我就找到小袁谈话，表示只要他能慢慢改掉身上的坏习惯，可以接纳他为班组成员。我热情的鼓励感染着小袁，本来就喜爱技术的小袁经常跟着我的车转上几圈。我就因势利导，手把手地把运行、服务过程中的每一个细节教给小袁。现在人人都说小袁像变了一个人似的，而他的最大变化是积极参加公交集团举行的驾驶技能比武大赛，并一举获得了"金牌驾驶员"称号。说起自己的心路历程，小袁百感交集，他对我吐出了心里话："亏着您把我要来，矫师傅，您放心，我肯定要做出个样来给人看看！"

基于这样的信任，"有困难找立敏"成为职工队伍的流行语，职工们遇到技术问题首先想到的是我；基于这样的信任，我开办的博客上每天都有几十上百条点击率，他们互动探讨服务艺术、交流技术话题；基于这样的信任，我每天都能收到乘客们真情的问候和衷心的祝愿……

有了这样的行动，我所在的路队每一条线路都产生了符合运行实际的工作法，示范效应辐射整个公交；有了这样的行动，每一名党员都向社会公布了自己的承诺，"真情服务乘客，构建和谐车厢"成为共同的目标和追求；有了这样的行动，公交成为低碳、环保生活的一个象征，甚至一对幸福的恋人毫不犹豫地选择了乘 363 路公交车驶向幸福的婚姻殿堂……

而提起自己的家庭，我的内心却深感歉疚。我在心爱的公交车上度过了 20 多个元旦、春节、清明节、中秋、国庆等节日，甚至我的妻子因严重腰椎间盘突出症在医院进行手术时；我女儿 21 岁了，2010 年之前从未出过青岛市，直到那年上海举办世博会时才出去开了一下眼界，这也是我所亏欠家庭的，但从没有过后悔。

2014 年 8 月，因工作需要，我离开了 25 年的驾驶岗位，从事技术管理工作。管理工作对我来说是一个陌生的岗位，刚开始无从下手，自己虽然学过行政管理，但是真正应用到实际工作中，还是有一定的差距。缺乏管理经验，自己便虚心向老管理人员学习管理经验，并结合路队的实际情况探索管理方法。每天早来晚走，与职工打成一片。通过心与心的交流，不但得到了职工的认可，自己还可以及时掌握职工的思想动态。由于直接与驾驶员、车辆打交道，这样，就可以把自己在驾驶工作中积累的一些经验毫无保留地传授给驾驶员，使他们少走弯路，如利用职工大会传授自己的节油经验，遇到车辆故障如何排除，如何保证行车安全等。平时大多数时间在维修班组和调度室，现场解决职工的需求或车辆出现的问题，得到了职工的认可和尊重，同时，自己也总结出了一个经验：管理是盯出来的，现场管理很重要。

2015 年 8 月，我调到保修厂从事党务工作，作为一名党员，不管从事什么工作，都要有一种攻坚克难的勇气，这样才能把工作做得更好，以自己的人格魅力去影响和带动身边的每一个人，向着同一个目标不断前进。自己是全国劳模，就要做出样子给职工看，以榜样的力量带动职工。为了

搞好厂区的环境卫生，我每天和职工清理卫生，一个烟头、一块纸屑也要随手捡起来。在我的带动下，职工们养成了良好的卫生习惯，厂区的环境卫生得到极大改善。

带领职工开展丰富多彩的文化娱乐活动，增强干部职工的凝聚力。从事这个岗位，不仅要协助厂长搞好生产，还要丰富职工的业余生活。到保修厂短短几个月，和领导班子组织策划了保养比武、趣味运动会、跳绳比赛、食堂工作人员比武、职工健步行、挂链条比赛等一系列活动，提高了职工的技能，强健了职工身体，增强了班组的凝聚力和向心力，得到了职工的好评。

关心帮助困难职工，是企业核心价值观的具体体现。为切实关心困难职工的生活，我到保修厂后，先走访困难职工家庭，到实地查看情况。当我们来到困难职工徐燕兴家时，看到的景象是大家最为心酸与震动的。他父亲早年下岗，母亲无业并患脑血栓，生活不能自理，一家三口挤在两间有电无水的破土房里，全靠徐燕兴一人工资支撑家庭开支，生活非常困难。我立即将情况上报公司党委。在公司领导的大力帮助与支持下，为徐燕兴申请了公租房，并增加了慰问金额。徐燕兴所在的保养三组冒着严寒，自发为他家购置了两张床、一组橱柜、一张沙发、茶几和电视柜，为徐燕兴一家送去了冬日的温暖，让徐燕兴一家高高兴兴地搬进了新房过新年。通过走访，使困难职工感受到了企业的温暖和党的关怀，拉近了干群距离。

保修厂职工张涛，因患脑瘤瘫痪在床，家庭生活困难，我便组织人员成立了帮扶小组，定期到张涛家走访慰问，帮他理发，到楼下晒晒太阳，干干家务活，做做康复训练等。在我们的帮助下，张涛的身体一天天好转，其家人深受感动。

四　活到老学到老，我坚信会自我突破

一路上，随着列车的高速飞奔，我的思绪飞扬……此刻的我正在完成从一名多年的公交员工到学员的角色转变。这个转变，也是挑战自我的尝试，我坚信我会突破自我。

多年来，我因工作业绩突出，2015 年被评为全国劳模，2016 年荣获山东省优秀共产党员荣誉称号。

北京颁奖

2015 年 4 月 27 日，我怀着无比激动的心情踏上了开往北京的高铁列车，准备到庄严的人民大会堂参加全国劳模表彰大会。五月的鲜花格外芬芳，五月的歌声无比高亢嘹亮。在全世界劳动人民的节日"五一"国际劳动节即将到来之际，国家在北京人民大会堂隆重召开"庆祝五一国际劳动节暨表彰全国劳动模范和先进工作者大会"。

4 月 28 日上午 9 点，来自各行各业的全国劳模和先进工作者 2968 人，从各自的驻地乘专车抵达天安门广场，齐聚在人民大会堂门前等待入场。大家共话"劳动光荣，劳动创造幸福"的心声，或相互交流心得体会，或相互拍照留念，激动、兴奋之情，洋溢在脸上，幸福在心里。上午 10 点钟，党和国家领导人习近平、李克强等健步进入大会主席台，全场响起了经久不息的掌声。当全场起立、高唱国歌时，我热泪盈眶，眼泪禁不住地流下，这是幸福的眼泪，自己多年来的工作得到了党和国家的认可，觉得自己的付出是值得的。奖牌的获得，是对青岛公交的肯定，也是对我个人的鞭策，是让我干好本职工作的不竭动力，我会在工作中继续尽心尽力，尽职尽责，"横着是根梁，竖着是根柱"。

劳模班上学

随着岗位的变化，我觉得文化理论方面的知识欠缺非常大，继续接受

教育的愿望也越来越强烈，也想圆自己一个大学梦。2017年初秋的一天，单位工会领导兴冲冲地找到我，跟我说："告诉你一个好消息，中国劳动关系学院劳模本科班招生了，集团推荐你去上大学了！"我一听，兴奋地蹦了起来："太好啦！这正是我梦寐以求的事，非常感谢领导们给我这个深造的机会。我一定不辜负领导对我的期望，我会努力学习的！"

回家后我把这个好消息告诉了家人，爱人听后，眉头一皱，又随即面露喜色："这正是你渴望的一件事，去吧，我支持你！"妻子面部细微的变化我看在了眼里，如果我去上学，家里只剩下妻子一个人，还要照顾双方老人，会很累，但她依然支持我去学习，她会扛起家里的重担。此刻，我心里充满了对妻子的感激之情。周末，在山东大学上大二的女儿回到家里，听说我要上大学，哈哈大笑——"爸爸，你这么大年龄了上学，能学进去吗？能学好吗？""活到老学到老，孩子，世上无难事，只怕有心人，只要你用心去学，没有学不好的，我相信自己，你要不信，咱俩比一比。"

春节前夕，我收到了学校的录取通知书。想着自己马上就要成为一名大学生了，我心花怒放，终于圆了自己多年的大学梦想，自己从心底感谢党和政府对我们劳模的关怀和培养，我一定不辜负各级领导对我的期望，努力学习，争取以优异的成绩毕业。就在我去学校报到的前一周，岳母因脑血栓住院，至今生活不能自理。岳父前两年也是因为脑血栓，现在还是拖着一条腿。家庭情况的突变，使我在上学问题上打起了退堂鼓。跟妻子商量不想去上学了，没想到妻子斩钉截铁地对我说："去吧！家里的事有我，你尽管去上学，不要分心！"我知道妻子的身体也很弱，还患有严重的腰椎间盘突出症，太劳累了她的身体会吃不消的。但是，从她坚毅的目光里，我看出了她承担家庭重任的决心。"好吧，那就辛苦你了，但你也要保重自己的身体啊！"妻子的支持，坚定了我到中国劳动关系学院学习的决心。

2018年3月7日早晨8点，我踏上了去往北京的高铁列车。一路上，随着列车的高速飞奔，我的思绪飞扬……此刻的我正在完成从一名多年的公交员工到学员的角色转变。这个转变，也是挑战自我的尝试，毕竟自己是51岁的小老头了，智力、体力不如年轻人，但我坚信我会突破自我。

接近北京南站，我联系了2017级劳模班班长张鹏，他告诉我他会在学校门口接我和另一位同学。下午两点，我们到达学校门口，远远望见一位体格健硕的人正微笑着向我们走来，并跟我们热情地打招呼，对我们的到来表示欢迎，帮我们拿行李，介绍学校的情况，让我们两个初入校门的学生消除了陌生的尴尬。我们将从那时起开始为期两年的学习生涯。

大学生活让我们在学校收获了知识，收获了友谊。学校为我们配备了雄厚的师资力量，使我们能够尽快消化吸收学到的理论知识，还经常性地开展各类活动。来自全国各地的同学虽然操着带有浓重乡音的普通话，但却相亲相爱、团结如一家人。

总书记回信感悟

2018 年初，我们劳模本科班全体学员写信向习近平总书记汇报学习"习近平新时代中国特色社会主义思想"的体会，表达"当好主人翁、建功新时代"的愿望和决心。意想不到的是，4 月 30 日下午 6 点多，我们接到了老师发给我们的微信，习总书记百忙之中给我们回信了！我当时休假在家中，看到消息后高兴地跳了起来。同学们也互发微信，表达自己的兴奋之情。

晚上我们全家人早早地坐到了电视机前，怀着激动的心情收看新闻联播。习总书记在回信中强调，社会主义是干出来的，新时代也是干出来的；勉励我们珍惜荣誉、努力学习，在各自岗位上继续拼搏、再创佳绩，用干劲、闯劲、钻劲鼓舞更多的人，激励广大劳动群众争做新时代的奋斗者。我们倍感振奋，深受鼓舞，感悟颇深！

我一定不辜负总书记的嘱托，充分发扬新时代劳模精神和工匠精神，珍惜在学校的分分秒秒，认真学习文化理论知识，不断提高自己，突破自我，团结和带动身边的同志一起，为实现我们共同的梦想而奋斗！我始终认为，奋斗是一种幸福。劳模就是领头雁，是发动机，当我们带领身边的同志向着共同的梦想向前迈进的时候，累并快乐着，奋斗并幸福着。

时间如白驹过隙，"忙并收获着、快乐着"成了我心中的主旋律，常鸣耳畔。在以后的学习生活中，我会继续尽心尽力学好老师传授的每一门功课，以优异的成绩毕业，回到岗位上把学到的知识与工作实践相结合，不断创新工作思路和方法，使自己的业务素质和工作能力再上一个新台阶，无愧于劳模的光荣称号！

致敬词

　　他，从事公交工作三十余年，与公交结下了不解之缘；他，以服务乘客、奉献社会为宗旨，让平凡的车厢服务不凡；他，作为技术能手，始终如履薄冰、如临深渊，不断发掘自身潜力；他，从事管理工作，业务上积极传帮带，生活上排忧兼解难；他，以"立于信，敏于行"为座右铭，要立身于时代浪尖，勇于踏浪、敏于开创，赋予了"立敏"这一名字新的内涵。

　　致敬——青岛公交集团李沧巴士有限公司驾驶员矫立敏！

首都环卫战线上的"螺丝钉"

——北京环卫集团固废物流有限公司驾驶员 孙志宝的故事

人物小传

孙志宝 男，满族，1976 年 1 月出生于河北省承德市平泉县郭杖子乡毛家沟村一组，中共党员。北京环境卫生工程集团有限公司北京固废物流有限公司清运三中心高级汽车驾驶员，担任北京环卫集团历届首席员工、李春国课堂教习、孙志宝创新工作室负责人。先后获 2008 年北京环卫集团"迎奥运练技能"技术比武第一名，2008 年第四届北京市"创业青年首都贡献奖"银奖，并先后获得 2008 年"奥运技能服务明星"，2008 年北京市"知识型职工先进个人"，2009 年"国庆 60 周年先进工作者"，2015 年"全国劳动模范"，2016 年"首都市民学习之星"，2017 年"首都最美劳动者"等荣誉称号。2010 年享受北京市政府特殊津贴。中国劳动关系学院 2018 级劳动模范本科班学员。

一　柽椤树，生我养我的故乡

农村的教育方法让我懂得，啥叫农村的爱，啥叫父母的爱！

1946 年 2 月在承德保卫战中，有一场著名的"柽椤树战役"。现如今，柽椤树战役烈士陵园距离我家只有两公里。二十世纪八九十年代，"一进柽椤树沟，一天三顿喝稀粥"是这里穷困面貌的真实写照。忆起我的童年，吃的最好的就是小米粥。

1976 年 1 月 1 日凌晨 3 点多，我出生在河北平泉的大山里，是一个地地道道的农村孩，直到上小学四年级的时候才有了"神奇的"电灯，上初中时家里才买上黑白电视，能玩的就是自制的玩具（石头、木翘、踢毽子、跳方格、打球等），这就是我的童年生活。

小时候听我的爷爷说，我们是在几代人之前从山东因贫穷来到这里的。当时在途中要横着蹚过一条大河，几次都没有过去，于是祖辈发誓"如果能平安过河，我们大年初一吃素一天"。现如今，我一直信守祖辈的诺言。

"一个人的舞台是没有任何意义的。"这是一名初小毕业的农民让我永远难忘的一句话，他就是我的父亲。父亲，文化不高、字迹工整、满脸严肃，已在 2014 年 1 月 25 日离我远去……

二十世纪九十年代前后，父亲是村里集体公有制果园的技术员，每年能挣到几百块钱。让我难以忘怀的是，我上小学三年级的时候，跟随爸爸去果园，他只是让我吃了一个大大的伏果（在暑伏的时候成熟的苹果）。当我空着裤兜、满脸不舍地离开时，也许爸爸看出了我的想法，他跟我说："这是大家的果园，吃一个就行了，不能拿走。如果你带着苹果回家，别人家的孩子来了让我怎么办？那样的话别人会瞧不起咱们的，别人会在背后说我们坏话的。"我很生气地回家了。本想走上两公里的路程多吃几个苹果，顺便拿几个苹果回家的想法没有实现。

在我的记忆中，这是我从出生到成家跟随父亲去玩的唯一一次，剩下的都是跟随父亲去干活去砍柴。可以说，自己一人独立走到外面，离开父母身边时，才有点明白父亲的苦衷。公与私，要有换位思考，要有节俭为公的想法。农村娃几乎都挨过打，我也不例外，但是没准儿我的挨打，别人都没经历过。初中三年级时，因我的数学没有考好，被老师告知家长，我幸运的是没有直接被打。但不争气的我，在喝药的时候，把茶缸碰倒了，把药片融化了，导致药浪费了。让我万万没有想到的是，爸爸顺手就是一个耳光，当爸爸突然抄起木板朝我打过来（当时家里正有木工师傅在干活）时，我在炕上直接就从窗户跳到院子里，幸免了一次胖揍。当参加工作时我终于明白了，因家里条件不好，父亲是想让我学习好，考个能分配工作的学校，将来有工作。农村的教育方法让我懂得，啥叫农村的爱，啥叫父母的爱！

我的父母在家里都排行老大，我是我们这个大家庭的长孙，无论是爷爷奶奶还是姥姥姥爷，有好吃的始终都给我留着，并偷偷地塞到我的手里，我的童年是幸福的。母亲没有读过一天书，但是能认识一些简单的字，会写自己的名字。我有两个姐姐，大姐虽然学习很用心，但因当时家庭经济条件差，五口之家需要劳力（帮父母干活），她没有上初中就务农了。二姐条件允许上学，但她觉得上学也是没有出路，上到初二就辍学了，还被父亲狠狠地打了一顿。我是我们家中学历最高的，初中毕业上的技校。虽然这个家庭不富裕，但是我们至今没有任何的矛盾；虽然我一直在北京工作，但我们共同履行对父母的照顾义务；虽然国家给了我劳模的荣誉，可我还是那个农村的孩子，环卫战线上的一颗螺丝钉。

初三时的想法就是考个师范，毕业后能当个教师，那时我们村里唯一能够发工资的只有老师，是全村甚至全乡村民所向往的工作。没想到的是，成绩出来后，只能上个普通高中。因此，我人生中第一次与父母商量自己的事情，向父亲表白我要进行补习，目的就是考师范。爸爸过了几天才同意我的想法，于是我就来到县城补习班进行补习。

这一年补习，也是我第一次从农村走向城市（县城），第一次让我看到了城市的楼房，看到了城市的繁华，看到了城市的一切。正是这一年，也让我有了新的想法，想要自己学技术，将来自己养活自己，于是就想到了路边的修理铺维修师傅那种挣钱的神情与自豪。我在寒假期间，曾经试探着与父亲说明我要学技术的想法，要自己养活自己。爸爸没说同意，也没说不同意，我就默认为父亲同意了。巧的是，在我们中考前承德市农业机械化技术学校来到县教委招生考试，我抓住这个难得的机会，对自己的人生做了第一次抉择，报名参加考试并被录取。

1993年9月，我来到位于隆化县县城边上的承德市农业机械化技术学校，开始了学习技术的生涯。当时我们的教练车是解放CA-10B，也就是我们所说的老解放。每天学专业知识、学汽车驾驶与维修的基础知识，一晃就是半年过去了，还没接触车辆，那种心急的感觉我想学车的人都知道。第二个学期天气渐渐变暖后，由学校的专职教练带我们进行驾驶基础的练习。着车，必须是使用手摇柄摇着；检查，检查仪表是否正常和运转有无异响；起步，符合条件进行起步；停车，按照师傅（教练）的要求或定点停车。接下来就是倒库、移库、转圈、直线前进倒退，后来到县城打靶场进行远距离驾驶训练（一圈大概有四百米左右）和走八字训练。最后就是大家所谓的上路，我们五辆教练车同时到当时的省道（三级公路）上排着顺序进行上路驾驶练习。

2018年我已结婚21年，儿子正在读高中。我的孩子2000年出生在北京安贞医院。由于工作原因，孩子的成长主要由爱人负责，从儿子出生到现在，记忆中我好像只给孩子洗过三次澡，我们三口到2016年才有了第一张合影。孩子一直在北京上学，直到初二下学期（2014年4月5日）为了孩子的高考着想，给孩子转到承德市第二中学成为一名寄宿生。我2015年被评为全国劳动模范后，享受了户口进京的待遇。儿子户口随我进京，2016年又把孩子转到牛栏山第一中学（寄宿生）。上学前班、小学和中学时，每当孩子头天放假，第二天就把孩子送回老家，直到开学再接回来。多年来，我只是以带动的形象和作用，引领着孩子学习。我的孩子让我心酸、让我高兴、让我欲哭无泪的一段话，是2018年5月11日回家取证件时给我们的留言："老妈，我回来啦，晚上早点休息啊，注意身体啊，好好吃饭，别我一不在你就不吃好的了，这两天有雨记得带伞啊，多穿点衣服，老爸今天该回来了吧，让他好好休息啊，你们都太累了。——爱你们的儿子。"

二　北京环卫，我的家

从一名普通工人到最美劳动者，每一步都离不开"城市因我更美丽"的鞭策；从农民工到全国劳模，每一步都蕴藏着北京环卫的教诲！

北京环卫集团是首都大型国有专业集团公司，专门从事清扫保洁、固体废弃物收集运输、固体废弃物处理与利用业务，具有 70 年的环卫作业经验和 27 年的垃圾无害化处理经验。收运处理的固体废弃物包括生活垃圾、餐厨垃圾、粪便、医疗垃圾、污泥、废旧物资、园林垃圾、建筑渣土等，业态包括投资、咨询设计、成套设备、装备制造、运营服务等。业务遍及北京、河北、广东、辽宁、内蒙古、贵州、海南、江苏、新疆等国内多个省份，技术服务及产品行销至古巴、巴基斯坦、柬埔寨等多个国家。北京环卫集团以 PPP、BOT、TOT、OT、BOO、委托服务等方式向国内外提供生活垃圾等固体废弃物处理与资源化服务、生活垃圾等固体废弃物收集运输服务、综合清扫保洁服务、一体化大环卫服务、旧垃圾堆场治理与开发服务、第五空间与移动卫生间、技术服务等。在向当地提供服务的同时，北京环卫集团通过和当地政府在项目公司股权上的合资合作（当地政府可以以资产入股），向当地输出技术、管理和资金，向当地移植环境卫生与资源再生产业。

在承德市农业机械化技术学校学习两年的汽车驾驶与维修专业毕业后，通过学校的努力，我在 1995 年 6 月 27 日来到北京环卫集团（当时是北京市第四清洁车辆厂，是北京环卫局的下属单位之一，近年来经过改革，更名为北京环卫集团），经过一周的入场教育后被分配到三车队成为一名实习驾驶员，开始了我驾驶汽车的生涯。将工作与爱好结合在了一起，实现了儿时驾驶汽车的梦想。我经常跟着老师傅主动做一些车辆保养和维修的任务，其实这完全都是在完成自己驾驶任务之后的义务工作，没有工资和奖金的报酬，唯一的报酬就是学习一些知识和技术经验。凭着自己对工作的劲头和对车辆的喜欢，有时把老师傅问得当时也无法回答，正因为这样，崔旺起师傅把他收藏了多年近百本有关汽车基础知识、维护保养方面的专业书籍都给了我，我利用工余时间看完所有的书籍，特别是里面的工作经验和小技巧，丰富了我的汽车知识和维护保养应急的经验。说实话，那时我已经成了大家心目中的义务车管员，能帮助大家解决一些油电路方面的小问题。正因为这样，同事有时遇到车辆的小故障，也都愿意找我帮忙。因理论基础比较扎实，从那时起我一直是车队技术考核小组成员之一。

前圆恩寺楼后有一条小胡同，是当时我的地段当中最难进的胡同之一。我在单独顶岗之前，一直都没有进去过的一条小胡同。胡同口不怎么窄，不用扳镜子，倒车十米后有一个左后直角转弯，这个直角弯处必须把右侧反光镜搬到前方，右侧完全是盲区，只能凭感觉一点一点地倒车，转弯处有居民存放的杂物和蜂窝煤，倒过直角弯后右侧跨箱与居民窗户离得很近（5厘米左右），后面就是比较宽敞的厕所周边，停放着自行车和三轮车，还有很多横七竖八的铁丝（晾晒衣服用）。只要能安全倒过直角弯，这个厕所的抽运就是简单的事情了。现在想起来，怎么觉得当时的自己都是很笨的样子，也可能是熟练工种熟能生巧的道理吧。

记得是在我单独顶岗驾驶不到半年的时间里（应该是1996年的5月份），那是一个周六的上午，在地段运输的工作中，我觉得车辆行驶无力，就将车停在了东四十条桥东侧外环的马路牙上（以免影响通行）。车辆停稳后，我凭着我的技术基础对车辆进行检查，发现分电器的白金有点烧，于是就用专用白金条进行擦磨并擦净。又检查了白金间隙、低压火、高压火，一切都正常，就高兴地把分电器盖装上，准备着车继续工作，可让我没想到的是车根本就不着了。这下我心里慌了，为啥就不着了？打开再次检查，还是没问题，低压高压都有火。再打还是不着，没有办法只能求救了。于是找到附近的电话亭，给车队打电话让车管员师傅过来给检查维修。在等待的时间里，我一直在琢磨着原因是啥。突然间就明白了，是不是分电器盖的方向装错了，一看，果不其然，心里暗自欢喜。调整后，一打车就着了。我自以为聪明有基础的，结果还是折在这个小问题上了。工作不能有半点的疏忽，技术来不得半点的水分。等急修的师傅来了，我说明情况后，才继续去工作。这是我第一次失败，但让我得到了锻炼，学会了思考。

清运三中心是北京环卫集团北京固废物流有限公司的部门之一。清运三中心这个名字虽然不是最初的名字，但部门人员一直没有多大的变化。在各级组织的培养下，这个中心先后产生几位时代性先进人物。孙庆海，北京市五一劳动奖章获得者；崔旺起，北京市劳动模范获得者；李帅，全国优秀农民工称号获得者；李春国，全国劳动模范获得者。这，都是我学习的榜样。可以说，我从参加工作开始，就每天享受着师傅们的熏陶，时刻心存干就干好的想法。

我是一名抽粪车驾驶员，每天驾车穿梭在首都的大街小巷，为城市的美丽默默地作着奉献，虽然我的工作平凡而普通，但是我十分热爱我的工作、珍惜我的岗位！

我爱北京，是北京，为我提供了施展才华的机会！

我爱环卫，是环卫，带我走出大山，走向文明！

我爱岗位，是岗位，让我感悟到人生的真谛！

北京环卫集团就是我的家，自入场那天起，这个大家庭一直就像"严父"一样培育着我，学习与机会并存，挑战与运气同在，从部门、公司、集团的技能大赛冠军，走到北京市的冠军，努力与奉献共有，每一步都离不开单位的舞台；从知识型职工先进个人到首都市民学习之星，每一天都离不开环卫的发展；从一名普通工人到最美劳动者，每一步都离不开"城市因我更美丽"的鞭策；从农民工到全国劳模，每一步都蕴藏着北京环卫的教诲！

三　兴趣与责任，照亮我的职业道路

对汽车的热爱让我成了大家熟知的"汽车百事通"，我的钻研精神也感染着身边的每一位同事。

移动修理工

我打小儿就喜欢与汽车相关的一切，就连农村生产队用的柴油机在工作的时候，我也会看上两个小时。小时候在老家，特别羡慕大人们驾驶着农用拖拉机"铁牛55"和大汽车去拉送货，觉得特神气，是整条沟（梓椋树沟）都看好的工作。在承德市农业机械化技术学校学习汽车驾驶与维修专业，将学习与个人爱好（儿时的喜好）结合在了一起。无论是理论课还是实践课，我都是第一个去，最后一个走，还经常主动承担学校的任务。有一次，学校的教练车解放 CA－10B 需要更换刹车气包（具体地说，应该是更换制动分泵的皮碗），得知这个消息后，我一人将这个任务申请下来，利用午休时间，拿着17号、19号开口扳手，往车厢底下一坐，风风火火地干了起来。任务完成得漂漂亮亮，不仅帮了学校的忙，更主要的是为自己增加了经验和信心。那年放寒假回家时，正赶上叔叔送货的三蹦子车灯全都不亮了，我抱着试一试的心态，将倒车、转向、大灯、喇叭、刹车等线路一根线一根线地捋好，耗时将近一天的工夫，把灯都给弄亮了。这是我第一次动手进行电路的实际操作，等灯都亮的那一刻，我的内心有一种获胜的感觉，心情舒畅，我成功了！

在同事眼中，我是个热心肠，总会在他们最需要的时间、最需要的地点出现，因此被大家称为"移动的修理工"。多年来，我的车，是出了名的干净；我的工具袋，是出了名的百宝囊；我的驾驶室，是出了名的备件库（经常存有一些能用的油电路旧零件）；我开车，是出了名的慢（因为发现同事的车有故障，我都要出手相救）。正是因为这些，我在地段运输中，帮同事解决过一次又一次的不着车或不能行车的小故障。无论是雨天水坑，还是冰天雪地，都有我忙碌的身影。如果遇到无法解决的问题，我就帮着同事多跑一趟，帮他完成当天的任务。

2016年9月的一天，同事张立岩打来电话，语气十分焦急，他的车坏在东堂子胡同中间了，学校马上就要放学，胡同里已经开始堵车。在单位备勤的我接到电话后，急忙带着零件和工具奔赴现场。通过检查，发现离合器失灵，需要更换离合器总泵，汗水浸湿了衣裳，脸上的油泥也顾不上擦，最后仅用了18分钟就将离合器总泵更换完毕，车辆恢复正常。随后，我留在原地向私家车司机逐一道歉，得到了大家的理解。说实话，我心里也着急，胡同里都单行，每个家庭都是一个孩子，所以孩子的爷爷奶奶或父母都很着急。在这种紧急的情况下，平时需要半个多小时的维修，竟然被我提前完成了。

2017 年夏天，一辆集装箱车坏在海运仓小区垃圾楼门口打不着车，居民的车被堵在里面出不来，把司机师傅急得团团转。我接到电话后，经了解得知此故障经常出现。我到现场利用工具（试灯）检查一下，发现原因是一根线路接触不实造成的不着车故障。将线路接好后车辆顺利启动，后来此车就再没有出现过这个故障。这么多年我解决"疑难杂症"靠的是理论基础、经验的总结和细微的观察，从表面到实质、从简入繁，表面不能直接解决的就利用排除法，故障处理起来更直接、更简单、更省时。

我的汽车专业知识一直在部门发挥着特殊的作用。1996 年，车队领导给我布置了任务，让我给车队的所有师傅讲解一些车辆构造和保养的知识。接到任务后，我利用工余时间认真备课，用 A3 纸写出了几十页的备课笔记，并抓紧时间背诵。讲课当天，会议室座无虚席，我对照着车辆挂图将车辆的构造和故障等常用知识讲了一遍，一讲就是两个小时，得到了老师傅的好评。如今一想，那一年我才仅仅 20 岁，而且是给车队所有的老师傅和车间的部分维修师傅讲汽车的基础知识，其中还有车队技术队长和维修车间技术主任，也算是初生牛犊不怕虎吧。正是那次讲课给我今后的检查、诊断、排除故障的工作起到了助推作用。

其实，那几年我在学习技术方面下了很大功夫。从技术管理人员的手里借来各种车型的使用说明书进行反复地学习，1996 年底的时候在社会上学习考取中级汽车修理工证，利用休息的时间去修理厂免费锻炼提高技术。利用下班的业余时间在停车场研究北京 1041 汽车保险控制线路，在完成自己当天工作任务的情况下跟随车管员进行车辆检查等。

胡同老熟人

我每天的工作内容，主要就是驾车到胡同的公共厕所清运粪便。每抽满一车，就要去一趟北京环卫集团位于南四环的草桥粪便消纳站，把满载的抽粪车卸干净。这样几十公里的路程，一天要跑四个来回。

我们的作业车属于在城里进行作业的大型车辆，驾驶着生产车要进入停着汽车、堆着杂物、宽度仅有几米、高度受限制的胡同，难度比大家想象的要复杂得多。比如，在北京站附近非常狭窄的三源胡同中，由于宽度有限，车辆转弯时只能一把进或一把出，没有多揉一把的机会，多揉一把就可能蹭墙。还有钱粮胡同里面停满了三轮车、自行车，晾衣绳上搭着衣物。虽然居民老大妈一直说蹭上没事儿，我却不能那么干，进胡同前先搬走这些杂物，等作业完成后再将杂物与电动车搬回原处。更主要的原因是在转那个直角弯时，反光镜都得扳到比车还窄的地方，否则再高的驾驶技术也无法安全完成进出的任务。我经常对同事说："即便大妈说没事你碰吧，越这么说咱越不能碰，心里不落忍。"所以搬东西也成了作业的一部分。我们的工作时间有时和居民的吃饭时间或休息时间冲突，就需要沟通，居民都很通情达理。其实，我们进出胡同过程中把反光镜扳回去那是常有的事，要不这样的话，会有很多胡同都进不去出不来的。由于我们的生产车比较高，给私家车主预留的宽度虽然没问题，但是树木、房檐、空调架、电表箱等都是我们致命的安全因素，必须高度关注。

对于已经从业20多年的我来说，对原东城区的胡同非常熟悉了，已经成了胡同里的老熟人。应该说哪条胡同拐弯倒车打几把轮都已心中有数。即使这样，每一条胡同对于我来说，仍旧有着不同的挑战，因为胡同中停车导致的路况随时都会变化。最长的一次，我在胡同里等了将近三个小时，才把车辆开到指定的公厕。但是无论等待多久，几点下班，也无论是否是节假日，我都必须把该抽运的公用厕所清理干净，以保证居民的正常生活。

半个世纪前，劳模前辈时传祥用背粪桶掏粪，而现在的作业全是"高大上"的真空吸粪车。作业工具随着社会的需要一步步更新和进步，2017年1月新能源电动车投入使用，成了城市的一道亮丽的新风景线。我们的工作环境也好了很多。对于我们环卫工人来说，尤其是我，目前已经经历了三次生产车辆整体更新的情况，从北京130车到北京1041车，到国产五十铃车，再到目前北京环卫集团与比亚迪合资研发生产的大型纯电动环卫车，对车辆更新带来的便利我深有体会，工作条件全面改善。就这样，我们每天干干净净地换来城市的满意和美化！

肩负重任的保障员

2005年，我已经在环卫集团的清运岗位上兢兢业业工作了十个年头。凭着精湛的汽车驾驶技术与丰富的维修理论知识，以及乐于助人的品格，得到了同事和领导的一致认可。在公司进行的驾驶员技能大赛中，我夺得了冠军。但是，在理论考试中，有很多现代化的汽车知识题让我不解，心想如果我们的作业车辆都换成了电喷车，我的知识可就完全不够用了，会被工作淘汰的。于是，我就有了去学校继续进修汽车专业的想法。

2006年初，我偶然在报纸中缝的广告栏中，发现中央广播电视大学的"汽车运用与维修"专业正在招生，便去报了名。课程安排每周六日上课，为了抓住这次难得的机会，我调整了工作的时间，又让远在河北农村的老妈独自一人来北京帮我们照顾孩子，并把自己的业余时间一再压缩，通过两年多的学习，在原有基础上，学到了电控知识、现代汽车线束知识以及电子知识，这些知识都是和现代化电控燃油喷射技术密不可分的。

2008年北京奥运会，我的学习成果有了用武之地，成为一名北京环卫集团奥运服务保障车辆应急维护技术成员。在奥运保障期间，单臂钩车在使用过程中发生了一点问题，吊稍微重些的箱子要么无法吊起，要么就会出现车头和前轮离地的情况，如果加大油门，车辆就会立刻熄火。面对这种专门服务于奥运会的单臂吊车，我也是从接新车时接触的，虽然经过培训、实验和一大段时间的实践，但有些时候完全是处于理论状态的，真的出现问题，谁都着急。必定没有经过奥运测试谁也没有真正在实际中成长，通过测试才知道真知，说回来这也是为了更好更加出色地服务于奥运会，在测试阶段把所有的经验全都掌握了，这也是为奥运期间中国的服务、中国的环卫做好自己，做好宣传，做好中国的窗口行业，做好中国的分类垃圾处理。没想到的是真的在测试阶段车辆出现一点小的问题，通过近百次的实际摸索，几十次的查阅使用说明书，反反复复地、没有时间观念地一次次练习，最终找出了最合理、最实际、最有效的操作方法，保障了奥运服务车辆的正常运输。

2009 年，在新中国 60 华诞之际，我幸运地被选为国庆彩车驾驶员。当时我们接受的是封闭式集中培训，要接受汽车驾驶和综合素质的一系列学习培训，初级培训过后，最终才知道我驾驶的彩车是河南的彩车——"花开盛世"，整体外观是牡丹花。在彩车转场时由于道路限高需要拆卸牡丹花瓣，车身要从 16 米变成 28 米长的两截拖挂车，驾驶难度非常大，必须做到平稳驾驶，确保万无一失。根据整体工作需要，国庆当天彩车上面的平台既要有舞蹈演员跳舞，还要有专业人员表演太极，驾驶的压力真的很大，那时即使晚上做梦都是开彩车的事，用多大的力度踩油门，什么样的速度旋转方向盘。国庆当天，驾驶彩车的我，24 小时不能离开彩车半步，饭不敢多吃，水更是不敢多沾。彩车的造型特殊，在行进的过程中只能靠摄像头屏幕和眼前小小的窗户凭着自身经验驾驶前行，面对这些困难，我凭着坚强的毅力、良好的心理素质和过硬的驾驶技术，圆满地完成了彩车游行任务。

两年多的学习时光难忘并意义非凡，这期间，我不仅将新知识学以致用，先后完成了奥运会和国庆的重任，还自学了制作 PPT 教学课件。学习 PPT 实际上是老师给我开了小灶，我经常在课后追着老师问这问那，都快成了老师的跟屁虫了。在上电大前，我从来没接触过电脑，但对学习电脑产生了浓厚的兴趣，尤其是看到老师都是使用 PPT 制作教学课件。那年我省吃俭用买了一台组装电脑，自学 Word、PPT 的使用方法。此后，还根据作业车辆的实际情况，利用电脑为部门编写了各种车型改装部分的培训教材，以及汽车驾驶、司机操作规范等5万余字的系列教材。在编写教材过程中，自己购买相机，为教材拍摄了上千张图片。为了将教材编写得生动，易于理解，教材中还穿插了自己亲手绘制的一百多张汽车电路图。

完成这些"分外"的工作，虽然很累但我觉得很有意义。无论过程有多辛苦，必定我是把脑子里的东西变成直观的现实的培训教材，让原本看不到的内部线路变得直白明了，更易于大家学习和接受。

课堂百事通

2014年，北京环卫集团承办了北京市"职工技协杯"职业技能竞赛。我既是一名参赛选手，又是一名培训的教员。从预赛到决赛，不仅要抽时间复习，还要组织车队的"对手们"一起复习。那时的我只要一有时间就会在停车楼带着大家进行排除车辆故障的训练，把自己之前的参赛经验传授给每个人，没有丝毫保留。

比赛历时3个月，每天工作回到家已近晚上7点，早已是一身疲惫，但吃过晚饭后，仍然要坚持复习，一看就到深夜，第二天早上5点起来继续背题，然后又开始了一天的工作。如此废寝忘食，我有着自己的决心：一定要成为驾驶员里最好的修理工！在我的带领下，部门有25人进入决赛，决赛中，有一名同事获得亚军。而我沉着应对、冷静发挥，一举拿下了冠军，圆了自己多年的"冠军梦"。当再次谈到这次比赛的收获时，我说："感谢集团公司给我们搭建了展示自我的平台，参加比赛拿冠军很光荣，但参赛的意义并不在于我能取得多好的名次，而在于我今后的贡献、在于有多少人能够通过比赛获得更大的收获，通过努力实现更高的人生价值，从而更好地回报企业。"

正是通过这次竞赛，我又有了新的发现，在给员工做培训的时候，PPT的效果不是很好，于是就参照"汽车灯光故障排除大赛"的内容，将汽车灯光单独做了一个展板模型，得到了很好的反馈。为了做好展板模型，我先在电脑中用PPT画电路图，然后再把原理图变成零件图，最后依照图纸造出模型。这个模型花费了我不少心血，历时小半年时间才得以完成。

2015年初，"孙志宝创新工作室"成立，有了在竞赛中制作模型教具的经验，我在创新培训上大胆拓展思路，又亲自动手完成了电控燃油喷射等模型教具，每一件都倾注了大量的心血。

在北京环卫集团立体停车楼四层的"孙志宝创新工作室"中，一个"大家伙"横在工作室中央，这是一台集合了五十铃作业车转向系、制动系、离合等功能的机械模型。在模型的重要部位上，都做了剖切，通过剖开的"窗口"，可以清晰地观察到机械的工作原理与内部工作过程。这个"大家伙"是从2015年底开始着手制作的，耗时将近一年时间完成。几乎所有的零件都是淘汰下来的旧件，为了收集齐这些旧零件，当时还整理出了一份详细的文档，四处搜罗，逢人便问。这个模型给了大家真正的实惠，可以随时做转向系、制动系的实验或研究。比如方向盘的自由行程，可以通过调整各个传动件的间隙，做到90°甚至180°。这给我们每周对生产车辆进行车辆上沟的检查、保养和简单维修，起到了普及技术知识的作用。

对汽车的热爱让我成了大家熟知的"汽车百事通"，我的钻研精神也感染着身边的每一位同事。作为一名有着23年工作经验的首都环卫车辆驾驶员，经历了几次环卫作业车的更新换代，我深深地感到汽车专业知识对驾驶员的重要性、检查维护保养对车辆使用的重要性、规范操作对工作安全的重要性。我坚持理论联系实际，在工作中发挥长处，边干边学，从简单的理论培训发展到制作教学展板、模具和模型，将知识、技术和经验分享给大家，让各位驾驶员在看得见摸得着、互相讨论、反复实验的条件下掌握汽车专业知识技能，掌握环卫作业车辆使用和操作规范，为"城市因我更美丽"贡献出自己的力量。

从年龄来说，我成为一名老大哥了；从工龄来说，我已经从徒弟、同事，逐渐成长为师傅了；从专业知识来说，我已经从1996年的看图讲解，慢慢地变成随心、随时、随技的沟通讲解，因人因事地完成每一个阶段的培训任务。中国传统的带徒学技都讲究传帮带，我个人理解的传帮带就是毫无保留地将自己的知识经验传授给徒弟或同事，并督促或监督徒弟走向更加成熟或更加专业的技术领域。

四　荣誉激励我努力走得更远

荣誉证书是对劳动者最好的表彰，每当你看见或想起它时，都会有前进的力量和信心。

证书的力量

证书，让我走得更远。大家都知道表扬（证书）的力量。我家孩子上小学的时候，给孩子开家长会时，我听到最多的就是老师所说的"孩子的成长靠的是表扬"，孩子是在表扬中成长起来的。可是我从上小学到技校，从未得过奖状，不像很多人家里的墙上挂满了奖状、证书。

我的第一个证书应该是 2004 年参加公司的技术比武，取得的是第三名，一个很小的荣誉证书。正是这个证书的取得，激励着我一直努力，让我在 2005、2008 年夺得公司和集团驾驶员技术比武的几次第一。2011 年，参加北京市技能竞赛是催我奋进的比赛，也是我名落孙山的比赛，虽然以优异成绩进入决赛，但是决赛的成绩是北京市第 17 名，我苦恼，我懊悔，那段时间甚至都不敢跟别人正眼相对。

荣誉证书是对劳动者最好的表彰，每当你看见或想起它时，都会有前进的力量和信心。这种力量和信心让我变得更加主动，更加下功夫，让我在自己身上创造新的成绩。

荣誉的背后

作为一名进京务工人员，从养家糊口到优秀农民工、从自我学习到制作培训教材再到课堂教员、从普通驾驶员到全国劳模，每个时间段都有着难以忘记的点滴。

从农村孩子到技校毕业，这其中是父母和学校给了我太多的投入和关爱。记得那是在 1994 年的秋天，也是我正在进行驾驶上路的阶段中，我突然间上吐下泻，浑身无力，在教练和同学的帮助下来到隆化县县医院检查得知得了急性肠炎，在医院输液三天才恢复正常。

毕业进京工作开始，父母就成了村中乡亲赞誉的对象，他们的心中笑颜常开，但又有着不同的牵挂。我是环卫工人，是为城市服务、为居民服务、为首都的环境更美好服务，行业的特性决定了我在春节期间不能回家团聚。二十多年来，我回家过年只有三次（其中包括父亲去世的那年）。

我的爱人既是我的同学，又是同一天来到北京环卫集团的一名员工。在她的工作合同截止时，即 1998 年 5 月，我们结婚成立了自己的小家庭。自那时起，我们就开始了租房的生活，到目前为止已经搬家 16 次，多的时候一年搬过三次家。多年来，为了工作、为了孩子、为了生活，我无论早出晚归、特殊天气、特殊任务，都离不开她默默的支持、无声的理解、相信的眼神……

自己学历不高，又想在工作中有一些成绩，所以业余时间基本都用在了学习上。从成家生子到 2016 年，我们才有了唯一的一张全家福照片。在那之前，应该说我们三口从未一起出去玩过。这让我回想起儿子上小学四年级时跟记者说的一句话，"我的最大希望就是父母能多陪陪我"。这是至今回想起都让我内疚的一句话，觉得作为父亲愧对孩子。从 2009 年开始，我为了制作改装部分的培训教材，经常在电脑前熬到凌晨三四点钟才睡觉。儿子夜里上厕所发现我还在做资料或者画图，虽然当时儿子不知道我为什么那么晚才睡，但儿子经常提醒我的一句话就是：老爸，你要早点休息。

作为一名环卫行业驾驶员，我的技术和知识基本够用。但要想把自己的特长发挥出来，就必须得努力。要理论联系实际，要学以致用，要培养更多的知识型、技术型、创新型的驾驶员，就必须把钻劲儿融于日常，用闯劲儿干好工作。

从师傅教我开车到我带徒弟，从单独作业到应急维修，从技术革新小组成员到创新工作室负责人，这其中是一次次的想法与成功的凝结，是一次次坚持的结果，是一次次怀疑自己、挑战自己、超越自己的实验……

我的 2014 年让我无神让我幸运。2014 年，对于我来说，不，应该是对于这个家庭来说，都是罕见的。父亲来北京三年，在物业找了份工作。我是 1 月 18 日把爸爸妈妈送回老家的，可 25 日 9 点多（我正在一保地沟进行车辆检查），让我不敢相信的话语从手机里传出来，说爸爸在医院抢救，这是亲人怕我着急怕我路上出事怕我不能最快最安全地到家编的谎言，其实接到这个电话时，爸爸已经走了……6月中旬，突然间接到叔叔的电话，说奶奶的身体可能难以维持几天，我当天没有直接跟妈妈说，但没有想到的是第二天上班时手机又响了，奶奶离我们而去，我开着同事的车，带着妈妈急奔回家，将奶奶送到爷爷身边。7月初，岳父来京检查，结果是胃癌晚期，在我这治疗一个月没有任何好转，我把岳父送回家，结果在8月4日岳父也离开我们。2014年也是我参加北京市"职工技协杯"技术大赛的年份，我经常想起家事无法入睡，除了用酒消磨时间就是看书消磨时间，其实那一年我特别怕一个人在家，越是自己在家的时候，心里越想往事。无论是从精神上还是从身体上，一直与自己对抗，拿比赛作为追求，最后在决赛中夺得北京市第一名。

从参加工作以来，到现在我的家人（父母、爱人和孩子），都特别尊重我这位环卫工人，他们一直给予我最高的支持、最高的理解、最伟大的爱！

成为大学生，继续求成长

2017年7月，我得到了北京环卫集团一份特殊的关怀和希望——推荐我到中国劳动关系学院劳模本科班学习。这个消息让我喜出望外，因为没有接受过正规高等教育一直是我心里的小遗憾，这个机会让我实现了多年梦寐以求的"大学梦"，更加让我感受到了党和国家对我们劳动模范的肯定和关爱。2018 年 3 月 7 日，我承载着环卫集团的这份特殊的"爱"来到位于海淀区增光路 45 号院的中国劳动关系学院劳模本科班报道，成为一名"大学生"，参加学制四年（脱产 2 年、函授 2 年）的社会工作专业的学习。

在同学们的信任和支持下，在学校的考核下，我非常有幸成为劳模班的班长，新的职责让我在为大家服务的过程中有了更多与各位劳模同学沟通学习的机会，在取长补短的同时，我有信心为大家服务，做好班级各项工作。

2018 年 4 月 30 日，中国劳动关系学院劳模本科班的同学们收到一份意外的、特殊的礼物——习近平总书记给劳模本科班回信了！这封回信让我们度过了不平常的劳动节，这封回信让我们更加坚信了自己的劳动美，这封回信让我们充满信心和力量继续前行！劳动是推动人类社会进步的根本力量。幸福不会从天而降，梦想不会自动成真。实现我们的奋斗目标，开创我们的美好未来，必须依靠辛勤劳动、诚实劳动、创造性劳动。民生在勤，勤能立德；民生在勤，勤能立功；民生在勤，勤能立言。

通过几个月的学习和体会，我深深地感受到了劳模班的魅力：纯朴善良的同学、教书育人的老师、传经送宝的集体、储知蓄能的团队。这一年让我收获了知识、力量、友谊、健康。知识是来自老师的专业知识，还有不同行业的专业技能知识，学校给我们安排了优秀的老师，比如大学语文、法学基础和行政管理学的任课老师，都有着二十多年的劳模班教学经验，让我们收获了丰富的知识；力量来自老师的敬业精神和大家背后的感人事迹；友谊来自我们全国各地的劳模同学们，在此共同生活、共同学习、互相探讨、互相交流；健康是来自专业老师指导的修身养性、强身健体的各项锻炼活动。

虽然我在大学校园学习，但单位领导和同事们依然关心着我。领导们多次鼓励我要"克服困难、好好学习、提高本领，争取为环卫事业作出更大的贡献"。听着领导们的谆谆教诲，我心中感受到的是无比的温暖和感动，但更加感受到的是肩上的责任和担当。

身为一名劳动模范，我在环卫工人的岗位上，一直坚守敬业、创新与奉献的工作理念，在岗位上诚实劳动、追求完美，真正做到让"城市因我更美丽"。如今作为一名在校大学生，我会继续发扬劳模精神，勤学多问、勤于实践、继续拼搏，不负组织厚望，用所学的新知识、新技能在岗位再创佳绩，为建设知识型、技能型、创新型的劳动者大军贡献出自己新的力量和智慧。

用铁臂挥舞人生

——青岛港国际股份有限公司吊车司机王加全的故事

人物小传

王加全　男，汉族，中共预备党员。1984 年 2 月生于山东省沂南县界湖镇朱家峪村。2001 年到青岛港集团大港分公司参加工作，成为一名码头工人。工作 18 年来，从一名打工仔成长为班组长、技师、集团突出贡献技师、青岛市市北区人大代表；从一名农村娃成长为一名屡破生产纪录、推动创新改革的高技能产业工人，在平凡的岗位上，用实干成就了梦想。先后荣获 2013 年"全国港口青年岗位能手"，2014 年"全国青年岗位能手"、"全国交通技术能手"，2015 年全国"最美青工"、特别关注"最美青工"，2015 年全国"优秀农民工"等荣誉称号，2017 年获得"全国五一劳动奖章"。中国劳动关系学院 2018 级劳动模范本科班学员。

青岛是一个美丽的城市，被誉为"黄海明珠"，用八个字总结就是"红瓦绿树、碧海蓝天"，青岛港更是这美丽城市上的一颗璀璨明珠。青岛港始建于1892年，是世界第七大港，位于中国沿海的环渤海湾港口群、长江三角洲港口群和日韩港口群的中心地带，为常年不淤不冻的深水良港，主要从事集装箱、原油、铁矿石、煤炭、粮食等各类进出口货物的装卸、储存、中转、分拨等物流服务和国际客运服务。2014年6月6日，在香港联交所上市。2017年完成货物吞吐量5.1亿吨，其中集装箱吞吐量完成1830万标准箱。

青岛港由青岛大港港区、黄岛油港区、前湾港区和董家口港区四大港区组成。其中，前湾港区拥有可停靠当前世界最大2.1万TEU集装箱船舶的集装箱码头，两个世界最先进的集装箱全自动化泊位已经投入商业运营；董家口港区拥有世界最大的40万吨级矿石码头、45万吨级原油码头，40万吨大矿船靠泊占进入国内大船总数的50%；黄岛油港区码头功能齐全，配套设施完善，是国内沿海最大的油品运输、中转、储存基地；大港区拥有可停靠世界最大22.7万吨级邮轮的专用码头和邮轮客运中心，嘉年华、皇家加勒比、地中海等邮轮公司巨头相继入驻。

世界上有多大的船舶，青岛港就有多大的码头。集装箱装卸效率、铁矿石卸船效率保持世界第一。

一　我的家在沂蒙老区

我能被评为劳动模范，首先离不开党和国家及组织的培养，但是我想父亲那一丝不苟、精益求精的做事态度也深远地影响了我。

我出生在山东省沂蒙山区一个贫困的小山村，您一定听过《沂蒙山小调》，这首歌非常的好听，歌词里描述的美丽景象就是我的家乡。沂蒙山区是著名的革命老区，具有光荣的革命历史，从抗日战争到解放战争，这里曾是全省党、政、军领导机关的驻地和全省政治、军事的中心，素有"华东小延安"之称。战争年代，沂蒙人民为抗击外来侵略和中国革命的胜利作出了巨大的贡献和牺牲。这里的"人、物、事"凝聚成了沂蒙山丰厚的红色文化底蕴，我从小就接受着这红色文化的洗礼。

生活在沂蒙山区里一个小山村的我，在15岁的时候产生了打工挣钱的想法。当时由于家里经济条件不好，大哥很早就辍学在家务农。母亲因为积劳成疾落下腰病，因为治病，家里根本就没有什么积蓄。看到家里的情况，成绩当时还不错的我只想在初中毕业后，尽快找份工作，帮家里出点力。但母亲对我说："孩子，我们一家都是农民，没啥本事，一年到头也没多少收入；你学习好，现在辍学可惜了，家里虽然没钱供你上高中、大学，至少咱要学门技术，毕业了到哪儿都能有饭吃。"

我的父亲是一名建筑工人，在以前都叫石匠。父亲是个文盲，没上过一天学，童年时学过木匠，到了十几岁的时候又学了石匠。我们家里住的房子是父亲自己盖的，家具、农用生产工具等都是父亲自己做的。在父亲年轻时的那个年代，会这两门手艺，应当说是非常体面的。记得我在六岁左右的时候，老房子旧了，在村子里的小胡同里位置也不好，父亲就想到村前再盖一座房子。父亲就带着我和哥哥到东边的大山上开采石料，找到好的石地后，打眼、放炸药、穿引线，一声巨响后，父亲就整理石块，还要用大锤砸，敲到合适大小后，装到木车上推回家，父亲推着车我就在车前边拴上一根长绳在前边拉着。四间大瓦房已经没法计算推了多少车石头了。房子盖好后再做家具，从砍树运回家，父亲和哥哥拉大锯解木料，我就打木线、搅木胶，到一件件桌子、椅子、凳子……房子里布置完毕，我们就搬到了宽敞明亮的新家。我那时候小，对于人生观、价值观没有太多的概念，所以就没有感觉出太多的成就感，感觉干所有的活都很正常。但是，这次让我明白了一个道理，就是不论我们干的什么活，有多么的累，我们的辛勤劳动换来了我们想要的新房子和新家。

父亲从年轻到中年，周边邻村谁家盖房子、做家具基本上都叫我父亲帮忙，在当时可是小有名气的。后来父亲带着乡亲们干建筑，带着一支小队伍成了一个小包工头，由于父亲做事比较憨直认真从不耍心机，干活快而且还干得好，因此他们从不缺活干，有时还经常到外地出工，一出去就待好几个月。后来有一件事情应该说是对父亲的心志造成了不小的打击。有一次他带着队伍干一个工程时，由于看图纸的工程师出于特殊原因不能参与这项工程了，老板就找到我父亲，把图纸塞到父亲手里，让父亲负责把剩下的工程干完。因为他们都认识，比较熟悉，所以在无法推脱的情况下父亲就接下了图纸，大字不识的他几乎就看不懂图上的那些符号，但是凭着他的丰富经验，图形还是能看懂的。就这样，他一边研究一边带着大伙儿干，最后顺利地完成了那次工程。后来在验收时，发现有几处关键数值有些偏差，但是整体建筑质量是没有问题的。这件事对我的父亲打击不小，因为没有文化而失去了他人生重大转折的机会，但是父亲也并没有过多的伤心自责。父亲就经常教育我要好好上学，多学知识。我现在就在想，我能被评为劳动模范，首先离不开党和国家及组织的培养，但是我想父亲那一丝不苟、精益求精的做事态度也深远地影响了我。

二　走出大山去寻梦

辛勤汗水的付出和动手动脑的创新，让我明白了不论是从事什么工种，在什么岗位上，只要你沉下身心地为之奋斗，就一定会结出丰硕的果实。

1999 年我上了中专，学了当时的热门专业"计算机"。中专毕业后，刚好赶上大学扩招生毕业，自己的中专学历远远竞争不过本科、大专学历的大学生，工作很难找。四处碰壁的打击让我越来越沮丧，甚至对中专几年的学习一度产生了质疑。

一个偶然的机会，听说青岛港招聘工人，我怀着忐忑的心情去县劳动局报了名，并幸运地被录取了。那时 18 岁的我只有一个想法——就是无论干什么活，只要每个月能开上 300 块钱的工资，自己能养活自己就行。今天可能很多人觉得 300 块钱一个月是个笑话，但这就是我当时面对人生就业挫折的真实感受。从此我就在青岛这个美丽的海滨城市开启了我人生的征程。

刚入港时，我并不是开吊车，而是被安排到最累的一线干装卸工。所谓装卸工，就是在码头上用双手搬运货物，是实打实的力气活。当时公司对我们进行了系统的培训，也反复跟我们说，在港口无论从事什么样的工作，只要用心、用脑地干，都能成名成才。刚听到这句话，我笑了，一个过去人人口中的臭老搬还谈这些"高大上"的做什么，反正我只是来挣钱的，挣到钱才是硬道理。但当我第一次走入装卸队的候工楼里，看到队部"荣誉室"墙上挂的一个个员工品牌和一项项生产记录，桌上摆的一个个表彰决定时，我的内心受到了极大的冲击，脑海里第一次有了榜样的概念。

记得那一年的冬天一条外轮船"拉法叶提"满载一船的冻货（冻鱼、冻肉等）靠港，这是一条冷冻船，船舱就是冷冻舱，里面一万多吨的冻货需要卸出来，要卸10天左右。寒冷的冬天码头上的气温在零下10度左右，船舱里的温度达到了零下20多度。那是我第一次进入到这么冷的船舱，本来在码头上就感觉已经很冷了，一下到冻仓里手都冻木了，更别说再去搬冰冷得跟石头一样硬的冻鱼了，我被冻得站在那里动都不敢动，呼出来的气都是浓厚的雾气。但是看见老工人们都干得特别起劲儿，此时站在船舱口的徐队长就对我说："小伙子，赶紧活动活动，你站在这里越站越冷，干活就暖和了。"说完他就去搬货去了。站在一边的我看愣了：徐队长是我们装卸队的大队长，作为领导的他其实是不需要到船舱里搬货的，码头上还有其他的货船需要装卸，需要他去协调保障等许多事情。他的身材虽然瘦小但干起活来却非常的矫健，一次能搬两箱还是小跑着。我就在想，"我是来干活挣钱的，我是一个装卸工人，他是队长都干，我凭什么不干！我一个壮小伙还能被这个'怕到'！"我一咬牙，一搓手，干！就这样在他的感动下、带动下、榜样的力量下，我越干越带劲，越干越暖和，身上的棉衣一次次被汗水浸透，棉衣又接着被冻成了冰块。到了下班，我们班组一举创出了冻鱼卸船500多吨的高效。后来在那条船装卸结束表彰大会上我以一个新工人的身份被队长点名进行了表彰。

装卸工的活是非常辛苦的、枯燥的，我从小干农活，又年轻，有着一身的力气，干起活来从不计较。随着对装卸工艺掌握得越来越熟练，我从只知道低头干活开始逐渐动脑思考。

我发现有些工人师傅在给袋装货物挂钩时，钩是朝向里挂的，挂上钩后老是掉钩，工人就再过去挂，工人怕还会掉钩就用手扶着，机械起吊时很容易挤伤手，不扶着吧不但容易掉钩还存在剐破货包的质量危险。于是我就想能不能挂钩时钩口的方向朝外，这样掉钩的概率就大大地降低了，也不需要用手扶着了，避免了伤害事故。钩口朝外也不用担心刮破货包，也避免了质量问题。

私下里，我把这一想法告诉了师傅，师傅一听很认可我的想法并认为有绝对的可行性，便作为生产上的金点子上报给了队里。队领导很重视我的想法，经过试验发现绝对好使好用，大家伙都赞叹我这下子"一箭三雕"，让工人们节省了力气，远离了危险，减少了质量污染。这件事让我成了全队的"名人"。

我的干劲更足了，一年之内共提各种合理化建议 40 多条，有 10 多条被队里采纳，第二年在公司选拔装卸工人到技术工人岗位的激励机制下，我由于表现突出成了由装卸工转技术工人中的一员。辛勤汗水的付出和动手动脑的创新，让我明白了不论是从事什么工种，在什么岗位上，只要你沉下身心地为之奋斗，就一定会结出丰硕果实。

三　用实干书写梦想

在学习吊车驾驶的过程中，初出茅庐的我深知自己既没有学过机动车驾驶，更没有接触过吊车这样庞大的特种机械，于是暗暗下定决心，适应岗位，干什么学什么，练什么精什么，学出一身真本领，跟上港口快速发展的步伐。

随后我就来到了机械队学习吊车驾驶，这是一门技术活，我在干装卸工时就羡慕那些开吊车的，小吊车少则一次吊起 4 吨的货物，大吊车则一次能吊起 30 多吨货物，能够在工作岗位学到一门技术，我心里别提多高兴了，此时我感觉就像做梦一样，幸福满满的。下班走在回家的路上，看到港内停靠着的一艘艘货轮，看到生产繁忙的码头，我当时就想，也许我抓住了人生的一次机遇。

港口专用的流动式吊车不同于一般的起重机械，吊装和行走全部由司机一人完成，吊装作业时，起升、旋转、变幅三个工作需要同时联动；行走时，18 米的吊杆是固定的，不能伸缩，对司机的基本技能和熟练程度要求非常高。

港口十分重视技术人才的培养，为我们找了经验丰富的老师傅，手把手教我们操作和简单的设备维修，并组织签订导师带徒协议，用制度加强对教学质量的监督与保障。同时组织我们带薪培训，不惜成本培育我们成长成才，而这些是我在外面花钱都买不到的宝贵资源。

在学习吊车驾驶的过程中，初出茅庐的我深知自己既没有学过机动车驾驶，更没有接触过吊车这样庞大的特种机械，于是暗暗下定决心，适应岗位，干什么学什么，练什么精什么，学出一身真本领，跟上港口快速发展的步伐。为了尽快掌握吊车的基本性能，白天我积极向老师傅们请教，把操作要点记在卡片上，随身携带，晚上点灯熬夜熟读专业书籍，把理论知识牢记在心。为充分使书本知识和实践工作相结合，平时一有空闲，我就坐在车上反复操练。通过努力，仅用 3 个月的时间，我就做到了熟练规范地操作手中的吊车，成为队里年度优秀徒弟。

虽然这只是一个荣誉，却让我第一次真实地感受到付出后收获的喜悦。而在青岛港育人大环境下，身边一个个普通人物逐步成长为全国技术能手、山东省首席技师、全国党代表、全国劳模等先进榜样，看到他们，让我有种想拼一拼的冲动。想归想，我还是有自知之明的。咱工作时间太短，想达到他们的水平还需要不断地努力。于是我更加认真对待每一次独立操作的机会，按照平日所学、所练，找稳钩、轻颠放，每一个步骤都要求自己能够细致入微。

在师傅的精心教导下，在自己的勤学苦练下，6 个月后队领导就安排我单独驾驶 16 吨的吊车进行现场作业，比其他的学员早出徒了 3 个多月，他们都羡慕不已。因为单独驾驶后，我就可以拿取计件工资。第一个月我就挣了 2000 多块钱，比其他没出徒的学员高出了近 1 倍。付出的努力以现金的方式给予了我回报，于是我就想，是不是技能越好，挣得越多，有一天还能像那些榜样一样获得响亮的荣誉。

就在此时，发生的一件小事让我认识到，作为一名吊车司机，只会开车，不会给吊车"查体""治病"，在工作节奏快，时间第一、服务第一、效率第一的青岛港，还不是一名合格的司机。

那是 2002 年夏天的一个白班，当我准备起吊一勾货物时，吊车突然吊不起来了，这下可把我搞蒙了，同时也急坏了现场的调度员、理货员。因为这批货物必须在 2 小时内装上船，如果装不上去，就耽误了船期，同时也会给货主带来巨大的经济损失，此时在一边的我已经束手无策，因为我根本就不知道故障原因是什么，不知道该怎么解决。

　　不一会儿修理工师傅匆匆赶来，问了我什么故障后，就从包里拿出一把扳手，在主勾卷筒里的一颗螺丝上就那么拧了几下，便让我试试车，我启动吊车后，起吊试了一下，果然好了。这件事对我触动很大，因为一颗螺丝松了，由于自己对吊车维修最基础的知识都不懂，差点损害了货主的利益，影响公司的声誉。

　　还好青岛港年年组织技术工人进行大培训，所有技术工人都要分批脱产带薪学习。通过学习培训，我逐渐摸透了吊车的各项性能，从一般故障到比较大的故障，我都能进行正确的判断，对一些简单的故障，我都能在现场进行解决，保证了车辆的完好，满足生产用车。

　　记得在一次从事化肥装车作业时，操作变幅时听到机房内"咣啷、咣啷"的异响，我下意识地就立即停下吊车，进机房内检查，经过检查发现，响声是由于变幅制动毂内，连接轴销上的胶圈磨损严重造成的，如果这个隐患不能及时被发现解决掉，不出一个小时变幅制动力就会把轴销切断，致使变幅制动系统失控，造成吊臂落地的重大安全、机损事故。

　　我立即报告给了值班领导，说明了故障现象和解决办法，并请修理工来时带上变幅胶圈，不一会儿值班领导就带着修理工赶来了，不但肯定了我的故障判断准确，而且因为携带的配件正确，及时地对磨损件进行了更换，没有因为故障过多地耽搁生产作业时间，更是消除了一个重大的设备隐患，避免了重大安全事故。队领导不但在全体职工大会上表扬了我，还进行了奖励，当年我也被评为队内"优秀新司机"。

服务是我们港口发展的生命线，为货主服好务、提高装卸效率，优质、高效地完成生产任务是我们所有技术工人共同的目标。记得有一年港区内装卸氧化铝火车的作业特别多，因为氧化铝装火车难度大，当时干氧化铝火车时有些老工人都说"干不了"，致使每次装卸氧化铝火车，都是在火车离港前20分钟才装卸完毕，使得队内工作十分被动。我看在眼里急在心里，就利用待时时间到氧化铝作业现场观察氧化铝的操作方法，看看氧化铝究竟有哪种魔力，让老工人都望而却步。

氧化铝进火车时，氧化铝袋子两侧距离火车车厢只有五到十公分的距离，操作上稍有不慎，很容易刮破包，因为氧化铝的货值非常高，破包后就会造成货损和质量污染。通过现场和从事氧化铝装火车作业的师傅学习交流，自己找到了看清工人手势，慢旋转、稳住勾、准确颠钩的操作方法。

第二天，我就找值班领导提出要去干氧化铝火车。当时他也很吃惊，就半信半疑地安排我去了，他不放心也跟随过去监督。我慢慢地吊起一勾氧化铝，很小心地用自己想好的操作要领去完成每一个动作，虽然很慢，但很成功地将第一勾氧化铝装到了火车里。接下来自己就稳住钩，一勾一勾地看清指挥手势细心操作把一节火车的氧化铝装完，当时值班领导看到此情况放心地去干别的工作了。这件事过后在队里也引起了轰动，再也没有老工人说干不了氧化铝火车了。通过这次自我的挑战，完成了老师傅们都"害怕"的作业，内心也是倍感喜悦，从此以后自己专找困难活和技术要求高的活来干，自己的技能也再次一天天地提高。

通过日常刻苦努力以及自己在业余时间研究吊车的各项性能和维修技术，在队领导的认可下，我在2005年底就开上了25吨的大型吊车。同时在青岛港的好政策下，自己连续四年考工晋级考试合格，也考取了高级工职称，只用了四年的时间就拿到了每月四百多元的高级工补贴。

2010年初，在领导的信任和鼓舞下，我又开上了50吨的大吊车，这对技术的要求更高，风险更大，天天干的都是重点活。现在，码头上无论是25吨、30吨、40吨还是65吨的吊车，无论是电控吊车还是液压吊车，我都能熟练驾驶。

记得2010年夏天的一个夜班，在一码头四泊位有一件重41吨、价值

1200 万元的锅炉需要装船。由于舱内所剩空间太小，锅炉只能竖立起来进行装船，如果当班不能完成作业，货主就会因拖延船期而造成巨大的经济损失。而且锅炉在吊起竖立的过程中，外包装不能出现任何擦碰，这就要求门机和吊车在配合作业时必须同步进行。

作业的操作难度非常大，队领导把这项艰巨任务交给了我。到现场后，我首先对锅炉各个吊点进行了细致观察，与现场的管理人员、门机司机一起确定作业方案，并用旧棉袄将吊钩包起来，以免碰撞到锅炉。最终，在大家的共同努力下，仅用 30 分钟就将锅炉安全地吊装上船。

货主高兴地连声道谢，一再表示，就冲青岛港为货主服务的诚心，就冲作业人员过硬的技术，就冲现场人员敬业的表现，今后我们的货还要走青岛港！听着货主感动的话语，我的心里升起了前所未有的自豪。我深深地感到，只要我们的技术过硬，我们也能为争揽货源作出贡献。

2015 年是青岛港深化改革、转型升级的突破之年，集团提出了再造一个升级版的青岛港、建设第四代世界物流强港的目标。那一年的生产也是最繁忙，在 4 月份董家口北二凸堤 DDGS 大会战时，需要从我们队借调 21 名吊车司机过去支援。当得知这个消息后，我没有半点犹豫，立即向队里报名，申请前往董家口参与会战，并要求担任会战突击队小队长。

在会战的 10 昼夜里，面对恶劣天气的影响，我身先士卒，冒雨对吊车进行防风锚定，对电机采取防雨湿措施，保证设备安全。为了多创高效，我利用不当班时间赶到现场，给其他班次的职工当好服务员，谁没水了，给他们送水，谁累了，就帮他们干一会儿，让伙计们在会战中感受到团队的浓浓亲情。最终，带领 21 名职工平安、高效地完成了 DDGS 会战任务。紧接着，在回来后的 5 月份，粮食疏运会战又接踵而至，听领导说，同一天会有 8 条大粮食船在港作业，真是创了历史之最了。在队领导的率先垂范下，全队上下信心满满，干劲十足。我也做好了打一场硬仗的心理准备，决心带领班里弟兄们再拼一个完胜局。

5 月 16 日下午 4 点，从对讲机中得知，一名上夜班的职工因对象身体突然不适，在医院陪护不能及时赶来，夜班缺 1 人，我主动向领导申请来替他作业，队领导关切地问我身体能不能吃得消，我说没问题。等这名司机在对象病情稳定后立即赶到，将我替下，那时我已经连续作业 16 小时，装卸货物已达到 2000 多吨，刷新了自己连续生产的新纪录，又一次挑战了自我。

四　用创新引领梦想

当一个人真心地、持之以恒、坚持不懈地将全身心投入到工作中时，他的青春注定会绽放美丽的花朵，再平凡的岗位也会干出不平凡的成绩，他的青春也注定会结出丰硕的果实。

为了让技术工人在岗位上创先争优，集团每年都开展技术工人大比武，并且鼓励农民工参加技术比武。当看到身边的工友在技术比武中取得优异的成绩时，自己也暗暗鼓劲，一定要在技术比武中留下自己的名字。然而人生之路并不平坦，总有障碍让你不断地跌倒。

在2012年山东省港航杯技能大赛选拔过程中，由于操作上的失误，我与参赛名额擦肩而过，但是我想，不管经历多少挫折和失败，内心应该依然火热、镇定和自信，以屡败屡战和永不放弃的精神去应对挫折和困境。

进入2013年，我首先为自己确定了要夺取2013年度集团技能大赛前三名的目标。从那时起，我就把现场的作业环境作为进一步提升技能的平台，把练兵场的每一次演练作为一场技能大赛来对待，每一个操作步骤都努力做到眼随钩走、手随心动，努力向"人机合一"迈进。

不论在上下班的公交车上，还是在干着家务吃着饭的时候，我都会抓住点滴时间一招一式地反复演练、仔细揣摩吊车每个运行环节的操作步骤。正是坚定了面对目标要不懈努力的信念，我在2013年度集团技能大赛中以 1 秒的微弱劣势，获得了大赛第二名的成绩。当年在集团激励政策下，由农民工转变为集团合同制工人，身份由派遣制变为了正式的合同工。

这个目标的实现，带给我的不光是成功的喜悦，更多的是 1 秒差距的不服气，后来我将 1 秒的劣势，转化为赶超第一的前进动力。再次踏进练兵场，反复回想和演练大赛时的每一个操作步骤，寻找提升的空间。通过反复的演练，我发现操作完成时间的长短，与控制钩头摆动力的大小有直接关系，钩头摆动过大将影响靶针的稳定性、准确性和撞击目标的时间。

2013 年 11 月，一个天大的机遇摆在了我的面前。为了引导动员广大港口青年职工立足岗位、学技成才，不断提高职业精神和职业技能，争创一流工作业绩，促进港口企业转型升级、创新发展，交通运输部、共青团中央联合举办的主题为"岗位技能兴港口、青春建功中国梦"全国港口青年职业技能竞赛在青岛港进行，而我作为集团技能大赛的第二名，有幸成了一名参赛选手。

2013 年 11 月 14 日，怀着万分激动的心情，我踏上了 QQCT 码头 75 泊位的竞赛场，面对来自全国各个港口的精英，我既自豪又紧张。为调整好竞技状态，消除紧张情绪，我静下心来一遍遍地回忆平日里演练的每一个细节。当我踏入驾驶室，手握操作手柄，眼里只剩下眼前的操作手柄和远处的吊钩。

随着裁判的一声指令，我按照平日里熟练掌握的操作要领，轻变幅、慢转杆，微调着钩行路线，伴着水桶行云般地划过，一个个木块被轻松击落，随着水桶下方钢针准确无误地扎入立柱上方直径为 5 公分的圆孔内，整个操作圆满完成。正是凭借着日常的不懈苦练，我不但将 1 秒钟的懊悔抛到了脑后，更是摘得了第一届全国港口青年职业技能竞赛吊车项目的桂冠。

"滴水之恩，定以涌泉相报"，在青岛港里自己学到了技术，成长为技术型人才，组建了自己的小家，我就想在努力工作的同时，自己能给公司回报点什么。熟悉吊车操作的人都知道，装卸一次货物需要起升、旋转、变幅、落钩四个环节，在操作这四个环节的过程中，需要根据周边环境状况，不停地变换操作方式。

每个大班下来，各个环节的动作一共能够达到 2 万余次，每个作业环节多重复一次就会影响作业效率 1 秒钟，按照 4 个环节平均每班 5000 次，就相当于浪费作业时间近 1.39 小时，同时，在这 1.39 小时中，设备将会一直做着无用功，按照 D2LQ25 型吊车来计算，还会浪费燃油 7.8 升。

　　为了提高工效、节省燃油，我给自己确定了练成"一勾准"绝活的目标，我用心研究吊钩的运行规律，在吊杆旋转过程中，对吊杆幅度进行微调，使钩头前后、左右摆幅控制在 5 公分内，保证装卸的货物一次性到达需要摆放的位置。

　　自己的努力同时也得到了队领导的认可，2010 年我被任命为司机班的班长，在集团、公司开展的科技创新成果活动中，我带领班组确立攻关课题，在机电安全保护器上加装落钩操作机电保护开关，保证了安全生产；同时面对我们吊车交接班检查项目复杂，很多新司机不熟悉检查内容的实际情况，我向队里提出了交接班安全检查"五字"操作法，这五个字按照交接班设备检查顺序就是：机、电、刹、灯、绳。这样不但能够简单明了地熟记交接班需要检查的内容，而且可以按照顺序一一进行检查，从而做到疏而不漏，保证了机械的安全使用。同时参与研究的"安装配电箱快速插头""DLQ25A 吊车安装应急断电装置"2 项成果获得公司优秀科技进步二等奖，"研制车载漏电检测报警仪""研制新型执行器""研制吊车吊钩距离智能检测仪"3 项成果获公司优秀科技进步三等奖。

　　在我们集团、公司深入开展节能减排、创收节支的同时，我们吊车队也在码头里面实施了油改电作业，节能效果非常明显。而我在 2 码头从事火车装卸作业期间，发现周边没有外接电源，由于火车作业周转率高，货物流转快，而且由于火车作业间歇时间短，不利于进行待时停车作业节油法的实施，作业频率高，会有相当一部分时间在空耗燃油。

我向领导提出了在 2 码头增设配电箱进行油改电和流动配电盘接电作业的提案，并在实际应用中推广。通过实际测算，2 码头火车作业吊车单车由原来的 8.3 升/百吨能耗，改用接电后，实现用电消耗为 7.6 度/百吨，每百吨节约能耗资金 40 元左右。当年，27 台"油改电"吊车共计完成火车操作吨约 373.01 万吨，节约燃油约 273183.9 升，节约资金约 153.8 万元，减少二氧化碳排放量约 1017.9 吨。

在吊车作业中，安全难度大、质量要求高的那就要说是吊车作为岸吊进行啤酒装船作业。由于内贸出口啤酒多采用仓容不到 1000 吨的小船，受潮汐影响，船舶稳定性不够，装船安全系数小，稍有不慎就会出现质量问题，不但给货主带来损失，而且会给青岛港的声誉带来负面影响。

我刚开始进行岸吊啤酒装船作业时，为保证不出现破损，多采用船舱中心落货，边角用人力搬运堆码的形式，不但增加了装卸工人的劳动强度，而且影响了装卸效率。每次看到装卸工人劳累无奈地摇头，我的心里就充满着愧疚。我也干过装卸工人的活，我知道装卸工的辛苦，我也知道只要我提高自己的技能，做到稳准快地将啤酒吊装到合适位置，就能让装卸工人少费一些力，少流一些汗。

我决定要提高啤酒岸吊装船技能。为了保证啤酒装船质量，提升装卸效率，我利用休班和待时时间，到现场仔细观察涨落潮对装船的影响，并与现场管理人员和装卸工人请教交流，确定涨落潮时最佳的吊车支车位置，总结提炼出"啤酒岸吊作业"操作法，并且这个作业法在全队推广，从那以后凡是啤酒装船作业，都按照我总结的操作法进行作业，从而保质保量安全高效地完成，后来我和我的工友们配合装卸工人一举创出了"亿瓶精装"的啤酒装船作业品牌。

在工作中，我还屡破工作难题。针对吊车吊杆起升超过 72°、容易发生顶坏幅杆的难题，我就带领同事们利用业余时间反复研究，完成了"幅杆限位自动报警"装置。受警用车警笛警灯启示，采用门铃和我们警示灯双重报警，当吊杆起升到 72°时，门铃和警示灯就会自动报警。安装使用后，警示效果明显，很好地避免了顶幅杆问题的发生。随后还相继研制出吊车滑轮清油板、吊车行驶过电流报警装置、吊车倒车全方位角度后视镜等 22 项革新成果，为保证设备安全、保证现场作业安全质量提供了坚实保障。

　　一花独放不是春，百花齐放春满园。作为一名班长、一个全国比武冠军，我觉得个人的成绩不代表什么，把班组人员全部带领成为队内的"吊车操作全能手"，才是我的最终目标。在2014年集团大力推行基层组织建设年的活动中，我们班组结合司机技术水平和现场安全生产的实际情况，以人人争当吊车"操作全能手"为目标，创建班组品牌。

　　活动中，我重点抓好"四个字"的落实。一是"记"，我给每人准备了笔记本，随时记录所驾驶吊车的性能、状况、特性；二是"传"，在工后会上，请驾龄长的"专家"讲解自己所驾驶吊车的性能、操作要领，我也毫无保留地把操作经验传授给年轻职工；三是"练"，利用大休时间，联系队领导找待时车辆练习、比赛，人人练，人人评；四是"战"，到了现场，就向师傅学习实战操作。通过循序渐进地练习，当年班组全体职工全部掌握了各种车型的熟练驾驶，顺利完成了创建"操作全能手"的班组品牌，并且我和我们团队弟兄们一起创造了多项绝活、员工品牌，先后刷新集团60余项生产纪录。

　　我取得的这些成绩不是说明我多有能力，运气有多好，而是付出的多少与取得的价值是成正比的，没有白流的汗水，也没有无缘无故就砸落在头上的馅饼。当一个人真心地、持之以恒、坚持不懈地将全身心投入工作中时，他的青春注定会绽放美丽的花朵，再平凡的岗位也会干出不平凡的成绩，他的青春也注定会结出丰硕的果实。

五　回归校园，实现大学梦想

　　这件事对我的触动非常大，因为自己没有跟上时代发展的步伐，对新知识、新技术的缺乏导致车辆发生故障后不能及时修复，影响到港口生产的效率。

　　我是技校中专学历，工作这些年来，我深切地感受到自己的知识太少、不够用，无论是在工作中，还是在生活中，感觉已经跟不上新时代社会发展征程的步伐。尤其是随着社会的科技进步，我们港口在发展过程中的硬件设备更新也非常频繁，PLC、变频控制技术等应用到机械上越来越多，自己对这些新名词听都没听说过，更别说去了解它、搞懂它了。特别是机械出现故障时，作为现场生产的机械管理者不懂、不会修，车辆坏在生产线上将直接导致降低生产效率，还影响到整个作业线上其他工人的效率工时。

记得在 2016 夏天的一个夜班，在 23 点左右，我在作业现场巡视时，听到对讲机里喊 58 区大豆卸船有一台吊车坏了，不能作业了。我听到后就立马骑自行车往那赶，赶到后就问司机什么故障现象，司机说没有变幅了，我就立马检查变幅系统的关键几个容易坏的零件，检查了半个多小时也没找到故障点，接着就把整个和变幅系统相关的零配件也查了个遍，还是没弄好，这时已经过去 1 个多小时了，夜班餐时间过了，饭也没吃上，把现场调度员、理货员、生产计划主任急得直跺脚，车坏了一个半小时将直接影响卸船效率将近两百吨，最后不得已只能又重新调了一台吊车替上后恢复了作业线。下了夜班后为了弄明白到底是什么故障，我就一直等着上长白班的电工，看到电工来后，我就直接把他拽到现场的故障车旁让他修，他上车后看了会儿就在配电柜里简单地拨弄了几下，没几分钟，一试车，好了。我就问他是哪里坏了，他说哪里也没坏。嘿，我就蒙了，我说那到底是怎么回事，他就告诉我，是变幅电路板的面板松了、接触不良造成故障。我就问他你是怎么知道松了的，他就说电路板上的小显示屏已经显示面板不正常了啊。噢——我这才明白，其实当时我也看到了那个小显示屏，因为它显示的是一串英文字母，我看不懂，就没把它当回事，最后还真是它的问题。这件事对我的触动非常大，因为自己没有跟上时代发展的步伐，对新知识、新技术的缺乏导致车辆发生故障后不能及时修复，影响到港口生产的效率。

为了尽快学习掌握好新知识、新技能，我就经常利用业余时间找专业电工请教学习，在 9 月份又报了业余大学上学，来提升自己各方面的知识。时间转眼来到了 2018 年，一个天大的喜讯犹如春风一样扑面而来，那就是我收到了中国劳动关系学院的录取通知书，而且是全脱产上学，这就是真真正正地上大学，到北京上大学，简直就跟做梦一样，是我想都不敢想的事，没想到已过四十而不惑的年龄还能来到北京这样的高等学府上大学，如今我确确实实坐在了咱们劳模本科班的课堂上，感到非常的高兴和自豪。我作为全国五一劳动奖章获得者，可以免试入学。其实，我深深地明白，自己这些年来取得的一点小成绩，获得的一些荣誉，都是各级组织关怀和培养的结果，这次又抽调选派我到北京上大学，让我回到学府继续深造，使我能够紧跟新时代中国特色社会主义发展的步伐，能够胜任面对未来的新的征程。我一定要把握学习机会，努力学习，学到更高等的、更专业的知识，将来更好地应用到实际工作中去，绝不辜负各级组织的关爱。

来到学校后，从紧张忙碌的生产一线到缓和镇静的学习生活，从码头到学校，这不仅是对环境的适应，更是对工作学习态度的提升。学校每学期还给我生活补助，解决我在学校学习的经济问题，校领导和班主任刘老师经常到宿舍看望我们，在生活上给予我们很大的帮助，尤其是看到有些同学住上铺不方便时，就将上铺改造成下铺，这让我感受到了家一样的温暖。子曰："饭疏食饮水，曲肱而枕之，乐亦在其中矣！"这是在语文课上学到的，意思就是说，哪怕吃粗粮稀饭喝冷水，弯起胳膊当枕头睡觉也很高兴。

更让我感到幸福的是，我结识到了一帮来自全国各地各行各业最优秀的同学们。他们中有党的十九大代表，有全国人大代表，有全国劳动模范，有全国五一劳动奖章获得者，有工业领域制造前沿的劳动模范，有农业技术研发的农业劳动模范等，他们都在各自普通的工作岗位上干出了不平凡的成绩，为我们国家的发展建设作出了突出的贡献。通过与他们的相处，了解到了他们的工作环境、工作性质等，感受到了他们的责任担当、敬业精神，感觉到他们身上的很多东西都值得我学习。我们这些同学的年龄跨度也非常大，从二十世纪六十年代出生到"90后"，年龄小的都可以管年龄大的叫伯伯了，但是我们之间并没有平常我们所说的"代沟"，反而我们在一起就像是相见恨晚的兄弟姐妹一样，谈工作的时候我们就相互学习，聊家庭的时候我们又有极其相似的感受和感慨。总之要感谢党和国家对我们的关心和培养，感谢中国劳动关系学院让我们从全国各地相聚相识在一起，让我们互相学习，共同进步。

学校不仅让我们在课堂上学到课本上的理论知识，而且还组织我们到校外实地参观学习，来丰富我们的思想和视野。在校领导和班主任的带领下，我们到正定县城、塔元庄村参观学习，来追寻习近平总书记青春奋斗过的地方，亲身体验了正定的现代新农村建设，为总书记的为民情怀、实干作风、改革精神所打动、所激励。参观了北京奔驰汽车，了解雄安新区建设情况，参观了青岛港、河北常山纺织厂、河北迁西瑞兆激光等现代化流水生产线。通过参观学习了解到了企业国际化的管理团队、出类拔萃的产品、严格的质量控制、卓越的生态环境以及高素质的技术工人等情况，让我深受教育和启发。赴天津、白洋淀、西柏坡等爱国主义教育基地开展红色文化教育活动，接受了鲜活的爱国主义教育，让我们重温了那动荡不堪的年代，体会到了那烽火硝烟的战争场面，看着那成千上万的烈士名字，让我们体会到了今天的幸福生活来之不易，是用成千上万烈士的鲜血铸成，用成千上万的烈士英魂换来的。我感触颇深，我的心情久久不能平静，放眼未来，共创和谐社会，我们必须继承和发扬革命先烈们的光荣传统，用烈士们的事迹与精神鞭策我们更好地学习，为新时代新征程无私奉献，奋斗终生！

六　新时代的梦想在召唤

榜样是旗帜，鼓舞斗志；榜样是力量，凝聚担当；榜样是必胜的信念，是永不枯竭的奋进源泉。

总书记在给劳模班的同学回信中说："社会主义是干出来的，新时代也是干出来的。"作为一名青年人，我们就是要立足本职岗位，保持对工作热爱的初心，在工作中不断地学习、不断地发现问题、解决问题，干出更多的高效生产，完成更多的创新成果，培养更多的技术骨干，把我们的梦与港口的梦、国家的梦融为一体，勠力同心，携手奋斗，在新时代让我们的青春之路更加幸福，更加色彩斑斓。

总书记在回信中勉励我们说，"用你们的干劲、闯劲、钻劲鼓舞更多的人，激励广大劳动群众争做新时代的奋斗者"，句句饱含深情和殷切期望。总书记在"两会"期间参加山东省代表团座谈讨论时提出了青岛港要"建设世界一流海洋港口"的目标，作为青岛港的一名劳动模范，我要始终牢记总书记的嘱托，不仅要学习好全方位的理论知识和掌握过硬的技能，更要发挥好劳模带头引领的作用，敢于创新，勇于开拓，带头落实好青岛港建设世界一流的海洋港口行动方案，在岗位上大力弘扬好爱岗敬业的干劲、不断创新的闯劲和不达目标誓不罢休的钻劲，做好传帮带，把一身好技术传授给青年一代，影响和带动身边的工友们一条心、一股劲，为青岛港实现百年老港转型升级的目标，建设世界一流的海洋港口，走在沿海港口前列作出贡献。

"劳动最光荣、劳动最崇高、劳动最伟大、劳动最美丽"，这是总书记给予劳动的最好诠释，给予劳动者的最高肯定。劳动改变了世界，也改变了人自身。我在普通平凡的吊车司机岗位上，靠着自己在岗位上的精研操作，练就了过硬的技术，总结创新操作法让操作变得简单高效，得到了货主的认可，劳动价值得到了体现，获得了诸多荣誉。梦想在创造中得以实现，青春在劳动中得以美丽！

近些年来，在党和国家的关怀和培育下涌现出了一大批的先模人物，像许振超、郭明义等，是他们的劳模精神影响了我，我一定要把他们的劳模精神接力过来并继续发扬光大，为我们港口的发展和社会的进步，以及实现中华民族伟大复兴的中国梦作出更大贡献。党和国家给予我这么多的荣誉，但是我认为这已经不是一种荣誉了，而是一种责任、传承和接力。榜样是旗帜，鼓舞斗志；榜样是力量，凝聚担当；榜样是必胜的信念，是永不枯竭的奋进源泉。

新时代劳模不仅体现在艰苦创业、踏实苦干，更表现为不断学习新知识，刻苦钻研新技术，努力掌握新本领。广大劳动模范和先进工作者一定会珍惜荣誉、再接再厉，为党为国家发展再立新功。我们作为一个新时代的劳模学生要抓住新机遇，迎接新挑战，紧跟时代步伐，"为实现中华民族伟大复兴的中国梦而学习"，成为撸起袖子加油干的奋斗者典范！

致敬词

　　他，身上有一股闯劲，18 岁从沂蒙山区只身奔向胶东大海，码头上操作吊车，用铁臂挥舞人生；他，身上有一股钻劲，面对新型港口的转型升级，不断孜孜汲取新知识；他，身上有一股干劲，18 年的青春岁月中，挥洒汗水装卸货物累计达到 400 万吨，印证了我国货物进出口的绚丽与繁荣；他，传承老区革命传统的基因，用专业和奋斗来筑梦，是新时代码头产业亮闪闪的"金蓝领"。

　　致敬——青岛港国际股份有限公司大港分公司吊车司机王加全！

汽车故障诊断的"全科大夫"

——东风商用车有限公司总装配厂 "王涛班"班长王建清的故事

人物小传

王建清　男，汉族，1971 年 12 月生于湖北省十堰市乡村，中共党员，享受国务院特殊津贴。1990 年 3 月当兵入伍，1991 年加入中国共产党。1992 年在部队军事比武中获得专业竞赛第一名，荣立三等功一次。1993 年复员，被分配到东风汽车公司总装配厂从事汽车调整工。25 年来，从普通员工成长为高级技师、东风汽车公司高技能专家。先后获得 2008 年、2009 年、2011 年"东风汽车公司劳动模范"，2010 年"十堰市劳动模范"，2012 年"湖北省劳动模范"，2014 年"湖北省最美一线职工"和第三届全国"汽车装调工技能大赛"金牌导师，2015 年"全国劳动模范"，2016 年"湖北省学雷锋职业道德标兵"，2017 年"中国汽车工业十大工匠"等荣誉称号，并获得 2010 年"湖北省五一劳动奖章"和 2014 年"全国五一劳动奖章"。2018 年当选为第十三届全国人大代表、中华全国总工会十七大代表。中国劳动关系学院 2018 级劳动模范本科班学员。

一　大学梦，我的梦

大学梦在我 16 岁那年戛然而止。年少的我心有不甘，心中依然渴望上大学的那一天。

2018 年 1 月 9 日，我收到了来自中国劳动关系学院的录取通知书：

王建清同学：

经 2017 年全国成人高校招生统一考试、中华全国总工会劳模资格审核、北京市招生考试委员会和北京教育考试院审核批准，您被我院社会工作专业（本科）录取。请凭本录取通知书并按照入学须知的有关要求准时办理入学手续。预祝学习愉快，学业有成！

中国劳动关系学院继续教育学院招生办公室

当收到这份录取通知书的时候，我心中有欣喜和激动，而更多的则是一份感恩和感动。欣喜和激动的是，我的大学梦终于可以实现了；感恩和感动的则是工厂、公司、车间、班组这些年来一直关心、支持、培养培育我的各级领导、同事、工友们。当我二十世纪七十年代初上小学的时候，就常听父母教导，上学要好好学习，将来考上大学，当大学生，当科学家。所以，幼年上学之初的梦想就是将来要当一名大学生，走出穷山沟，这也是我身边所有小伙伴们儿时的梦想。小学五年，总是能够谨记父母和老师的教导，上课时认真听讲，好好学习，放学回家还要拎着篮子到地里薅猪草，每年期中期末考试总是能考进前几名，获得铅笔、本子等奖品。上初三时，由于自己的贪玩，考试成绩不理想，没能考上高中。班主任对我说，留一级吧，凭你的学习能力，一定会考上高中的。在回家告诉母亲要留级的想法后，母亲一口回绝，并说留级多难听，现在国家政策好、形势好，每家都在争当"万元户"，回生产队挣工分，不出两年我们家也会进入万元户的行列。

就这样，大学梦在我 16 岁那年戛然而止。年少的我心有不甘，心中依然渴望有上大学的那一天。在生产队干了一段时间，一些认识父母的二汽工厂工人叔叔阿姨们对父母说："这孩子这么小，不能就这么在生产队里干了，还是找机会让他多学习学习吧。"也许父母看着我16岁的肩膀上挑着150斤重的蔬菜实在心疼，也许家里姊妹多，多养几头猪一样可以早成万元户家庭，一年后的年底，母亲卖了圈里的两头猪，给了我2800元钱，对我说："学上不了那就去学开车，开车是一门技术，你可要珍惜。"整整六个月的驾校学习，让我从理论和实际操作上对汽车有了真正的了解和认识。

驾校毕业后，赶上国家春季征兵，听说在部队一样可以报考军校上大学，我立即报名参军，经过一系列的考核、体检、政审后我成了一名光荣的中国人民解放军战士。军队是一个大熔炉、大学校，严明的纪律要求我们要一切行动听指挥，积极主动参加各种学习，在思想上、行动上不断地历练自己。在部队的第二年，作为优秀士兵之一，我光荣地加入了中国共产党。在部队的第三年，我在部队军事专业技能比武中获得专业第一名，并荣获三等功一次。当喜报传回家乡时，村委会敲锣打鼓为父母送来了几大筐猪肉蔬菜。

三年军营生活让我更懂得学习的重要性。在退伍纪念册中，营部教导员为我写下这样一句话：部队建设的功臣，改革开放的闯将。退伍后，民政部门问我有什么特长，我回答说，会开车，只要让我能够到工厂里开车就可以了。结果，我被安置到天天都能够开新车的总装厂干起了汽车调整工。

出车育人的东风文化育养了一代又一代的汽车人。就如同站在人民大会堂代表通道中讲过的一样，我是一个从大山里走出来的汽车人，如果要我说对工匠精神体会最深的是什么，我会自豪地告诉大家，我和我家乡的四十年变迁就是一部中国改革开放的发展史，一部汽车工匠的锻造史。

二　我有自己的"独门秘籍"

我们都是在同一起跑线上奔跑，就看谁比谁多付出那么一点。地上有那么一颗小小的螺丝钉，谁弯腰捡了，谁没有弯腰，差别就这么一点。

2016年5月23日上午10时28分，国务院总理李克强莅临东风商用车重卡新工厂视察。在装配八线四班，李克强总理亲自接见了我，并且与我和工友们亲切交谈。总理勉励我们说，中国制造的品质革命，要靠精益求精的工匠精神和工艺创新，其中关键是以客户为中心，不断提升产品品质，满足客户的需求。总理还同我们改善小组成员在"弘扬工匠精神，打造优质精品"的牌匾下合影留念。

提起这段经历，我记忆犹新，深深地感到自豪和骄傲。在与总理接触的短短十分钟里，意犹未尽，总理平易近人的面容时常萦绕在我的脑海，总理的话也时刻提醒着我要带领大家制造出更多的优质精品车。

作为一名全国劳动模范，既是新时期产业工人的代表，是中国制造业勃兴的领军人物，又是一个充满生命能量的人。我曾经说过，你不用去解释很多，每个人心里都有一杆秤，别人会看到你的一言一行。进厂20多年来，我始终扎根一线，刻苦钻研，爱岗敬业，从一名普通的汽车调整工成长为班长，到获得"全国劳动模范"，并带领"王涛班"走进"全国工人先锋号"行列，直至受到李克强总理亲自接见。作为工人群体中的一名顶尖"高手"，我练就了商用车装调技术的绝技，有着自己的"独门秘籍"和个人魅力。

技术过硬做"标杆"

如果用一个词来总结我对自己的要求，那就是"标杆"。因为我认为，在一个技术型的班组中，只有自己技能过硬，才有资格去要求别人。而为了成为标杆，坚持、勤奋成了我最突出的习惯。"干什么事情都要用心去干，这样才能感染自己，只有感染自己，才能说服别人。"

1990年，18岁的我参军入伍，成为一名炮兵通信兵。当兵三年，我第二年便入了党，成为全国第一批入党的二年头兵，同年成为班长，第三年，在军区专业技能大比武中获得专业第一名，被军队师党委树为训练尖子标兵，并荣立三等功一次。

1993年复员时，因为会开车，我被分配到了东风商用车总装配厂，这一干就是25年。进厂2年后，我升任调检一车间一个班组当班组长。2005年5月，又调到以全国劳模王涛命名的班组——"王涛班"，成为"王涛班"第七任班长。

初到"王涛班"，我便感觉到一份沉甸甸的压力和责任。汽车调整工大多是从优秀的装配班长中挑选的，调整班的班长管理的是一群技能人员，"你的水平必须要硬"。到了一个新班组，面对一些新面孔，我跟大家说的第一句话就是"日久见人心"。在"王涛班"的第一次班前会上，我告诉班组成员："所有的荣誉只能代表过去，从现在开始就是新的征程、新的起点。"

面对工作上全新的挑战，我有自己的坚持。我认为，我们都是在同一起跑线上奔跑，就看谁比谁多付出那么一点。地上有那么一颗小小的螺丝钉，谁弯腰捡了，谁没有弯腰，差别就这么一点。从部队复员的我是个硬汉，心里总憋着一股不服输的劲儿。1997 年，我第一次参加公司级技能大赛，比拼的是"速度 + 问题排除量"。在速度上，我并没有落下，但是在匆忙中，我漏掉了一处故障，继电器的一根接线掉落，最后，只得了优秀奖的我暗下决心苦练。从那之后直到 2009 年，不管是当调整工还是班组长，我不断参加各种技能竞赛，用我自己的话说就是"快考煳了"。但是每次考试，都是提高业务素质的一个过程，在不断竞赛拿奖中，我练就了一身硬本领。

巧治顽疾出效益

"一名汽车调整工，要有精湛的业务水平和具有发现问题的能力，我的职业就是一名'全科大夫'，要懂内科（发动机，变速器、桥），也要知道外科（车架、驾驶室），还要熟悉神经科（电器线路）和消化科（尾气后处理系统）。"我的思维和我根根直立的头发一样，清晰可见。

作为新时期汽车工人，我带头搞改善，并善于思考加巧干，大搞"小发明、小建议、小点子、小改进、小创造"。2013 年 1 月 3 日，工厂提出提升装配三线下线处生产效率的课题，我带着徒弟张永星接下了这个课题任务。在接下来的几个月里，我和徒弟一心围绕着怎样提升效率琢磨着、思考着。功夫不负有心人，2013 年 6 月，经过多轮反复验证应用，一种"快速预充气装置"创新制作完成，经过现场验证，每年可降低下线停装237 分钟，提升了劳动效率。

作为一班之长，我也是班组课题钻研的总兵头，是现场攻关的急先锋。在班组，我对员工们讲得最多的就是，员工的抱怨，就是班组改善的重点；注重身边的细节，注意从现场发现、解决问题。针对东风一款 D901

新品车型，由于驾驶室电动举升位置的变化，造成调整工每单台车调整过程需要按压举升升降驾驶室 6 次，合计 900 秒时间，调整工抱怨手指按钮按到"手疼"。听到这种抱怨，我就针对此问题进行立项改善，最终，在班组"臭皮匠改善小组"的共同努力下，通过一个小巧工具的创新制作，调整工手动举升改善为自动举升，节省工时约 700 秒，提升了调试过程的工作效率。

漏油是离合器油加注工位一个常见现象，大家都习以为常。我发现这个问题后，却觉得这不正常——漏油既浪费资源，又影响工作环境，造成环境污染，必须得改。后来，我与班组成员一起从工具改善着手，彻底解决了这个问题，年减少排污 6000 升，为工厂节约资金 14 余万元。凭着这股爱琢磨的劲头，多年来我先后通过改善解决了制动管路渗气，重型商用车加注动力转向油飘、洒油雾和油滴，调整制动蹄间隙费时费力等一系列问题，成为远近闻名的改善能手。

截至 2017 年，我带领"王涛班"共完成各类改善 380 余项，累计创效 1000 多万元；自制非标工具 68 件（套）。全国总工会原主席王兆国视察"王涛班"改善成果展时评价说："小改善，为工厂解决大问题！"

三　在"王涛班"的努力与传承

"王涛班"的员工不管在外干活到多晚，回到班组时，总有一盏灯亮着。那是我当"王涛班"班长后坚持为员工们留的"一盏心灯"，我总是等最后一个员工回来后一起关灯下班。

"王涛班"是东风一个久负盛名的团队，在这个团队中诞生了技能大赛9金3银13铜获得者27人次，历史上出过2个全国劳模。而这绝不是偶然的，在我身上，"王涛班"的传承仍在继续。

传经送宝共进步

在班组我经常说的一句话是，我们班组所有成果都是团队共同努力的结果。目前"王涛班"有54名员工，我曾告诉大家，个人的能力是有限的，但是只要发挥了团队的力量，就没有什么困难。一个人的困难可能是困难，但是你把你的困难告诉我们54个人，就会有54个人替你分担。

"王涛班"有一句流传很广、备受信服的一句话，"学习力就是生存能力"。多年来，在师徒传帮带中，"王涛班"已经形成了一种自愿学习、自愿参与竞赛、自愿提高的氛围。在日常学习工作中，我总结了三种师带徒技艺传承新方法。

第一是制定了"1121素质提升法"："1"就是第一、一流、标杆，在一个年度的时间段里争做标杆，争当"王涛"式的好员工；"12"就是一年12个月，做好12件事；最后一个"1"就是具体到每个月1件实事、1件小事，集小成多，积溪成流，就是充分发挥技术骨干人才的"传、帮、带"作用，指导更多的年轻员工不好高骛远，立足岗位成长成才，不断提高员工专业岗位技能水平，促进职工健康快速发展。

第二是总结了"教、学、练、记、问"五步学习法。具体做法就是师傅教，徒弟学，学习的过程中不断地练习提高，并且把动作要领都用笔记下来，在反复学习练习的过程中，有不懂的地方就问师傅、问同事、问专家、问上级，这样形成PDCA的学习管理良性循环。

第三是提倡"五会型"师徒关系，把"会学、会干、会写、会讲、会传"当作优秀师徒的评价标准，指导培训以往那些只会干而不会把技能经验做法总结撰写成册的师傅们，消除一旦这些师傅退休转岗，他的技能也随之消失的弊病。因此，我总结的这种师带徒新方法，就是要师傅与徒弟共同进步和提高。

近两年来，我带领团队"领航小组"共编写了6本调整工培训教材，创造5项专有技术。近年，累计出书近10多本共1000多万字，撰写技术论文30多篇。其中，我和师傅合作编写的《东风天锦电器故障排除图解》，填补了东风新品"4S"店培训教材空白。2012 年，这一成果获机械工业科学技术成果三等奖。2015 年，我还和师傅王涛、徒弟张永星一起自主开发了汽车装调工计算机（理论）答题考试系统，并且正在整理历年比赛的习题库，准备做成电子教案供员工学习，这是包括几百张 PPT 的巨大工程量。

为了鼓励技能创新，2014 年按照国家人社部和湖北省总工会的要求，我们在"王涛班"成立"技能大师工作室"和"劳模创新工作室"。工作室收集"王涛班"参加工厂、公司、省赛、国赛取得的荣誉和各种汽车装调工教材，甚至当我看到同事记得整整齐齐、条分缕析的笔记，也拿进来进行展示。

在我的带领下，"王涛班"27 人次在公司技能竞赛中获奖，其中，有 9 名金牌（冠军）员工，25 名高级技师和技师，成为享誉东风的"冠军团队"。在 2014 年广西南宁举行的全国第三届汽车装调工技能大赛上，由我担当主教练的东风汽车公司商用车参赛团队，虽然是第一次参赛，但是一举拿下商用车重、中型组两个第一名，两个第三名的优异成绩。2015 年 1 月，人力资源和社会保障部职业技能鉴定中心授予我"金牌教练"荣誉证书。"王涛班"也成长为东风商用车培养"装调技术工匠"的肥沃土壤。

点亮心灯暖人心

2009 年 9 月 3 日，员工张永星加入了"王涛班"。我握住他的手，真诚地说——"年轻人，好好干，学精了这门手艺，终身受益。"2010 年 6 月 16 日，"王涛班"迎来一批转岗员工。2011 年东风汽车有限公司汽车调整工冠军曾中华也加入了"王涛班"，他深深记得我说过的一句话，"既然来到这个岗，要干就要干出个样"。每当来了新员工，我都跟他们谈心，让员工们没有思想压力"轻装上阵"，全身心地投入到工作中去。

在"王涛班"的墙壁上，挂着"诚信、和谐、快乐、超越"8 个大字，这就是"王涛班"的精气神儿。我认为，班组是员工的大家庭，需要积极、阳光的氛围。从每天早上一进班组，我总是习惯性地开始整理收拾，而"王涛班"的每一个人都是如此，从不用任何人提要求、发指挥。汽车调整是汽车装配的最后一道工序，通常在整车装配完成之后才开始，而调整工晚上加班便成了家常便饭。但是，"王涛班"的员工不管在外干活到多晚，回到班组时，总有一盏灯亮着。那是我当"王涛班"班长后坚持为员工们留的"一盏心灯"，我总是等最后一个员工回来后一起关灯下班。

我在承担繁忙的工作压力与巨大的家庭压力（孩子患有先天性脑瘫，十七岁了还不能正常独立行走）的同时，还担任车间分工会主席，我乐观对待生活，热情对待工友。高产中，我坚持中秋节送月饼、盛夏送西瓜、深夜送牛奶，让工友们感受到集体的温暖，被称为"贴心人"。《工人日报》在宣传我的事迹时，称呼我为"快乐的阳光暖男"。

随身携带相机是我保持了快9年的习惯。我最喜欢偷偷记录下每一个员工的工作状态，一方面，这可以作为工作标准对照的素材；另一方面，我发现，照片也能成为最好的纪念。我曾经在班组里做了一个影展，照片全是我偷拍的员工的背影。

我有三个移动硬盘，里面装满了我拍摄的员工照片，我甚至为每个员工建立一个照片文件夹，分门别类、分时间整理得清清楚楚。"王涛班"建设的班组"笑脸墙"，我坚持要放上从班组前身到现在20多年间的员工照片，让每一个员工到这儿来都能找到自己工作、生活的足迹，而不是人走茶凉。现在，一些退休、转岗的员工仍然会回"王涛班"串门儿。

由"亮点"到"亮片"，我通过自己的技术优势和人格魅力去带动一大批热爱技术、爱岗敬业的员工，把创新与安全生产、解决事故隐患、工位器具改进、工艺流程改善、技术攻关等生产难点问题结合起来，将作用效应发挥到最大，进一步促进企业发展。

四　多走一步，多想一分

我坚信，没有完美的事物，可只要不断改善，就没有遗憾。

滚烫的心有着比常人更高的温度，映射到现实中就是"我要比别人干得更好、我要比现在干得更好"的追求。而这样的追求外化到工作中，就变成了我"比别人多走一步，比别人多想一分"的行动。

分秒必争保安全

2011 年 11 月，班组一个员工在谈话过程中告诉我，在试车过程中发现自己调试的新车型的驻车制动，好像与其他车辆有点不一样。我说："有什么不一样，说说看。"员工答："说不上来，感觉就是有点不一样，我们一起去看看。"在经过上车仔细检查后，分析出此车型的基本问题，是驻车制动解除滞后 3 秒。其他车辆是否也存在这个问题呢？我把厂内能够找到的其他车型逐一验证，最后确认只是这个新车型存在这种微小差异，驻车制动解除延迟 3 秒！立即填报试装报告，此车型存在重大质量隐患，不能入库！员工问我："王班长，驻车制动解除延迟 3 秒，试车过程也没什么异常，这也不是什么大问题，为什么不能交检入库？"我向员工解释，3 秒，在平时可能不是问题，但你们想过没有，如果这辆满载重物的大货车正在上大坡，但是因为异常堵车，车辆需要上坡起步，这个时候的 3 秒就意味着此车要向后滑移几米的距离；更为严重的是，如果此车滑移到悬崖边上，需要紧急起步，这个时候的 3 秒就意味着车辆向后滑移带来司乘人员的生命安全和整车货物财产损失的重大事故。所以，千万别小看这 3 秒！

填写紧急试装异常报告，通知车间工艺、质量员，报告相关部门；一系列工作布置完毕，我带着班组改善"臭皮匠小组"人员查找 3 秒异常的真正原因。通过仔细分析、查对，揪出了造成这 3 秒延迟的罪魁祸首——装配在车辆上的一个零部件的通气孔出现了偏差。原因查找后，相关部门找到部品制造商，通过现场的查对、验证，确认我的判断是正确的。

妙手回春显身手

在 20 多年的职业生涯中，我在车辆入库前总要再次进行复检，我把这道多出来的工序坚持了 25 年。这样的坚持，让我练就了一手好本事，通过启动车辆听声音就能知道车辆的故障发生在哪儿，参与调试的 25 万余辆车，没有出现一起质量问题。

我家离公司销售部很近，每次在经过附近看到有商用车在路上抛锚，我都要去问问。一天中午，远远地看到路中间停了一辆商用车，把路堵了个水泄不通，走近一看，司机正忙着发动车，可这车怎么也不听指挥，启动不着，司机急得满头大汗。这时，我走到故障车近处，告诉汽车驾驶员去启动一下车子，让我听一听。当听到车启动过程中机体沉闷的声音后，我凭借多年的经验判断，一定是发动机排气系统有问题，上车检查，果然是该车排气制动有问题，造成发动机排气通道堵死，车辆不能启动。通过快速排查、处理，我发现是由于用户对商用车使用性能不熟悉、操作不当产生的故障现象，短短 3 分钟后，"故障车"终于正常启动了。车被"修好"了，这时商用车销售部售后服务人员也赶到了现场，看到我，他们笑着说，早知道你在这边，还用我们来干啥？

2012 年 4 月 8 日上午，某物流公司发现有四台车的离合器踩不到底，维修工排查了很久也没有查出原因，还找来离合器生产厂家帮助查找问题，可是时间过得很快，着急送货的车辆始终无法派出。当物流公司商量着找专家检查，这时我正好到这里办事经过，对一脸焦急的物流公司经理说："让我来试试看！"启动车后，听着声音，经过几分钟的查看，我对离合器厂家说，故障与离合器及助力器系统无关，应该是变速箱或者其他地方出了问题，经我之手，四台车的故障很快被消除了。物流公司和部品离合器生产厂家的负责人当即掏出名片递给我，要和我交个朋友。

千里听音解杂症

20多年来，凡是我经手的工作，我总要反复琢磨几遍，找出有待改善提升的地方。我坚信，没有完美的事物，可只要不断改善，就没有遗憾。我说，一辆整车由上万个零件组装而成，怎么样才能够让我调试过的整车可以直接面对客户？经过反思，我认为最重要的是精益求精的态度和责任意识。

在我的电话通讯录里有很多东风商用车的客户、经销商、物流人员及4S店维修经理的电话，并且这些热线电话保持着长期有效开通状态。2014年7月，一位苏州的东风客户给我打来电话："王师傅您好，我的国四东风天锦这几天不知道为什么，仪表总是显示故障，并且伴随加速踏板加不起速的现象，这几天的送货任务又特别紧，没有时间到4S店维修，您能够帮我远程诊断一下吗？"听到客户焦急的声音，我当即告诉这位苏州客户，请他不要着急，把仪表显示的故障信息告诉我。当这位苏州客户把此车仪表所报告的故障信息告诉我之后，我当即问到——"您的车是否最近冲洗过，并且发动机部位也进行了清洗？"客户立即回复——"您是怎么知道我洗过车？"我告诉他："东风国四产品虽然是商用车，但是电子化程度很高，车身、车架、发动机等部位装置了不同的电子传感器，可以使驾驶员通过仪表指示就能够感受车辆的使用状态，现在车辆显示的故障，就是因为在清洗车辆的时候不小心将大功率的高压水冲洗了发动机的某个传感器，传感器由于受侵蚀而出现间隙罢工现象。所以故障排除很简单，您将传感器拆下来，用吹风机将它吹干再装上，故障自然就没有了。"这位苏州客户听了我的话，疑惑地说："那我试试，一会儿我再给您打电话。"十分钟后，我接到这位客户的电话："谢谢您，王师傅！故障真的没有了！"

这样的电话，我经常接到，并且很多都是在深夜，但是我从来没有抱怨过。日本大企业家稻盛和夫说过，"企业家要像匠人那样，手拿放大镜仔细观察产品，用耳朵静听产品的'哭泣声'"。我天天和汽车打交道，每天都有成就感。汽车到了用户的手中，我觉得就像出远门的孩子，当用户在使用过程中出现问题时，总想着应该帮一把；而且用户选择了东风产品，作为东风的员工，我有义务为东风的客户服务。

由于技术水平高、工作认真负责、为人热忱，我还多次受公司指派担任"阳光使者"，到新汽东风、台湾裕隆集团裕佳汽车有限公司进行培训和技术援助，我把自己的知识和技能，毫无保留地传授给同行，受到对方一致点赞。2015年上海车展上，我作为劳模代表，还担任起了"义务讲解员"，向观众推介东风产品，展示"信赖、专业、科技"的东风人形象。

作为一个"社会人"，我还是十堰市环卫处垃圾清运大队车辆的义务保障员，并长期担任这一"公益职务"。我承诺过，不管是什么时候，只要作业中的垃圾清运车辆发生异常故障，我都会第一时间进行远程通信诊断或现场指导维修。

五 以"工匠精神"铸就职业梦想

真正的"工匠"应该踏实且务实，能执着于简单的事情重复做，每一次都把事情做对，以"笨功夫"练就真本事。

在企业发展的同时，我也在工匠之路上持续成长，由一名普通汽车调整工成长为高级技师、全国劳动模范、全国人大代表。高素质铸成高品质，作为千万一线工人代表者之一，我们将继续弘扬工匠精神，立足本岗，精益求精，打造更多的优质汽车产品。学习是为了将来更好地工作，在学校，短短的一个多月里我认识了很多来自全国各地的全国劳模和大国工匠，从他们那里可以学到很多不同的特色经验和方法。

李克强总理在2016年政府工作报告中提出，鼓励企业开展个性化定制、柔性化生产，培育精益求精的"工匠精神"。我所在的岗位，每天从事的是如此循环往复的工作，更需要"工匠精神"。我认为，真正的"工匠"应该踏实且务实，能执着于简单的事情重复做，每一次都把事情做对，以"笨功夫"练就真本事。作为新一代制造业创标杆的东风人，我们更应该踏实努力、埋头苦干，从而达到技艺的炉火纯青、登峰造极。正因为在实际工作中对"工匠精神"的践行，我对钻研技能多了一份精益求精的执着，对攻关克难多了一份誓不低头的激情，对班组员工多了一份牵肠挂肚的关爱，最终成就了"高技能专家"和"中国汽车行业最美汽车人"的美名。

十堰因车而建，因车而兴，四十多年前一群来自祖国四面八方的建设大军为响应党和国家的号召，怀着振兴中国汽车工业的梦想，来到鄂西北的一座小山村，点着马灯、住着干打垒芦席棚，用劳动者的双手建设起了一座现代化的汽车城。东风以十堰为立足点，走出大山，辐射全国，逐步实现国际化。特别是党的十八大以来，东风公司取得了更为长足的发展，2017年产销规模已达到410万辆，销售收入6310亿元，经营效益持续提升。在习近平新时代中国特色社会主义思想指引下，我及东风公司全体员工一定不忘初心、牢记使命，积极推进自主创新，抓住我国经济转型升级和"一带一路"的海外市场机遇，坚定不移推动高质量发展，向着年产销450万辆的高目标迈进！

致敬词

　　他，汽车故障诊断的"全科大夫"，有诸多独门秘籍，是新时期产业工人的典型；他，从金牌员工到金牌教练，享誉东风的"冠军团队"班组长，传经送宝共进步，是中国制造业勃兴的脊梁；他，行动中始终追求"比别人多走一步，比别人多想一分"，以工匠精神铸就职业梦想，创造出沉甸甸的奇迹；他，点亮心灯暖人心，充满着生命的正能量。人心里都有一杆秤，他乐观面对生活、热情对待工友，是大家交口称赞的"暖男"和"贴心人"。

　　致敬——东风商用车有限公司总装配厂"王涛班"班长王建清！

为了大地的丰收

——陕西杨凌中来种植专业合作社理事长
　　王中来的故事

人物小传

王中来　男，汉族，1970 年 4 月生于陕西杨陵，中共党员。2010 年创办杨凌中来种植专业合作社，任理事长；2017 年起，担任杨凌职业农民创业创新园监事长。先后获 2012 年"科普惠农带头人"，2016 年"杨凌示范区科技示范推广先进个人"，2017 年"陕西果蔬种植状元"、"陕西省劳动模范"，2018 年"陕西省优秀农业科技特派员"等荣誉称号，并获 2013 年"神内基金农技推广奖"。中来合作社相继获评为 2014 年"陕西省农民合作社示范社"，2015 年"陕西省青年示范社"，2016 年陕西省"百强示范社"、陕西省"返乡创业十佳单位"。中国劳动关系学院 2018 级劳动模范本科班学员。

一　我的故乡是农耕文明发祥地

在轰轰烈烈的农业产业结构转型升级的大潮中，许多传统农民依靠自身敏锐的目光和吃苦耐劳的创业精神，在政府部门与农业专家的支持和帮助下，转型升级为高级职业农民和高级农技师，成为大棚种植产业的领头羊，我有幸成为其中一员。

我的家乡地处陕西关中平原西部，村名叫陵湾，因为地处中国历史上有名的皇帝——隋文帝杨坚的泰陵东南侧，故而得名"陵湾"。泰陵以南，东西走向，约十里地，我们当地人称之为"十里陵湾"。《杨陵区村落文化》记载：旧时"十里陵湾"西起新集村，东至上落兽村，长约五公里，古称"十里陵湾"。谚云"绛帐东望见隋陵，十里陵湾村连村"，即在此处，依次有陵东村、陵角村、陵湾村、陈张村、张中村、新集村、上落兽村、安驾村、王下村、西赵村、斜下村等十多个自然村。

如今管辖陵湾村的揉谷镇，历史更为悠久。听老人们讲，关于"揉谷"地名的由来，有两种说法：一是相传农业始祖后稷曾在此地"揉谷"，把谷粒揉出来看成色，从此，便有了"揉谷"的地名；二是相传汉武帝巡视路过此地，见地里的谷子长得好，便随手掐了一穗谷子，用手揉开，看看谷子颗粒的情况，故而此处被老百姓叫作揉谷，一直流传下来。

史书记载：后稷，姬姓，名弃，黄帝玄孙，帝喾嫡长子，周朝始祖，被尧举为"农师"，被舜命为后稷，掌管农业，后世称之为"稷王"或者"农神"。后稷教民耕种，被认为是开始种稷和麦的人。后稷的母亲名叫姜嫄，有邰氏之女，是帝喾的元妃。在陵湾村西南方向十多里之外，有村名曰姜嫄，村里建有姜嫄庙。每年正月二十三盛大的姜嫄庙会，已经被确定为陕西省非物质文化遗产。

2008 年之前，我是一名扶风农民。我们村属于宝鸡市扶风县揉谷乡管辖。这里属古邰国地，位于扶风县东南部，东接杨凌农科城，南跨渭河，距县城 23 公里，面积 40.9 平方公里，人口 3 万人。1961 年设公社，1984 年改乡。2008 年 8 月 14 日，国务院在《关于同意陕西省调整咸阳市与宝鸡市部分行政区划的批复》（国函〔2008〕77 号）文件中，同意将宝鸡市扶风县揉谷乡划归杨凌示范区下属的杨陵区管辖，12 月 26 日，揉谷乡正式划归杨陵区。2011 年，揉谷乡撤乡设镇。

我经常听我们村五组 88 岁高龄的王新民老叔讲述民国 18 年（1929年）关中大旱的悲惨往事。老人出生于那个尸横遍野、民不聊生的年月，难以忍受的饥饿和大人们几近绝望的目光，装满了老人的童年记忆。"就是在那种情况下，十里陵湾开始有人劫道。"老人说，十里陵湾是东西要道，常有人用牲口驮粮打此经过，饥民蜂拥抢夺。"没办法呀，都是为了活命。饥饿使人丧失理智，这话一点都没错。"在那年月，锅盔掉到牛粪上，一把抓起来照样往嘴里塞。为了填饱肚子，许多人拦路抢劫，从此，十里陵湾落下一个赖名声，"好过的八百里秦川，难过的十里陵湾"传遍关中道。

时光荏苒，90 年过去了，民国 18 年年馑成了为数不多的老人们的饥饿记忆，先人们为活命而劫道的往事成为年轻人的笑谈。如今的十里陵湾，发生了翻天覆地的变化，成为现代农业种植产业基地，十里陵湾农业休闲旅游长廊已经被政府纳入规划。在轰轰烈烈的农业产业结构转型升级的大潮中，许多传统农民依靠自身敏锐的目光和吃苦耐劳的创业精神，在政府部门与农业专家的支持和帮助下，转型升级为高级职业农民和高级农技师，成为大棚种植产业的领头羊，我有幸成为其中一员。然而，时光若是倒退 36 年，我充其量就是一个放牛娃。

祖父那一代人的事情我没有多少印象，父亲对我的影响给大家讲一讲。我的父亲名叫王志坚，早年当过兵，退伍后返乡务农，先后担任过大队农场场长和村组小队长。提起父亲大名，陵湾村上了年纪的人异口同声夸赞他是务庄稼的"好把式"。"提笼撒种，扬场折行，各样不挡"，这是陵湾人眼里衡量"好把式"的标准。王新民老人曾经对我说："你父亲就是这样的好把式！"

党的十一届三中全会召开之后，关中农村的政治氛围逐渐发生了变化，精明的父亲在家里悄悄养牛、养奶羊。1984 年，陵湾村农业社宣布解散，原来的"大锅饭"被打破，土地实行包产到户，身为农民的父亲兴奋得彻夜睡不着，懵懂少年的我还不能完全理解父亲当时的喜悦。也就是从那年开始，父亲的家庭养殖逐步扩大规模。除了牛和奶羊，父亲开始养马、养骡子。每天放学回家，我第一件事不是写作业，而是背起背篓，拿着镰刀，到路边、地头甚至渭河滩，给牛马割草。虽然不能像草原牧民那样，将牛和马赶出去放养，但我觉得，自己和放牛娃没什么两样，我喜欢干这样的活。其实我心里清楚，虽然包产到户，能吃饱肚子，但想要过上好日子，就得帮父亲"伺候"好家里的牲口，把它们养得膘肥体壮，牛生了小牛犊，马生了小马驹，到了冬季，拉到武功镇河滩会上，卖个好价。

有一天，我割了满满一背篓青草，背起来往家里赶。竹签编织的两个背篓背带勒进了我稚嫩的肩膀，走了不到几百米，两个肩头火辣辣地疼。回家途中路过渭惠渠上一座桥，我将背篓靠在桥的护栏上休息。十几分钟后，当我想再次背起背篓时，没想到两腿发软，使不上劲儿。就在我奋力站起的一瞬间，几十斤重的背篓好似千斤重担，将我往后拖去，刹那间，我失去平衡，满满一背篓草将我带入渭惠渠中。自西往东流淌的渭惠渠水并不深，顶多也就一米多，然而，失衡掉进渠里的我，两只胳膊还在背篓背带当中，我一边挣扎，一边大喊救命。挣扎的过程中，喝了好几口水。就在这紧急关头，同村的王荣社从此路过，发现险情，急忙跳入渠中，将我救起，还帮我捞起了背篓，满满的一背篓青草却被水冲走了。惊魂未定的我上岸后，对救我的王荣社说了一句让对方啼笑皆非的话——"瞎咧，晚上牛夜草不够吃咧！"

见义勇为的王荣社年龄比我年长五六岁，辈分却小一辈。听了我的话，王荣社咧开嘴笑着说："好我的碎爸哩，命差点都没了，还操心牛吃草？"多年过去了，每次提及此事，我就对家里人说："王荣社是咱的救命恩人，一辈子不能忘。他家里如果有困难，只要言语一声，咱就全力以赴，绝对没有二话。"

二　我曾经的梦想是跳出"农门"

那些年，我和许多农村人一样，十分向往城里人的生活。总想跳出"农门"，想通过自己的不懈努力，让城里人忘记我是一个农民，让村里人觉得我是一个城里人。可以说，这是我们那一代人的梦想，那些年起早贪黑的奋斗，除了生活所迫，更多的是想通过自己勤劳的双手实现这样的梦想。

从我们陵湾村往东北方向行走二十多公里，有一个关中道上非常有名的镇子，名为武功镇。二十世纪六十年代之前，武功县城坐落于此，后迁至普集镇，因此，老辈人也将武功镇称作"老武功县"。之所以有名，不仅是因为当年县城建于此，而且因为武功镇历史悠久。汉代名臣苏武墓坐落于此；建于唐、修于宋的报本寺塔也在此地；更久远的，莫过于后稷的"教稼台"。然而千百年来，最有名的，当属武功镇的河滩会。河叫漆水河。有关资料显示：漆水河，渭河支流，古称杜水、武亭水、中亭水，在陕西省中部偏西北，源出麟游县庙湾附近山丘，东流折南流，经麟游、永寿、乾县，至武功县入渭河。全河长 151 公里，集水面积 3824 平方公里，中游河段建有羊毛湾水库。

《麟游县志》记载：周人之路即夏末时，周代先祖不窋率族人由邰（今杨凌）出发，溯漆沮水（此水在麟游上游称杜水，下游称漆沮水，入乾县称好畤河，入武功称武亭川）而上，越梁山，至豳亭之路。后又沿此路入南山"取历取缎"，商武乙时又沿此南下迁周原。

清代陕西巡抚毕沅撰写的《关中胜迹图志》中记载：武亭水，在乾州西四十里。自麟游界来，又南流入武功界。通志："一名杜水，一名好畤水，即中亭川上之上流，《水经注》之'大横水'也。"毕沅所记载的武亭水，就是今天的漆水河。

漆水河从乾县境内的临平镇一路向南，流经武功县苏坊镇、武功镇，继而流入杨凌，从杨凌境内汇入渭河。在武功镇，漆水河由西向东，拐了一个弯儿。河东岸是塬，西岸是平坦肥沃的麦田。每年农历十一月初七至十七日，规模盛大的"武功镇河滩会"在武功镇漆水河西岸后稷教稼台前的河滩上隆重举行。河滩会，是老百姓通俗的叫法，全名即是武功县武功镇东河滩物资交流会，是人们为纪念后稷教民稼穑而举行的古会。每年这个时候，漆水河岸可谓人山人海，唱大戏，庆丰收，学习经验，交流物资。老人们说，河滩会起源于四千多年前，在武功、杨凌一带"教民稼穑，树艺五谷"的农神后稷，利用农闲时间，组织老百姓聚集于此，总结种植经验，交流种植心得。因此有人说，武功河滩会是历史悠久的"农交会"。

身为扶风农家少年的我，每年都要跟着父亲到武功镇逛河滩会。对于我来说，逛会是顺带的事情，我的主要任务是帮父亲看管家里养的猪仔、牛犊、马驹、羊羔。父亲则穿梭于熙熙攘攘的人流之中，不时停下来，与人交流几句，继而把手伸到对方衣襟下面，捏上半天。我知道，这是一种古老的讨价还价方式，叫"捏手"，之所以这样隐蔽，是为了不让第三者知道，这是关中农村集市上传统的讨价还价方式。

我赶来的猪仔、牛犊、羊羔能不能卖个好价，关键在于父亲与买家"捏手"，好价钱是"捏"出来的。也许是少年时代跟随父亲逛会赶集、买卖牲畜，看父亲"捏手"还价，对我耳濡目染，脑子里逐渐有了经营意识。后来创业，成立合作社，之所以在经营方面做得比较好，我想，大概就是少年时代父亲的身教言传。诚信经营，童叟无欺，这是父亲教给我的经营法宝。

二十世纪九十年代初期，二十岁出头的我和许许多多的农村青年一样，虽然读书不多，但总是梦想着有一天走出陵湾村，走出扶风县，到外面的世界闯荡一番。然而，梦想与实践之间的距离，需要足够的勇气来支撑、跨越。许多人守着老婆娃娃热炕头，只是在梦里咂巴着嘴想想而已，从不敢"越雷池半步"，只有极少数人不安于现状，背起行囊，告别爹娘，远离故乡，外出闯荡。我成了村里为数不多的背起行囊的人。

起初，我到过新疆，走州过县，收苹果种子，带回来出售，赚取差价。后来，我发现，收种子的人越来越多，于是就转变思路，将收来的种子加价卖给后来者。虽然没有带回来卖利润好，但节省了时间，提高了效率。二十世纪九十年代中期，陕西苹果种植面积逐年增加，苹果产量一年高过一年。我看到了其中的商机，和几个朋友一起往云南贩运陕西苹果。后来，贩运苹果的人多了，我又抽身回到陵湾村，在家里孵化鸡苗，卖鸡苗。再后来，卖鸡苗的人多了，我把杨陵陶瓷厂烧制的瓷器，小到碗碟，大到水缸，拉出去走乡串镇，最远卖到了秦岭深处的宝鸡市凤县。

不管是北上新疆还是南下云南，抑或开着农用三轮卖鸡苗、贩瓷器，在村里人看来，我的思维总是超前于周围的人。这是因为我爱思考，经常通过报纸、电视了解信息，一旦思想有所触动，就陷入一种思考状态，不了解我的人，以为我受了什么刺激，傻傻地发呆。其实不然，我总是在每一次发呆之后，会有新的、更大胆的举措。

在改革开放的大潮中，可以说我如鱼得水，面对日新月异的"社会大学"，我贪婪地汲取各种"营养"，来弥补自身学历上的缺憾。如果说要总结关中农民的优点，我认为有两大优点：一是勤劳朴实，二是坚韧不拔。

这两点在我的身上都有充分体现。那些年对我来说，起早贪黑是常态。父亲常挂在嘴边那句"勤俭才能持家"的家训我牢记于心，并且身体力行，落到实处。不管到什么地方，挣到多少钱，我始终保持着农民的本色，始终明白自己是从哪里来的，是个干啥的。干事创业的道路并非一帆风顺，许多人缺乏毅力，往往半途而废。我也走过弯路，也输过，但我不服输，身上有一股陕西楞娃的犟劲儿，那是不服输的劲儿。即便是输了，我也会在很短的时间里分析原因，调整思路，继续前行。

实干加巧干，使得我在陵湾村新一代农民当中迅速崭露头角，成为大家眼中的"能人"。经过十几年的打拼，我们一家人过上了好日子。进入新世纪，我又在全村人不解的目光中，拿出多年积蓄，买了一辆大巴车，农闲时间干起了旅游客运。那些年，我和许多农村人一样，十分向往城里人的生活。总想跳出"农门"，想通过自己的不懈努力，让城里人忘记我是一个农民，让村里人觉得我是一个城里人。可以说，这是我们那一代人的梦想，那些年起早贪黑的奋斗，除了生活所迫，更多的是想通过自己勤劳的双手实现这样的梦想。

三　打工多年后我返乡创业

杨凌示范区和杨陵区两级政府部门，对农业产业化的扶持力度越来越大，许多农民在政府扶持下，通过发展设施农业，走上了致富道路。了解到这些情况，我再也坐不住了，毅然决定辞职，返乡创业。

2008 年，我在宝鸡打工，从老家传来了一个让我非常振奋的消息：我们村子所在的揉谷乡，被划拨给了东边相邻的杨凌示范区。其实从地理位置上来说，我们村与杨凌连畦种地，赶集上会，村民们去杨凌街道比去扶风县城还要近。杨凌，对于关中农民来说，那可是大名鼎鼎，再熟悉不过了。因为当时的杨凌，是唯一一个国家级农业高新技术产业示范区，1997 年由国务院批准成立，由国家科技部和陕西省人民政府牵头，16 个部委（后来增加至 23 个）共同建设。作为距离杨凌很近的农民，我知道国家之所以在杨凌成立农业示范区，是因为杨凌有西北农林科技大学。1934 年，国民党元老于右任先生和杨虎城将军以及戴季陶等有识之士，为什么要在杨凌成立"国立西北农业高等专科学校"（西农前身）？那是因为杨凌是我国农耕文明的发祥地之一，史书记载，早在四千多年前，农业始祖后稷在这里"教民稼穑，树艺五谷"，就是教老百姓识别农作物，种植庄稼。1997 年，杨凌示范区成立之前，这里已经汇集了农林水牧等多个农业领域大大小小几十家教科研单位，农业科技工作者五千多人，因此，杨凌被我们陕西人称为"农科城"。

从 1997 年到 2008 年，杨凌示范区成立 11 年，"农科城"在省部共建体制的大力推动下，为我国干旱和半干旱地区农业发展作出了巨大贡献。杨凌自身发展和农民的生活水平也是芝麻开花节节高。作为邻居，我们扶风农民非常羡慕杨凌农民，在杨凌示范区统一部署下，农业专家进村入户，根据每个村子的产业特点，发展一村一品。不仅如此，杨凌农村的村容村貌也发生了翻天覆地的变化。我们村许多人经常议论，要是把咱们划归杨凌管该多好。没想到，这一梦想真的变成了现实。从 2008 年 8 月开始，我这个扶风农民正式成了杨凌农民。

说心里话，那段时间真的很激动。但是激动之余，我又陷入了沉思。大家都知道，农业要发展，必须规模化；要上规模，投资很大，周期长，见效慢，气候干扰，市场因素，都有可能导致投资失败。这也是许多农村年轻人宁愿外出打工，也不愿意返乡创业的主要原因。我当时也是犹豫不决，最后决定，先观察两年再看。就这样，那两年当中，我虽然在宝鸡给旅游公司开大巴，但是心里无时无刻不在关注杨凌的发展和变化。

到了 2010 年，杨凌示范区和杨陵区两级政府部门，对农业产业化的扶持力度越来越大，许多农民在政府扶持下，通过发展设施农业，走上了致富道路。了解到这些情况，我再也坐不住了，毅然决定辞职，返乡创业。

回到陵湾村，我决定成立农民专业合作社，发展设施农业。可是当我忙活了几天，愿意跟着我干的村民只有五户，能拿出来的土地面积也只有 30 亩。我知道，虽然国家有政策扶持，但是许多农民还是思想保守，不敢迈出关键的一步。当然，我也能理解他们，大家都是赢得起输不起。

创业初期，虽然人不多，土地面积少，但是这并不影响我们干事创业的激情。办完合作社成立手续后，我带领着五户社员，拿出家里 10 万元积蓄，又贷款 5 万元，起早贪黑，筹建 10 座蔬菜大棚。晚上为了看场地，我从家里抱了一床被褥，晚上睡在架子车上。那是 2010 年 11 月，关中的夜晚吹着西北风，非常冷。可是一想到第一茬大棚蔬菜春节就能上市，心里就充满了力量。

大棚建好之后，第一茬蔬菜栽培的是西红柿和黄瓜。春节期间，反季节的西红柿和黄瓜市场需求很大，价格也不错。我想，这第一炮肯定会打响。然而，事与愿违。由于不懂技术，我们种植的黄瓜和西红柿畸形太多，黄瓜弯成了圆圈，西红柿长成了歪瓜裂枣，商品率太差，别说高端市场，就是拉到传统的蔬菜批发市场也是无人问津。投资的二三十万元几乎都打了水漂。那一段时间，我的心情沮丧到了极点，愁得晚上睡不着，害得一家老小跟着我唉声叹气。而跟着我一起创业的五户社员，有人打起了退堂鼓。难道就这样认输吗？我不断地反问自己。不行，从哪跌倒，就应当从哪里爬起来！

经过一番艰难的反思，我认为，导致失败的主要原因，是因为咱不懂技术。身为杨凌"农科城"的农民，因为不懂技术赔了钱，这要是传出去多丢人啊！再也不能"灯下黑"了，不懂技术，咱可以去学呀。从那以后，我几乎每天都要去西北农林科技大学向专家教授虚心请教，学习蔬菜、西甜瓜的种植技术。同时，我积极参加农业部门组织的各种技术培训，再把学来的知识与实际操作结合起来，在培训学习中不断总结经验教训。

专家们都非常热情，比如西瓜专家张显教授、甜瓜专家杜军志教授、蔬菜专家张数学教授、植保专家时春喜教授、设施农业专家邹志荣教授等，他们在各自的领域都是大名鼎鼎的大教授。后来我经常想，杨凌的农业专家，可都是杨凌农民的"活财神"，有这样坚强的技术后盾，咱要是再干不成事，可就说不过去了。功夫不负有心人，在杨凌专家的细心指导下，从第二年开始，我们合作社逐渐步入正轨，走上了可持续发展的道路。我们种出来的蔬菜、西甜瓜，卖到了西安、宝鸡以及四川、甘肃等地。

除了西北农林科技大学的专家教授，在学习农业科技的过程中，有一个人对我的帮助和影响也非常大，他就是我的师傅，农业部劳动模范、高级职业农民马新世。马老师从事现代农业生产比较早，积累了丰富的实践经验。刚开始认识他，是经常到他的基地购买蔬菜苗，一来二去，逐渐熟悉。技术上有不懂的地方，我经常向他请教，马老师非常热情，总是耐心讲解，对自己的技术毫不保留，时间长了，我就喊他"师傅"，他也乐呵呵地默许了我这个"徒弟"。

四　如今的梦想是带领更多农民共同致富

我心里清楚：一个人富了不算富，带领大家共同致富才算富。

当看到我们的合作社越来越红火，那些最初我动员加入合作社的村民纷纷找我，要求加入合作社。在这种情况下，我没有把大家拒之门外，因为我心里清楚：一个人富了不算富，带领大家共同致富才算富。自己通过请教专家、培训学习，合作社的发展迈上正轨，还有更多的农户不懂技术，不了解市场，他们更需要掌握实用技术，这是近几年我思考得最多的问题。后来，我们与西北农林科技大学果蔬专家紧密结合，把合作社大棚当作教授的试验田，使研究成果与新技术迅速转化为生产力。

就这样，从 2010 年到 2017 年，我们的合作社从最初的 5 户社员、30 亩地，扩大到 152 户社员、800 多亩地。光是冷棚就有 420 座，双拱双膜新大棚 10 座。合作社的大棚不仅是专家的示范田，更是农民的聚宝盆。专家培育的每个新品种，我自己率先进行试验，效果得到认可后，才向社员和外界大面积推广，不让农户承担风险。2012 年以来，合作社引进西甜瓜系列 100 多个优良品种，推广面积 3 万多亩，推广区域遍布陕西、甘肃、河南、宁夏、新疆等地，经济效益超过 5000 万元。

如今，我们合作社的每个温室大棚里采用标准化管理，智能化育苗系

统、无土栽培的种植模式，降低了成本，解决了西瓜的连作障碍。我们不断总结、钻研，采用套种（葡萄和菜花）的栽培方式，使用水肥一体化的施肥方式，提高了肥料的利用率。智能化控制室内温度、湿度、光照指数等，大大减少了人力的消耗。我们的产品直接供给了985、211院校和世界500强企业。社员的年人均收入从最初的2000元增长到3万多元，真正实现了带动社员共同致富的最初梦想。

　　这一路走来，我始终认为，只有掌握了先进的农业生产技术，才能生产出优质的农产品；而农产品品质只要得到保障，就一定能够赢得市场、赢得消费者的认可，即便是短期内销售出现问题，那也是营销方式或者时间的问题。因此，我把我们的合作社打造成了"田间课堂"，成了西北农林科技大学城教学院和陕西省农广校的实训基地。迄今为止，合作社开展科技培训400多场次，实训职业农民和技术人员累计6000多人次。

　　近几年我们合作社通过与高校合作，已经形成了较为完善的"专家教授＋农民技术员＋田园使者"的技术服务体系，高校的教授、大学生不定期来到中来合作社开展科技培训、技术指导工作；教授有了新品种、新技术，就在合作社开展农业科技推广。中来合作社一方面积极接待外地参观团学习，另一方面做好推广工作，在安康、渭南等地开展基地建设和技术合作工作，形成了"杨凌基地培训＋技术员派驻外地基地"的示范推广模式。除了带动杨凌农民，我们合作社走出陕西发挥辐射带动作用，在河南、甘肃、云南等省份开展技术推广工作，为杨凌示范区现代农业的示范推广作出了重要贡献，为陕西乃至干旱半干旱地区现代农业的发展，提供了人才支撑。2018 年 2 月，我本人也因此被陕西省科技厅评为"陕西省优秀农业科技特派员"，我也成了杨凌"农科城"唯一获此殊荣的农民，与我同台领奖的陕西省优秀科技特派员都是专家教授。

五　作为职业农民代表被总理接见

"让农业插上翅膀，飞向全国，走向世界"，这是总理在杨凌视察时对农业创业者的嘱托。

"做给农民看，带着农民干，帮着农民赚。"这是 2016 年我和师傅马新世、高级职业农民魏群劳等几位合作伙伴总结的一句话。从 2016 年下半年开始，杨凌中来合作社与杨凌示范区其他 4 家合作社抱团发展，投资 8000 多万元，成立杨凌职业农民创业创新园，涉及社员 800 户，累计种植面积近 3000 亩。这其中的核心力量是我的中来种植专业合作社和我师傅的千玉合作社，以及魏群劳的绿香安果蔬专业合作社。我们成立的联合社，以"打造品牌、规模经营、共同发展、互利共赢"为宗旨，从"规范运作、示范带动、现代营销"三个方面着手，全面提升合作社的覆盖面和带动力，打造现代农业科技示范推广的新模式，引导和带领当地农民共同致富。

通过 7 年的不懈努力，我们合作社所取得的成绩得到了社会各界的充分认可。2013 年，中来合作社被陕西省农业厅认定为全省设施蔬菜模式创新先进单位，2014 年被陕西省农业厅认定为陕西省农民合作社示范社，2015 年荣获陕西省青年示范社荣誉称号，2016 年荣获陕西省百强示范社荣誉称号。

2012 年以来，我个人先后被财政部和科技部联合认定为科普惠农带头人，获得中华农业科教基金会神内基金农技推广奖，获评杨陵区支持总工会先进党政企领导干部、杨凌示范区科技示范推广先进个人荣誉称号，2017 年被农业科技报社评为"陕西果蔬种植状元"。我带领合作社不断创新、开拓市场的事迹，多次被媒体关注，央视《焦点访谈》、人民网、《陕西日报》、《农业科技报》、陕西电视台等媒体，对我带领农户共同致富的事迹都进行了报道。

最使我激动的是，2017 年 4 月 28 日，我被陕西省委、省政府授予"陕西省劳动模范"称号。当我身披劳模绶带，在陕西宾馆参加劳模表彰大会时，内心激动不已，感慨万千。这是党和政府对咱职业农民的充分肯定和大力支持。从西安颁奖回来没几天，我把省上发的一万元劳模奖金捐给了杨凌示范区慈善协会。我对慈善协会负责人说，现在我的日子比以前好多了，这笔奖金捐出来，希望能帮助那些更需要帮助的困难群众。

如果说当选劳模让我激动不已，那么作为杨凌职业农民代表，被李克强总理接见，则是我此生最难忘的经历之一。2017 年 7 月 10 日，李克强总理冒酷暑在杨凌视察。总理在杨凌职业农民创业创新园了解我们联合社的种植情况，鼓励我们不断创新，带动更多的农民通过科技种植迈上致富道路。考察结束时，总理与我们一一握手并合影留念。当时杨凌连日高温，汗水浸透了总理的衣服，与总理握手时，我激动得说不出话来。

"让农业插上翅膀，飞向全国，走向世界"，这是总理在杨凌视察时对农业创业者的嘱托。从 2017 年 8 月至今，平均每天有数百人前来合作社参观，并且先后有以色列、荷兰等 20 多个国家的农业专家、学员代表和国内数以万计的农民、农业专家、乡镇干部慕名前来参观学习。我们的果蔬种植技术和新品种吸引了越来越多的国际目光。

截至 2018 年 5 月，在杨凌新型职业农民的示范带动下，优良的西甜瓜品种从杨凌推广到了陕西、河南、山东等地，累计推广上万亩，每亩增收过千元。优良蔬菜品种推广 10 万余亩，亩均增产 20% ~ 30%。

作为改革开放后的一代农民，我是幸运的；作为新时期的职业农民，我将牢记总理的嘱托，加强自身学习，不断开拓创新，在实践中带领更多的农户学习，充分利用杨凌得天独厚的科教优势，进一步做大做强，用实际行动，回报政府和社会各界的支持。

在我们合作社办公室的墙上，有一幅书法作品，这是河南书法家张作龙来合作社参观时，现场即兴题写的："中国农民新一代，西北瓜王勤中来。田园运用高科技，四季无冬皆丰年。"许多来合作社参观的朋友说，这幅书法作品的内容，是对我所从事的现代农业科技推广事业的高度概括。虽然得到了社会各界的充分认可，身上挂满了荣誉的花环，但是对于我个人来说，带领更多农户，通过农业科技推广和创新致富，这是条漫长的路，仍然需要持久的毅力和坚持。

六 2018年，我有两个"没想到"

我清楚地记得，当天的新闻联播头条新闻是这样报道的：4月30日，中共中央总书记、国家主席、中央军委主席习近平给中国劳动关系学院劳模本科班学员回信，向他们并向全国所有劳动模范、全国广大劳动者致以节日的问候。

少年时代，天性贪玩，加之经常帮助家里饲养牲口，所以荒废了学业，高考落榜后回家跟着父亲务农。当时父亲不同意我放弃学业，坚持让我继续复读，来年再考，我没有听父亲的话。父亲苦口婆心，劝了我半天，那时的我就像是橡皮娃娃打针——没一点反应，气得父亲最后说：

"你娃可想好了，以后别后悔。"

那时候我的想法很简单：只要人勤快，肯吃苦，也一样能够出人头地。当然，那几年也是或多或少受到了社会上一些不正确的言论影响。那时候常听到别人说，搞导弹的不如卖茶叶蛋的；学好数理化，不如有个好爸爸。这些读书无用的不正确言论，让我也忽略了知识的重要性，因此放弃了复读，离开了学校。

后来不管是做小生意还是外出务工，我都饱尝了没有文化没有知识的苦头，但是，路是自己选择的，吃再多苦也得自己默默承受。

"劳模本科班"同学是我学习的榜样

2018 年对于我来说，是人生当中最为重要的一年，这一年我有两个"没想到"。第一个"没想到"是我这辈子还能到北京来上大学。2018 年 2 月，经过各级工会组织推荐，我来到北京，参加中国劳动关系学院劳模本科班社会工作专业脱产学习。当我把这一好消息告诉八十多岁的老母亲时，老人家怎么都不相信，她说："都快 50 岁的人了，还去北京上大学？"到北京入学后，我把和几名同学在中国劳动关系学院大门口的合影发给了妻子，妻子拿着手机给母亲看，老太太这才相信我上学的事是真的。

来北京之前，虽然此前在陕西获得了一些荣誉，但是到中国劳动关系学院之后，和同班的同学相比，我的那点成绩真是不足挂齿。我们劳模本科班真的是卧虎藏龙，同学们才是真正的行业骄子、大国工匠、时代楷模，所以我十分珍惜这来之不易的学习机会。在认真学习专业知识之余，我的最大收获就是结识了一批各行各业的全国劳模和全国五一劳动奖章获得者。每位同学的光辉事迹，都是我的学习内容，他们每个人，都是我学习的榜样！

离我最近的榜样，就是与我同宿舍的王建清。这位比我小一岁，看似其貌不扬的湖北汉子，却是一位名副其实的大国工匠。他是东风商用车有限公司总装配厂调检一车间"王涛班"班长。1990 年 3 月当兵入伍，1991 年加入中国共产党，1993 年复员后被分配到东风汽车公司总装配厂从事汽车调整工，25 年里从普通员工成长为高级技师、东风汽车公司高技能专家，享受国务院特殊津贴，被誉为商用车汽车故障诊断的"全科大夫"。他是2010 年十堰市劳动模范，湖北省五一劳动奖章获得者，2012 年湖北省劳动模范，2014 年全国五一劳动奖章获得者，2015 年全国劳动模范，2016 年湖北省学雷锋职业道德标兵，2017 年中国汽车工业十大工匠，并在 2018 年当选为第十三届全国人大代表。

王建清身上随便一个光环，都十分炫目。但是我知道，这些光环背后是他几十年如一日地默默付出。他与我有两点是相同的，一是我们都来自农村，是农民的儿子；二是我们都不是科班出身，都是在实践中不断摸索前进的。入学一学期来，我与王建清朝夕相处，他身上那股子顽强好学的拼搏精神以及他对党忠诚、乐于奉献的家国情怀，无时不在激励着我，影响着我。学习的目的就是更好地发展，未来的学习过程中，我将努力克服学习与生产之间的矛盾，把学来的新理念、新观点带回去，与合作社实际相结合，带领社员搞好生产，进一步扩大示范效应，把杨凌的农业科技推广到更多地方，让更多农民利用科技实现致富。

家人的支持是我前行的动力

说到这里，我得感谢一个人，一个我生命当中最重要的人，她就是我的妻子张红丽。这些年一路走来，异常艰辛，都是妻子在背后默默无闻地支持着我。特别是每一次重大抉择，都是妻子给了我勇往直前的力量。自从嫁给了我，给我生了一双儿女，跟着我起早贪黑，可以说，没好好享受过生活。即便是近几年，日子越来越好了，她操的心却越来越多了：既要操心女儿和儿子的工作，又要照顾我八十二岁的老娘，还要经管合作社里里外外的杂事。

记得父亲临终前，在西安、杨凌反复住院治疗，那时我在外面开大巴，顾不上回家，妻子在医院守着患病的老父亲，伺候得无微不至。无论是亲戚朋友还是街坊邻里，都给妻子竖起了大拇指。她对家庭的奉献，为我解除了后顾之忧。

当然，这一次能到北京上学，也离不开妻子的大力支持。记得我第一时间把上学的事情告诉她时，她沉默了一会儿之后说，去吧，年轻时没好好念书，吃了不少亏，现在有了这么好的学习机会，千万不能错过，有些人想去学习，还没有这个机会呢。我知道，妻子表面上显得很轻松，其实内心也很矛盾，因为我到北京上学，家里和合作社一大堆事情都撂给了她，她得承受前所未有的压力。但她还是选择了支持我、鼓励我，一如既往多少次的重大决定。

我这个人性子直，有时候也很倔强，这样的脾气让妻子受了不少委屈。但是碍于大男子主义的面子，从来没有给妻子道过歉、认过错。刚返乡创业那几年，由于缺乏技术，种植的蔬菜产量低，品质难以提高，急脾气的我无意当中言语伤人，都是妻子在后面帮我打圆场。如今回到我们陵湾村，村里人都说，王中来能有今天的收获，张红丽功不可没。村里人说得没错，我的"军功章"绝对有妻子的一半。

2018年到北京上大学，原本不太爱说话的妻子，竟然把合作社管理得井井有条，而且还接待了前来考察的20多个国家的外宾。杨凌的朋友发微信告诉我，张红丽现在厉害了，接待考察团，比你讲得都好。我听了心里美滋滋的，犹如三伏天吃了自家大棚里种的西瓜。在妻子的影响下，两个孩子也非常支持我的工作。2018年端午节放假回家，在西安工作的女儿得知我从北京回来，放弃了和朋友出游的机会，专门赶了回来，亲手给我们做了一顿饭。妻子说，女儿长大了，炖的排骨汤，比大饭店的都好喝。

老话说得好，家有一老是一宝。年过八旬的老母亲身子还很硬朗，辛苦了一辈子，闲不住，经常到合作社的大棚里来，干一些力所能及的事情。有人劝我，别让老母亲来了，万一累坏了怎么办？其实我心里明白，母亲干活是次要的，她主要的目的是，儿子在时守着儿子，儿子不在时，替儿子守着家业。

有时候我经常想，如果没有家里人的大力支持，恐怕我也坚持不到今天，更当不了劳动模范。所以说，亲人们的鼓励和支持，是我前进路上的动力之源。

总书记回信让我备受鼓舞

2018年，我的第二个"没想到"是习近平总书记给我们中国劳动关系学院劳模本科班学员的回信。4月30日那天，当我读了老师发来的总书记回信内容时，我心潮澎湃，激动得眼泪都快流出来了，对于新时代一位基层的职业农民来说，这是巨大的鼓舞。

我清楚地记得，当天的新闻联播头条新闻是这样报道的：4月30日，中共中央总书记、国家主席、中央军委主席习近平给中国劳动关系学院劳模本科班学员回信，向他们并向全国所有劳动模范、全国广大劳动者致以节日的问候。习近平总书记在回信中指出，你们为党和国家事业发展作出了突出贡献，被评为劳动模范，如今又在读书深造，这是对大家辛勤劳动、无私奉献的褒奖，也是党和国家对劳动者的关怀。

总书记在回信中还有一段话，我记得非常清楚："社会主义是干出来的，新时代也是干出来的。希望你们珍惜荣誉、努力学习，在各自岗位上继续拼搏、再创佳绩，用你们的干劲、闯劲、钻劲鼓舞更多的人，激励广大劳动群众争做新时代的奋斗者。"回信以后，学校组织大家认真学习贯彻总书记给劳模本科班学员回信精神，大家在一起谈心得，讲体会，再一次让我获益良多。在学习的过程中，结合自己的实际情况，我在想，一个人懂技术，一个家庭有希望；一群人懂技术，一个地方有希望；一代人懂技术，一个民族就有希望。

改革开放 40 年来，我们农民的生活发生了翻天覆地的变化，腰包越来越鼓，生活水平越来越高。这些变化是党的好政策带来的，是党和政府把我从一名传统农民培养成了一名高级职业农民，又把"劳动模范"这一神圣而又光荣的荣誉给了我。在我的成长过程中，环境在变化，生活在变化，但是我的身份从来没有改变，我为自己成为新时代的职业农民而感到自豪和骄傲。

作为一名来自农村基层的劳动模范，我要倍加珍惜这来之不易的学习机会，学习新知识，增添新动能；作为一名共产党员，我将不忘初心，牢记使命，把学到的新理念和新知识运用到生产实践当中，充分利用好杨凌的农业科技优势，做好基层农业科技示范推广，在以往的基础上，加大农业科技的培训力度，帮助更多的农民通过学科技用科技实现致富梦，以实际行动回报习近平总书记对我们劳模班学员的殷切希望。

致敬词

他，一位敢闯荡的关中农民，勤劳朴实、坚韧不拔；他，在摸索中前行，成立专业合作社，引进果蔬新品种；他，爱农业、懂技术、善经营，是返乡创业的典型；他，诚心以大学教授为师，潜心学习农业科技，终成新时代的职业农民；他，致富不忘乡邻，在实践中带领更多农户，在希望的田野上耕耘。他说，要牢记职业农民的历史使命，"一个人懂技术，一个家庭有希望；一群人懂技术，一个地方有希望；一代人懂技术，一个民族就有希望"。

致敬——陕西省杨凌示范区中来种植专业合作社理事长王中来！

生命之源的守护者

——吉林省双辽市自来水公司管道班班长王子龙的故事

人物小传

王子龙 男，汉族，1981 年 2 月生于吉林省双辽县王奔镇仕家村六屯。2001 年参加工作，为吉林省双辽市自来水公司管道工人，自此始终坚守在供水管道安装与维修第一线。先后获"双辽市城建系统优秀职工"（7 次）、2014 年"吉林省劳动模范"、2015 年"全国劳动模范"、2018 年"四平市十大杰出青年"等荣誉称号，并获 2018 年"吉林省五四青年奖章"。2016 年当选双辽市第十八届人大代表、人大常委会委员；2017 年当选吉林省第十二届青联委员，四平市总工会第五次代表大会代表，四平市青年联合会第七届委员会常委、副主席；2018 年当选为吉林省第十三届人民代表大会代表。中国劳动关系学院 2018 级劳动模范本科班学员。

一 我的少年经历

李坊老师把我一周在学校的表现通过书信的方式让我传达给爸爸，爸爸把我在家的学习情况也通过书信再转达给老师。这样经过一学期，我的成绩有了很大的起色，从最初的班级第 68 名提升到第 9 名。

我的名字是爷爷给起的，爷爷 1924 年出生，1971 年入党，1964 年至 1976 年在农村当生产队长，经历过从战争到和平的过渡时期。小时候我问爷爷为啥给我起名叫王子龙，爷爷说希望我孙子像三国里的赵子龙一样，战在沙场永不言败，无论在生活中还是在工作中，都做一个攻坚克难、永不言败的常胜将军。

从我记事的时候就在爷爷奶奶家，那时候爷爷奶奶家人口特别多。六岁的时候看到别的小伙伴们都去上学了，我也嚷着让妈妈带我去上学，妈妈为了更好地照顾这个大家庭，同意让六岁的我到学校适应一段时间，就把我送到了仕家村小学，刚上学的时候能和很多同学在一起玩儿特别的高兴。小时候的我，个子矮矮的、瘦瘦的，在学校班级站队总排在第一个，走到哪里后面的同学们都跟着到哪里，那感觉特别的带劲、特别的自豪。东北的农村冬天特别冷，尤其是在二十世纪八十年代末期的时候，大家都穿大棉袄、大棉裤，手都不能长时间放在外面，所以班里需要生炉子取暖，值日生要早去先引炉子，赶上顺风的天气炉子就好烧，像开火车一样"呼呼、呼呼"的。如果赶上戗风的天气那就受罪了，烟不从烟筒冒烟不说，还要往回戗烟，那班里就宛如仙境一般。

记得那时候爸爸给学校送了两袋玉米棒子，我还当上了班长，其实那时候我学习也还算可以的，对得起班长的称号。到了二年级的时候，同村的孩子有两个到县里上学去了，爸爸妈妈为了让我能受到更好的教育，就把我送到了当时大家认为还不错的双辽县的第三小学。到县城里读书可不像在我们农村，我在村里的小学算是好学生，可是到县里以后才发现我的学习水平在班里只能算个中等生。刚从农村出来的我来到这里，感觉处处都是新鲜、好玩的东西，对所有事都充满了好奇，一会儿看看这儿，一会儿玩玩那儿，很难塌下心来学习。同学的自动铅笔、带卡通图的双肩书包、变形小人玩具对我来说都充满了诱惑。这些东西在村里从来都没见过，由于被这些东西吸引，放松了学习，我的成绩一落千丈，以至到小学毕业的时候我已经从原来的中等生下滑到班级的最后几名了。爸爸妈妈看我这样的学习成绩放心不下，为了能督促我学习举家搬到城里，为了我有更好的发展，初中时又把我从双辽三中转到四中。

当时我们班主任是教我们生物的一个男老师，名字叫李坊。我们那个年代生物课属于副科，可学可不学的那种，而且我对这个老师的第一印象也不是很好，个子高高、瘦瘦的，还有点秃顶，虽说年龄不大但看着像个小老头儿，可就是跟这个其貌不扬看似小老头儿的班主任半学期之后，我的学习发生了逆转。老师不仅亲自监督我的学习，两次家访，还和我爸爸达成协议，每周一沟通，老师把我一周在学校的表现通过书信的方式让我传达给爸爸，爸爸把我在家的学习情况也通过书信再转达给班主任。这样经过一学期，我的成绩有了很大的起色，从最初的班级第68名提升到第9名，当妈妈得知我的成绩时，留下了欣喜的泪水。天下所有的父母都望子成龙、盼女成凤。看到这样的成绩，我们全家都非常感激班主任李坊老师，也是通过这一学期的接触，奠定了我和李坊老师日后的感情基础和哥们儿情义，李坊老师成了我一生的良师益友。李老师因为表现突出，在我上初二的时候，他被教育局调到局招生办工作。这个引领我蜕变的老师成了我生命中指引方向的人，生活中或是工作中无论遇到什么问题，我第一个想到的还是李老师。可天有不测风云，李坊老师当选双辽市教育局招生办主任第二年，就被确诊为肺癌晚期。一个优秀的老师、教育界精英就这样被剥夺了生的机会。李坊老师去世的时候很多同学都去为他送行，希望李坊老师一路走好。我和李老师虽然是因为师生而结缘，但在心里我早就把李老师当成了哥哥，他不仅教我很多人生道理，更让我学会了在逆境中如何前行，我会一直记住这位似兄长的老师，时时鞭策自己，无论是工作还是生活都要有责任有担当。

二　踏上工作之路

我满怀欣喜乐颠颠地跑过去一看，心里想"什么破工具啊"，就是一把铁镐和一把尖锹。我拿起我的工具和工友们踏上了去往工地的路。殊不这两样看似普通的工具在后来的工作中成了我最亲密的"伙伴",现已18个年头了。

由于李坊老师工作调离,我的学习成绩又一落千丈,到初三中考的时候,我已经不具备考高中的实力,只好选择中专,考入我们当地的卫生职业技术学校检验专业,经过两年的学习期满我被自来水公司招到旗下,成为自来水公司的一名员工。当时我是被自来水公司检验科化验室招进来的,新上班的员工都要到基层一线锻炼一段时间,可我这一锻炼就是18年,当时负责自来水工程的孙海民队长看我年轻聪明能干,就直接把我留到了管道队。在十余年的工作中,我把农民的勤劳、善良用在一名普通工人的工作中,以一颗拳拳的爱岗敬业之心,刻苦钻研业务,以娴熟的技术、热忱的服务,赢得了单位领导和广大用户的信任和赞誉。

参加工作后的第一次工程

至今我仍清楚地记得来到自来水公司工作后参加的第一次工程,那是上班的第三天。伴着刚参加工作的喜悦,我早早地就穿上工作服来到单位,同事们都还没到,我到水房打来两壶开水放到工程桌上,拿起笤帚开始打扫卫生。8点多一点的时候同事们都陆续上班了,由于刚上班有的同事还不认识我,但是我有个特点"自来熟",不认识的人我也和他们主动打招呼,总是笑脸相迎,因为这样乐观的性格,同事们都很喜欢我,愿意和我说话,年龄大点儿的同事还把我叫到身边和我唠家常。因为这样的工作氛围,我从心里就特别开心,突然喜欢上了这里。这时候我们管道队队长孙海民来到工程队,把我正式给管道队的同事们介绍了一遍,然后我被分到管道队一班,班长叫尚志刚。

第一眼看到我的班长的时候,感觉很不起眼的一个人:个子比我高点,有点驼背,瘦瘦的、黑黑的,但听说他的业务水平是一流的,为人处事也很好。我还是对班长充满了好奇,后来才知道他在我们城建系统连续五年被评为先进职工。当时的我就有一种想超越他的想法,他为什么能连续五年被评为先进职工,我一定要努力工作超越他,也就是从那一刻起我这种"冲劲"诞生。正想着时,这时候突然听到有人喊我的名字,"王子龙过来领工具了"。我一看是我这个班长叫我,"哦,来了",我满怀欣喜乐颠颠地跑过去一看，心里想"什么破工具啊"，就是一把铁镐和一把尖锹。我拿起我的工具和工友们踏上了去往工地的路。殊不知这两样看似普通的工具在后来的工作中成了我最亲密的"伙伴"，现已18个年头了。也就是这个黑黑瘦瘦的人后来成了我的师傅，因为他的引领和自己的不懈努力，我先后7次被双辽市城建系统评为优秀职工。

第一次体会到为人民服务

"为人民服务"这几个字对于刚参加工作的我来说只是停留于字面的意思，根本体会不到内在的含义，但通过这次工程我真正体会到了一个水务工作者身上的责任和使命。

2001年6月28日，当我和班组成员第一次来到工地的时候，了解到我们是帮助280户平房居民解决用水问题，这个地方在我们双辽市北部，地下水水质不好，含氟超标，很多人喝水喝得牙都是黄的，身体健康受到严重威胁，所以自来水公司免费为百姓解决用水问题。也就是在这个工程上我了解了自来水施工的流程，走访百姓、查看路线、绘制图纸、计算用料等。

那时候还没有挖沟机，挖沟都需要人工挖掘。由于东北特殊的地理位置，冬天特别冷，所有自来水管道必须要在冻层以下，东北的冻层在1.3米深，最厚的冻层能达到1.6米，所以为了供水安全，防止管道被冻裂，我们供水管道最低深度要在1.8米深以下。刚刚听到我们队长说供水主管道是110mm的，那么供水管道坑还要更深。我的天啊！我身高都不够1.7米。这时候技术员开始分段，每人10米。同事们都紧张地工作起来，镐抡、锹挖，忙得不亦乐乎，而我因为第一次接触这样的工作，都不知道从哪下手，模仿同事们的动作，我刨起来，但不知道是我力气不够还是方法不对，刨也刨不动，挖也挖不动。看着身边的同事一个一个都已经接近尾声了，我开始着急了，真是"叫天天不应、叫地地不灵"啊。

这时候在远处，我看到一个熟悉的身影向我这边走过来，是我爸爸，我爸爸来工地看我了。看到爸爸的那一瞬间，我有一种说不出来的委屈，眼泪在眼眶里打转，但不想让爸爸看到我的脆弱，我努力抬起头不让眼泪流下来，爸爸说："万事开头难，别着急，慢慢来，一切都会好的。"爸爸的身体非常硬朗，这可能和他长期干农活有直接关系吧，他把我的铁锹接过去告诉我怎么挖。一个多小时的时间，在爸爸的帮助下，我把有生以来第一次这么重的工作干完了，爸爸拍拍我的肩膀说："儿子，干什么工作都需要技术，包括挖这个小小的管道坑也是需要技巧的，沙层怎么挖、黏泥层怎么挖，以后在工作中要多看、多想、多钻研。"

我是最后一个挖完了管道工作坑的，对于很要强的我来说，心里有一种失落的感觉。这时候开始往管道工作坑里下管道，我干在前面和老师傅们学习安装技术，段管道、量尺寸、看图、作图，经过三天的工作虽然还是看不懂，但是多少也学到一点点。这段工程结束了，同事们都已经收工了，我自己一个人坐在都已经填平的工程场地上，思忖着：一定要刻苦钻研管道安装技术，多看、多想、多钻研。那时候，我就把我的班长尚志刚在内心当成了榜样和目标，暗暗下决心，我一定要超越这个榜样和目标，还有他那五年的"城建系统优秀职工"荣誉。

三　得到师傅认可

班长拍拍我的肩膀说："好样的，有点我刚上班时候的傻劲儿，以后我就带着你干了。"在我们单位说"带着干"，就意味着同意收徒弟了。就这样，我们班长成了我的师傅。

若想从一个刚刚步入社会稚气未脱的小菜鸟变成一个工作中游刃有余的雄鹰，一定要有一个领路人带其入门，所以有一个好的师傅开启职业生涯的大门是十分重要的。

我的班长尚志刚也是我的师傅，后来经过一段交往才知道他大我9岁。他是我们双辽市职业技术学校车工毕业，对我们自来水管道20铁管到63铁管，车管头一个保一个，合格率百分之百。我们班长还是一个乐于助人的人，单位同事谁有啥事他都会去帮助，但是脾气特别暴躁，那时候我以为会技术的人脾气都不好吧。班长工作起来像疯子一样，可以说真的是快、准、狠，单位的同事们都叫他"尚疯子"。为了不影响居民用水，我们自来水抢修工作就需要这样的速度，必须顶压施工。

我和师傅的第一次合作

2001年的8月，那是个炎炎烈日的午后，在双辽商城小区一楼有一居民私自挖下水排污井，我们的供水管道和排水管道很近，居民不知道管路走向，在施工过程中挖断了供水管道和排水管道，这样一来自来水和污水都混到一起，粪便、污水淌了一沟，臭气冲天，别说干活，站在沟边都已让人窒息。我们两人只带了一条水叉裤，班长说，子龙你穿上水叉裤咱俩一起下去。下面全是臭水和粪便，别说不穿水叉裤，就是穿上我内心也是抗拒的，看着都想吐。正在我愣神的时候班长已经跳下去了，粪便、臭水已经过了膝盖。

看到他未做任何防护措施地跳下粪水里，我也硬着头皮慢慢地下了臭水沟。这种味道真是让人作呕，可是当我看到班长在臭水中有条不紊地施工的时候，我对他产生了由衷的敬佩之情。他的脸上、胸前都已经挂满了粪水等脏物，我赶紧上去帮忙，大约用了一个小时才把漏点修上。班长首先把我托上来，然后自己才上来，我俩累得瘫软在沟边，互相看了看对方，情不自禁地都笑了。看看修好的管道，再看看对面像个泥人一样的师傅，我的心里美滋滋的，连难闻的恶臭味道都变得不那么强烈了。班长拍拍我的肩膀说："好样的，有点我刚上班时候的傻劲儿，以后我就带着你干了。"在我们单位说"带着干"，就意味着同意收徒弟了。就这样，我们班长成了我的师傅。

我俩收拾好工具回到单位。这家的居民看到我和师傅的工作场景，还给公司写来了感谢信。此事让年轻的我感触颇深，虽然从事的工作很苦、很脏、很累，却能带来认可，赢得赞赏，这就是我从事这一职业的成就感，一种自豪感和幸福感从心底油然而生。

绰号"王着急"的由来

我还有一个绰号，叫"王着急"，就是管道出了问题我比谁都着急；居民和用户有求，我比谁都着急；工作完不成，我比谁都着急。在工作中，我的确是一个不折不扣的急性子，无论是工程施工，还是为百姓维修。在施工过程中我们需要的管件、工具等都由单位材料科统一配送，有时路况不好，材料车不能在定好的时间内赶到施工现场时，我就会特别着急，五分钟给材料科科长打一次电话，给材料科工程车司机打一次电话，三遍五遍地打。因为我们在挖沟，地下施工维修的时间长了，工作坑容易塌方，影响工程进度。就这样一来二去的，材料科的工友们就给我起个绰号叫"王着急",单位同事和相关兄弟单位,如天然气公司、供暖公司的工友们,我们也总在一起施工,都知道我这个"王着急"的绰号了,慢慢地就叫开了。

有时候去百姓家维修,我都会要求我的班组成员比单位规定时间早到半小时或者一个小时,工友们有很多不理解我、埋怨我。家里供水管道漏水了,百姓是最着急的,有时候我们要换位思考问题,如果漏水的是我们自己家会怎么想,我们早到一点儿用水老百姓就少受一点损失。慢慢地时间久了,工友们看到维修完后用户对我们的认可,也就都理解我支持我了。我们班组的工友们也把我这个"王着急"外号叫火了,班组成员们也总说"谁着急都没有我们班长着急",有时候开玩笑地叫我"着急着急不如王着急,王着急比谁都着急"。就这样,时间久了,公司同事和广大居民就把我这个绰号叫开了。其实,我自己感觉急性子不是啥坏事,真能提高工作效率,但一定要在保证安全的情况下"急中求稳"。

十几年来,我以锲而不舍的精神、脚踏实地的干劲,由一名普通的管道工慢慢地成长为一名管道队骨干,直至现在的管道班班长。工作职位虽然发生了变化,可我为用户服务的态度始终没有改变,以岗为荣、以苦为乐,实现自身价值、自我奉献的精神没有变,自始至终都坚持战斗在管道维修和安装的第一线,我热爱管道维修和安装工作。为了更好地工作,我经常奔波于市里的大街小巷,细心地翻阅公司的管网资料进行核实,更全面掌握市里管网的分布及走向，为维修工作奠定了坚实的基础。

四　我与管道的不解之缘

老大爷和我说："小伙子，辛苦了，这么晚麻烦你一趟，咱爷俩喝点。"多么朴实亲切的话语，我感觉像在家里一样，心里有种酸酸的感觉。

我的工作简单、平实，虽然很脏、很累，但是每一次的工作能为百姓解决燃眉之急，这也是我与管道结缘，热爱管道工作的真实感受。

雨夜带病抢修漏点

上班工作一段时间后，我就和管道结下了不解之缘。慢慢地，我总是用自己的生活感受，替别人着想"缺水的日子没法过"，做事也会换位思考，并把它作为努力工作的动力。同时，我还以高超的技术和优质的服务赢得了广大用户的信赖。2009 年 7 月的一天晚上 9 点多钟，天上下着大雨，一位 60 多岁的大娘急急忙忙地跑到我家，说家中管道断裂，房屋里的地面已经塌陷，房屋会有倒塌的危险，想求我帮忙。我当时正患重感冒，刚刚打完点滴迷迷糊糊的，可我二话没说，拿起家里的备用维修工具就走。

当来到用户家的时候，眼前的景象让我吃惊，她家是非常简陋的两间土瓦房，房子框架都是土制的，房盖用的是白瓦。进到屋里一看，地上已经全是积水，又赶上下雨天，屋里供水管还漏，真是祸不单行。在来的路上，我全身几乎湿透，因为着急也没顾上穿水叉裤就直接下水了。我蹚着水找漏点，一边往外淘水，一边挖坑，干得热火朝天。功夫不负有心人，经过一个多小时，漏点终于被我发现了，原来是铁管由于年久失修已经烂了，我拿来胶皮、铁卡子迅速对漏点进行修补，等处理完已是夜里 12 点多了。大娘看我浑身都湿透了，感动得流下了热泪，说累了半宿，执意要做饭让我留下吃点东西。我和大娘说："这都是我们应该做的。"

工地上的动物"仇家"

这是发生在东风村家属房改供水管线时候的一个小故事。东风村在我们双辽市的北部，由于村里人口越来越多，以前安装的供水管线供水不能维持现有居民用水，所以得安装一套新的供水管线。东风村有很多养殖户，他们有的养猪，有的养鹅，还有的养牛和羊，给我印象最深的就是村里老李头家养的18只小尾寒羊。我们在东风村西南侧施工，老李头基本上每天放羊都要在我们工地路过。我们在施工过程中，测量完工作沟的走向需要用白灰放线，这样钩机工作起来才更精准。这天刚放完白灰线，测量尺还没有撤，老李头就赶着他家那18头羊又过来了，领头的是一只威武的大公羊，昂首阔步地就奔我们的测量仪器过去了。如果弄倒了，机器摔坏就会损失几千块钱，我快速跑过去双手猛地拽到大公羊两条腿，一下就把它拉倒在地上，也不知道当时哪来的那股劲儿，就这样避免了测量仪器受损，可却和这只大公羊结下了梁子。当时的大公羊没有防备，被我一下拉倒，起来以后就奔我冲过来，吓得我拿起一把尖锹和它周旋起来，还好老李头和工友们赶到，把大公羊赶跑了。这个老李头还怪我打他家的羊，我气得说不打你家羊你就得拿几千块修我们的测量仪，老李头听完还要和我理论，被同事们劝开了，一赌气赶着他家的羊走了。我们刚画的标线也被羊群糟蹋得看不清了，只能重新测量重新画标线。

到了第二天上午，我正在工作坑上紧阀门螺栓，远远地就看到老李头赶着羊群又过来了，我心想今天不用画线没有测量仪器，都是管件不怕羊群踩了。刚紧完螺栓，老李头赶着羊就到我跟前。昨天被我拉倒的那只大公羊，低着头飞速地向我冲过来，我连滚带爬地跳到单位的工程车上，看来这只大公羊是来找我报仇来了。以前只知道人记仇，今天还头一次看到羊也记仇啊。这只大公羊在工程车下面瞪着大眼睛看着我，转来转去大口大口地喘着气，我感觉他在想"算你跑得快，让你昨天摔我"。

看着老李头站在不远处露出得意的笑容，说实话当时我真想下去给这老头子一电炮。正想着呢，突然听到工友们也都在笑我，我仔细一看，这只老公羊谁也不顶，就是围着工程车想方设法地要顶我。就这样，我和这只大公羊结下了仇，我们在这里施工13天，只要这只大公羊路过我们工地，它都会在离我们不远处先巡视一番，看到我在就没商量地直接奔我过来。有一次，我躲到工程车里观察它，它来到工地四周环顾一圈，没有发现我就低着头走开了。这就是工作中的小插曲，"大公羊也是一个性情中羊，有仇必报啊"。

大年三十抢修漏点

　　2006 年的除夕之夜，灯火通明，正是家人团聚的时刻，市里环城南路直径 300 的主管道突然爆裂，我们班组接到抢修通知第一时间赶到维修现场。东北的冬天出奇的冷，在滴水成冰的寒冬腊月里，地面的冻层已经高达 1.2 米，别说用人挖，就是钩机上破碎头都需要三四个小时才能把冻层打过。我领着工人们战斗在第一线，工人们找漏点，水溅在身上，就是一层冰，在夜里施工，光线暗，就更不容易了，我带头顶着凛冽的寒风，蹚着刺骨的冰水，奋战在抢修第一线。

经过四个多小时的连续奋战，施工地面冻层终于刨开了，我们和钩机共同努力，管道漏点终于浮出水面，原来是接口裂开了，必须要断管道安装两个铸铁接轮。当我拿起液压锯的时候，它根本没有反应。由于天气太冷，液压锯根本无法工作，我们只能用手工刀锯慢慢地把管道断开。时而趴在管道上，时而蹲在管道下，有时候甚至还要躺在管道底下；手上的手套已经湿透了，和刀锯一接触就会粘在一起，只能连同刀锯一起放到冰冷刺骨的水里，手套才能和刀锯分开。经过8个小时的奋力抢修，漏点终于被修好了。

　　当我从近3米深的工作坑里面爬到地面时，全身都已经湿透，坐在工作坑上，寒风吹到我的脸上才感觉到冷，当我想站起来的时候，已经动不了了。东北的冬天，气温会低至零下四十度，那天不算很冷，但是也有零下二十七八度。仅仅几分钟的时间，我的衣服已经被冻成铁皮一样，刚刚脱下的水叉裤也直挺挺地躺在身边。过往群众都围过来，无不为之动容。有好几个热情的百姓，要拉着我到家里洗脸暖和一会儿，被我婉言谢绝了。有个大姐提着一壶热水跑过来，对我说："小老弟赶紧喝点热乎水暖暖身子，你们管道工人真的太辛苦了，确实了不起。"听到这样的话，我身上所有的疲惫一扫而光，心里暖暖的。

平凡的工作也能有大作为

　　群众利益无小事儿，有一件事儿我记得非常清楚，也是工作中让我非常感动的事情。2013年11月3日的晚上10点40分（为什么时间我记得这么清楚呢？因为我岳父当时在住院，我在医院照顾他，正好这个时间吊瓶打完了），我接到了一位居民打来的电话，说他家住在玻璃厂家属楼，卫生间里自来水管道漏水了而且水声特别大，让我抓紧时间去给修理。

　　这位老百姓的语气非常强硬，按理说他们这个小区已经交付物业管理维修了，已不属于我的管辖范围内。可是，我想我既然是自来水管道维修人员，不管是不是我的管辖，我都应该去看看帮忙解决困难；而且还是在这么晚的时候，找别的维修人员可能会拖到第二天。我告诉他说别急，我马上就过去。安顿好岳父之后，我骑上电瓶车飞速地赶过去。当我到达用户家里的时候，发现屋里面已经全是积水，而这家房主是两位80多岁的老人，老大娘卧床，大爷一个人用扫帚把水往地漏里面扫。我赶紧进屋查找漏点，发现是坐便的软连接由于时间长久抗压能力减小而导致软连接爆裂。这个软连接与坐便水箱连接处已经生锈，而且坐便水箱离墙很近，基本上已经贴在墙上了，非常难卸，换了好几个姿势都卸不下来，最后，我干脆躺在地上，半个头部伸到坐便后侧。为了不损坏坐便水箱内的配件，我用40分钟的时间才把这个软连接卸下来。当我站起来时，后背和右腿下侧已经全部湿透，这卫生间由于是两位80岁老人居住打理的，不算太干净，地上脏物弄我一身。像这种维修最费事的就是往下卸这根漏水管，卸下来之后维修工作基本上就已经完事，这位大爷家里有一根新的软连接，可能是儿女们怕漏水早就给备上的吧，我拿起软连接迅速换完。"搞定，一切正常，"我自言自语道。

收拾工具打道回府，当我想找这位老大爷的时候，他不在家里，喊了几声也没人答应，就去问问大娘，大娘是脑血栓康复期，说话也很困难。我心想：这老头儿，给你家维修来了，你怎么还走了？这时候，我听到楼道里面有脚步声，我打开门口一看，原来是这位80多岁的大爷手里拎着六瓶啤酒、一把烧烤，满头大汗地回到屋里。东北11月份的天已经很冷了，可见这位大爷走了很远的路才买到的这些东西。他和我说："小伙子，辛苦了，这么晚麻烦你一趟，咱爷俩喝点。"多么朴实亲切的话语，我感觉像在家里一样，心里有种酸酸的感觉。我只是干了自己的本职工作，能让这位80岁的老人为我付出这些，我真的特别感动。虽然这都是生活中的小事，但是我感觉里面有个情字。人心都是肉长的，只要我们做事都付出真心，都会感动别人，也同样会被别人感动的。我暗下决心一定要尽最大努力，把自己的本职工作做好，更好地为广大老百姓供好水、服好务。

保护好供水管网，保护好生命之源，是自来水公司全体职工的天职。作为一名管道班长，需要把干好本职工作作为自己神圣的职责。我带领管道班全体成员不畏严寒酷暑，不怕劳苦，不分分内分外，甘愿用满腔热血守护好城市的"生命线"。2013年，北春小区有42户商网用户的水表井出现生活用水、污水渗漏，导致抄表员无法下井抄表计量及维修，污水进入水表导致不能正常供水。我接到公司领导的委派，带领我的班组第一时间赶到现场。水表井的空间非常小，我们只能半蹲着在里面施工，电镐根本无法拿到井下，我和工友们只能用手锤和铁钎子一点儿一点儿地扩大工作面，污水和红砖末溅得我们满脸满身。历经48小时的及时抢修，我们终于保障了居民们的正常供水，得到了小区用户的一致好评。2017 年 11 月 7 日，双辽市外环污水厂中水厂工程开工，在人员缺乏的情况下，我带领全队人抓工期抢进度，克服东北天气冷的自然因素，历经 21 天完成 800mmPE 螺纹钢衬污水管道和 600mmPE 钢网中水管道的特大工程施工，得到了各级领导和单位同事们的一致好评。

我只是在平凡的岗位上干了自己的本职工作，国家、省里、市里以及广大人民群众就给了我这么多的荣誉。2014 年 6 月，经过全体职工表决通过，我被推荐为吉林省劳动模范；2015 年 4 月，被评为全国劳动模范；2015 年 6 月，被评为双辽好人；2018 年 5 月，被评为四平市十大杰出青年；2018 年 6 月，获得吉林省五四青年奖章。我得到这些荣誉不是我一个人的功劳，离不开家人、朋友、单位同事们的支持、鼓励，更离不开社会各界和各级领导的关心、帮助和厚爱，我感谢你们，军功章是属于我们大家的。

五　家人支持是我的最大动力

妻子常说：“你就在外面安心工作吧，家里所有事都不用你操心。”有的时候，心里真的很难受，酸酸的。以后工作不忙时，我一定要带妻子出去走走，她是一个大功臣，为了这个家、为了我付出太多太多，我要好好感谢她。

能在外面安心地工作，与家人们的付出、鼓励分不开，家人的付出常常是默默的、无私的。

爸爸妈妈的辛劳养育

爸爸在农村务农到 20 岁后参军，在部队当兵 13 年，退伍转业后在我们双辽市锅炉厂当了一名工人，可是没多久就下岗回到农村。爸爸在我的心里是一个宁折不弯的硬汉，这可能与他为国家站岗值班 13 年这种军人气质有关吧。爸爸教育了我很多，告诉我凡事都要换位思考，做每件事的时候都要想想别人的感受；告诉我在生活中、工作中都要保持一个好的心态，心态的好坏能决定一个人的成败。

妈妈是一个地地道道的淳朴农村人，她慈祥、贤惠，为我们这个大家庭付出了太多太多。最初爸爸在部队的时候，和妈妈两地分居生活长达7年之久，妈妈一个人在农村照顾我，还要照顾爷爷奶奶一大家子人。爸爸在家排行老二，大伯一家在市里工作，两个叔叔三个姑姑那个时候都在家里，妈妈在家要照顾整个大家庭的日常生活，白天还要到地里干农活，长期以来妈妈身体留下了很多毛病。在妈妈身上，我学到了坚持奉献的精神，干什么工作一定要稳、有耐心，脚踏实地默默无闻地付出。现在的妈妈在我们大家庭里面威望很高，爷爷奶奶都已去世了，逢年过节，叔叔姑姑们都喜欢来我家看妈妈，做一大桌子菜一大家子人其乐融融地吃一顿，爸爸妈妈也特别高兴。现在父母年龄都大了，我们这些做儿女的真应该多陪陪父母，多让父母们开心一点、快乐一点。

军功章有你的一半

在光环背后，我最要感谢的一个人，就是我的妻子。我们是校友，初中就比较熟悉，她是三班我是二班，后来又一起到双辽市卫生职业技术学校上学，也算得上是青梅竹马吧。我们关系始终特别好，就是都没有说破，直到在中专临近毕业的时候，我终于鼓足勇气向她表白。我妻子叫李宇，我说："李宇，给我做老婆吧，虽然我家条件不好，不能让你成为最富有的女人，但是一定会让你成为最幸福的女人。"现在听起来很可笑，但那时候我真是这么说的。说完，她竟然哭起来，我当时就不知所措了，怎么办？我把她紧紧抱在怀里，就这样我们确立了关系，我们纯属自由恋爱。

现在想想，妻子和我在一起 18 年了，真的是没享过福。她对我的工作给予了大力支持。我和妻子都是独生子女，岳父岳母身体不好，岳父有窦性心律不齐的心脏病，心脏快的时候能跳到每分钟 180 下，慢的时候 20 几下，随时会有生命危险。没有办法，为了治疗岳父的病，在 2013 年花了 8 万多元安装了双腔起搏器。命保住了，但是这种心脏病时常伴有房颤导致酸质脱落，影响到身体其他器官。2014 年，岳父由于心脏酸质脱落导致脾坏死、摘除；同时，他的颈椎、腰椎也不好。岳母患有脑血栓、多发性脑梗、糖尿病。岳父和岳母由于身体的原因，很多时候都会一起病倒。

　　2016 年 9 月 19 日，工作一天的我刚回到家，工作服还没脱完，妻子的电话就响了，是岳母打的电话，说岳父在上厕所的时候突然胳膊腿都不能动了，让我们赶紧过去。我和妻子急忙赶到岳父家，岳父家离我家不算太远，骑电瓶车需要 10 分钟左右。到岳父家看到岳父半卧在沙发上，问他怎么样，他说话已经有点含混不清。我马上搀扶起岳父赶往第一人民医院，到医院经过一番检查，医生说还是老毛病，颈椎压迫血管导致脑供血不足，还有点脑血栓，只能住院接受进一步治疗。安顿好后，当晚妻子送岳母回家，我陪岳父在医院住院。岳父岳母总住院，这都是非常熟悉的工作了。

　　第二天早上，迷迷糊糊中，又被手机铃声叫起，一看是妻子打的电话，第一感觉就是询问一下岳父病情怎么样。可是电话那头的妻子急促的话语让我瞬间清醒，说岳母在家半边身子也不能动了。当时的我脑袋"嗡"一下就大了，医院里刚住一个，怎么家里的又来了？真是祸不单行啊！我赶紧找到护士说明原因迅速赶到家里，妻子哭着和我说怎么办啊，我说能怎么办啊，赶紧去医院。我背起岳母下楼，妻子叫车就往医院赶。岳母的病都是因为岳父住院着急，自己又没休息好，脑血栓又犯了。岳父和岳母都是心脑血管疾病，妻子又在这家医院药房做临时工，护士长为了我们方便照顾，把岳父岳母安排到一间病房。这时候，单位工友打来电话说工地有急事让我赶紧过去，没办法，只好扔下妻子一个人照顾岳父岳母，我先到单位处理工作。像这种事情，后来几乎总会发生。

　　平时我基本上是天亮就出门上班，晚上没有固定的下班时间，有时候有抢修的工程，晚上还要接着干。这样一来，我妻子既要照顾孩子，还要照顾四位老人。妻子常说："你就在外面安心工作吧，家里所有事都不用你操心。"有的时候，心里真的很难受，酸酸的。以后工作不忙时，我一定要带妻子出去走走，她是一个大功臣，为了这个家、为了我付出太多太多，我要好好感谢她。

六　终于圆了大学梦

来到大学校园，拿起了笔、带上书本、背上书包走进教室，面对陌生的教学楼、陌生的教室、陌生的书桌、陌生的书籍，我有一种异样的感觉，既陌生又熟悉，感觉像在做梦一样。

小时候的我，是一个特别淘气的孩子，没有珍惜儿时学习的好时光，感谢国家、感谢全总、感谢中国劳动关系学院给我圆梦大学的机会。

2018年3月7日，当我来到首都北京这个现代化的大都市，坐上公交车前往中国劳动关系学院的路上，欣赏着窗外的美景，心绪此起彼伏。这个让我再次实现梦想的时候已经到来了，那就是来到中国劳动关系学院继续教育学院劳模本科班深造学习。走进这座园林式的学校，我心里是感慨万分，感谢国家和全总对劳动模范们的关心关爱，让我们能在这里得到继续实现人生价值的机会，让我们在这里收获更多的知识、更好地回报社会。

作为一名一线供水管道工人，我第一次走进大学校园，生活真的很不习惯。在家的时候，可以说常年穿着工作服与各种供水管道、大型机器打交道。如今来到大学校园，拿起了笔、带上书本、背上书包走进教室，面对陌生的教学楼、陌生的教室、陌生的书桌、陌生的书籍，我有一种异样的感觉，既陌生又熟悉，感觉像在做梦一样。我真的在大学上学吗？这真的需要从身体上、精神上转换，脑与体、动与静的转换。希望我能在中国劳动关系学院收获更多的知识，收获更多的同学友谊，收获更多的师生情；希望我们同学、师生多沟通、多了解、勤联系，互相学习、共同进步，每位劳模班的学员都能从精神上得到升华和洗礼。

在中国劳动关系学院劳模本科班学习，最让人激动和终生难忘的事儿，是习近平总书记给我们的回信。回信内容精炼、内涵深刻、情真意切、语重心长，让我们劳模班所有学员备受鼓舞，倍感自豪。总书记日理

万机，还能给我们劳模班回信，这是对劳模班的重视，对全国劳模的重视，对全国劳动人民的重视。劳动最光荣、劳动最崇高、劳动最伟大、劳动最美丽，这是总书记对全国劳动者的最高赞美。社会主义是干出来的，新时代也是干出来的。作为新时代的劳动模范，我会把这种干劲融入我的工作中落到实处，"撸起袖子加油干"，用我们的干劲、闯劲、钻劲，带领身边更多的劳动者争取做知识型、技能型、创新型的新时代产业工人，贡献出更多更大的智慧和力量。新的蓝图在激励我们，新的使命在召唤我们，让我们更加紧密地团结在以习近平同志为核心的党中央周围，高举中国特色社会主义伟大旗帜，开拓创新，携手共进，昂首阔步迈向实现中华民族伟大复兴的新征程。

致敬词

　　他，一名管道工，不怕脏、不怕累，在平凡的工作中，创造了极致；他，有一个绰号"王着急"，雨夜带病抢修漏点、大年三十抢镐挥锹，始终急用户之所急。他说，保护好供水管网、守护住生命之源，是我们水务管道工人的神圣职责。他，十八年如一日，用实际行动诠释了坚守的信念。无情未必真豪杰，在工作中，他是爱岗敬业的劳动模范；父母面前，他是孝顺的好儿子；妻子身畔，他是有担当的丈夫。

　　致敬——吉林省双辽市自来水公司管道班班长王子龙！

经纬编织青春精彩

——河北石家庄常山纺织集团恒盛分公司纺织工人杨普的故事

人物小传

杨普 女，汉族，生于 1983 年 1 月，中共党员。河北省石家庄常山纺织集团恒盛分公司织造车间高级技师、国家级技能大师工作室带头人。先后获 2005 年 "河北省技术能手"、2006 年 "河北省女职工建功立业标兵"、2009 年 "河北省优秀共产党员"、2010 年 "全国劳动模范"、2012 年度 "全国纺织行业创新人物"、2014 年 "河北省突出贡献技师"、2015 年 "河北省三八红旗手标兵"、2015 年 "河北省最美家庭"、2016 年 "河北省优秀共产党员" 和 "全国文明家庭"、2017 年中国棉纺织行业 "传承大工匠"、2018 年 "第十五届全国职工职业道德建设先进个人" 等荣誉称号，并荣获 2009 年 "全国五一劳动奖章"、2012 年 "中华技能大奖"、2014 年 "河北省五一劳动奖章"。2017 年享受国务院津贴。中共十九大代表、中华全国总工会十六大代表、共青团河北省委兼职副书记。中国劳动关系学院 2018 级劳动模范本科班学员。

一　母亲是我的慈母，更是严师

有一次考试，由于自己的大意，试卷背面的一道题我给漏了，没想到母亲拿我当反面教材在课堂上点名批评，下课还把我叫到办公室一顿狠批。

我出生在一个普通的工薪家庭里，父亲是我们县供销社的一名会计，母亲是一名人民教师。母亲爽朗能干，不仅是学校的业务骨干，而且家中的大事小情也被打理得井井有条。印象中我和弟弟小时候的新衣服从来都是母亲亲手给我们做的，我家的桌子上总会隔三岔五地出现一沓厚厚的学生作业本，我和弟弟经常帮妈妈到离家不远的小卖铺买红笔芯。听母亲讲，在我出生后不久，她就要返校上课，所以就不能亲自照看我，于是和父亲商议决定，每天在她上班之前先把我送到外婆家，由外婆、外公帮着照看，下班后再到外婆家把我接回来，风雨无阻一直到我上学前班。

母亲提到这段往事，每次都会给我讲："学校的晨读时间早，老师又要赶到学生之前到校，所以每天6点准时把你叫醒起床送到外婆家，要不我就要迟到，所以从小就没让你睡过懒觉。等你稍微懂事儿后，每天让你起床就更难了，尤其碰到冬天，一边把你从睡梦中叫醒，一边把棉衣拿到炉子边烤一烤，不至于穿衣时衣服太凉。可每次你都是钻到被窝的最深处，把你拽出来你又再钻进去，来回折腾几个回合后，还得在你爸帮忙下，才彻底给你穿好衣服。"母亲讲这些的时候，笑容中总是带着一丝歉意。

等我上到小学三年级时，那年母亲担任我们班的语文老师，虽然是自己的母亲教自己，但我丝毫没有优越感，因为我在学习上别想偷一点懒，不仅如此，在每天做完作业后，她还要再给我留一份作业写。有一次考试，由于自己的大意，试卷背面的一道题我给漏了，没想到母亲拿我当反面教材在课堂上点名批评，下课还把我叫到办公室一顿狠批，总之就是让我记住：妈妈是老师，我就更应该努力，如果我哪儿做得不好了，她再批评教育其他同学就没有说服力了。同样的犯错，在她那里我会得到更加严厉的批评。那时我并不理解母亲，在她的办公室我哭了很久，最后还是在其他老师的劝解下我才回到教室，那时自己总在心里想：自己的妈妈当老师真倒霉！

青春叛逆期的我，在中考中并未取得理想的成绩，母亲和父亲没有过多地责备我，最终尊重了我不复读上高中的选择。但父亲说不复读可以，但毕竟我还很小，还是要选择个学校继续接受教育的。正好那段时间赶上母亲去教育局开会，带回了一张河北省劳动厅技工学校的招生简章，看到上面写着学一技之长，毕业后给分配到国有大型企业工作，并给农业户口的同学负责转成石家庄市的户口。母亲征求我意见时，懵懂的我想：反正也得上学，那就上这个吧，还能转成城市户口，因为当时一纸城市户口还是很诱人的。至于选择纺织专业，是因为当时很多相对较好的专业有农业户口的限制，我是从农业户口能选择的专业中随便选择的一个。经统一考试后，学校给我发来的录取通知书上写着：入学时需一次性缴纳 12000 余元钱（含转户口的手续费、本学期的学费等）。一万多元对于 1998 年的一个工薪家庭来讲，还是一笔不小的数目，在我们的小县城里，这钱都能够风风光光地出嫁一个闺女了，很多同学也确实因为这笔不菲的学费，最终父母不支持上。但我的父母还是决定让我上，希望我能有一技之长，将来好在社会上立足。就这样我揣着一万多元的父母血汗钱，来到了河北省劳动厅技工学校的纺织专业班进行两年的学习。

二　初进工厂的挑战与苦练

平时基本上是手不离纱线，别人练 500 个，我就练 1000 个，别人练一小时，我就坚持练两到三小时。

2000 年 3 月，在校的学业完成后，我和同班的 30 多名同学被分配到石家庄常山纺织股份棉四分公司北织车间工作，工种是织布挡车工。虽然在校学习了两年的纺织理论知识，但对纺织企业、车间一线岗位上的具体工作还是一无所知。还记得第一次进车间，看着运转的织机、飞行的梭子、洁白的纱线、漂亮的布面，还有老师傅们娴熟有序的工作，我觉得浑身充满了激情。虽然织造车间噪音大、高温高湿、三班倒等，但当时完全被刚参加工作的新鲜感和激情所淹没，自己全然没有意识到这份工作的不好。接下来，轮班领导为我安排了师傅，在跟师傅的学习中，我始终做到

"三勤"，即嘴勤、手勤、腿勤。我所遵循的三勤，也使我成了在同批进厂的新工中，最早出徒、最早独立顶岗的。

师傅领进门，修行靠个人。独立顶岗后，我才真正体会到当一名挡车工的辛苦：一个班手脚不停，8小时下来的巡回路线相当于步行40里地。第一天顶岗，我是手忙脚乱，顾了这头顾不了那头，连吃饭的时间都没有，一个班下来累得腰酸背痛腿抽筋，真正知道了什么是筋疲力尽。到了月底，生产指标完成得一塌糊涂，奖金也是少得可怜。看着这份自己给自己交的答卷，我真是心灰意冷，之前的激情全无。这时看到同班的同学中很多选择离开或转岗，我内心也开始不平静起来。回到家中，看到久别的母亲时，自己委屈的泪水再也控制不住。当她了解情况后，爽朗地笑着说："我还以为在厂里有人欺负你呢，原来是自己没干好啊！"接着又对我说："车间里有那么多的老师傅们，她们能干，我就不相信你不能干？刚参加工作遇到点困难是正常的，现在年轻不吃苦，将来老了定受苦！"我琢磨着母亲说的话，也在自己心里打起了小算盘：在企业里别人能干，我为什么就干不了？如果不干了，那就是自己向自己认输了。退一步想，我就算不干了，也要等在那里挣够那12000元的学费后再辞职。

当我决定要坚持下来时，我也开始反思：同样是挡车工，为什么老师傅们一个班看着轻轻松松、不慌不忙，生产指标还能完成得特别好，而我为何只落个手忙脚乱、浑身臭累呢？我开始找原因，经过反复观察，请教师傅，我终于找到了根症所在：基本功不扎实，如打结慢、巡回不灵活、对机械性能不掌握等。要想解决这些问题，师傅告诉我，首先就要苦练操作技术。

为何说要苦练呢，因为想有一丁点的提高，一个枯燥乏味的操作动作需要练上成百上千次。为了练就扎实的基本功，我牺牲了无数的业余时间。比如机下打结，它是挡车工的一项基本功，是以一分钟之内接线头的数量和质量来衡量操作水平的高低的。刚开始时，又软又细的纱线到了我的手中，怎么也不听使唤，一分钟我只能接7个结。在师傅的指导下我把机下打结的动作分解开来练，练习中我对自己是高标准、严要求，那时我住单位的单身宿舍，每天下班后在宿舍里，总是一边听音乐或聊着天，一边手里拿着纱线练习接头。平时基本上是手不离纱线，别人练500个，我就练1000个，别人练一小时，我就坚持练两到三小时。那时我住在宿舍的六楼，春天到来时，就搬个板凳坐在阳台上练习，我把结完头的纱线搭到阳台的外侧，随着一个又一个的结头从我手中滑过，搭在外面的纱线越结越长，从6楼垂到5楼，再垂到4楼，一直垂到1楼，一阵微风吹过，满是结头的纱线伴着嫩绿的柳枝妖娆飘荡。遇到倒班休息，回家时也不忘带上一缕纱线，到家后由母亲、弟弟给我掐表陪我练习，虽然手指硬是让软软的纱线勒出了一道道的小口子，但看着自己接头的成绩突飞猛进，还是觉得美在心里。

其他的基本功如断经、断纬练起来就更苦，由于织机都是铁件，练起来稍微不注意，或是用力点偏，手都会被碰破。一次在练习断纬投梭时，由于没有掌握好手腕的用力点，一下子就碰到机件上，顿时血就从手指上流了出来。但我忍着疼痛，包扎好后继续练习，所以那时经常是旧伤未好又添新伤。正是凭着这股子韧劲儿和毅力，在练兵车上的摸爬滚打，我逐渐琢磨出了"点梭""滑筘"等操作技巧，使我的操作技术很快在广大青工中脱颖而出，不仅月月生产指标完成优秀，而且多次代表公司参加省市、行业的操作技术比赛，并多次获得冠亚军。而自己最初离职的想法也慢慢没有了，反而想让自己取得更好的成绩和进步。参加省市大赛不仅比操作技术，还有理论知识，看着砖头厚的专业技术书籍，我欣然接受，车间工作忙抽不出时间学习，我就利用班下时间苦读。那时同宿舍的小姐妹们都睡了，我却在看书，休息日，姐妹们都出去逛街、约会，我却利用这时间赶紧复习，从中我也找到了学习的快乐，尝到了学习的甜头。从进厂的那天起，我先后读了《仇锁贵掌握织机和性能的七字方法》《棉织基础》《织部工人培训教材》《纺织材料》等书籍。

随着纺织行业的不断发展，我还坚持自学，不断拓宽自己的知识面。2004年通过成人高考，被河北科技大学继续教育学院大专班录取；毕业后，我又参加了河北省纺织服装学院与常山纺织联办的纺织工程大专班，进行为期两年更专业的理论学习。参加纺织工程的学习中，学校的上课时间只安排在每周六和周日的全天，这就给我带来了巨大的挑战：为不影响课程，我那两年总是下夜班后赶紧往学校赶上课，上完一整天的课后我又赶紧往家奔，接着晚上继续上夜班。一天只睡上3小时，有时中午我就不吃饭了，趴在教室的桌子上赶紧小眯一会儿，缓解自己连轴转的困乏。就这样我坚持下来了两年的学习，收获了很多专业知识。

有了这些扎实的理论基础，加之丰富的实践经验，工作中，我更是如鱼得水、游刃有余。在这个过程中，身边的党员师傅们，以他们朴实的一言一行深深地影响着我，疑难攻关、加班加点、任劳任怨、传技带徒……冲在最前面的都是党员，让我深深地感到了一名共产党员的骄傲和光荣，逐渐让我产生了我也要当党员的想法，我也要像师傅那样，让别人评价时都伸出大拇指来。在组织的培养下我努力奋进，2005年光荣地成为一名共产党员。

三　不断历练，成为技术骨干

我觉得我是一名党员，服从组织安排是一名党员的基本素养，如果党员都不去，如果劳动模范都不去，那么还有什么人来支持企业的搬迁，支持企业的发展呢？

2006年，我被领导安排到公司最新引进的无梭织机区域。为快速掌握新设备，我未休完婚假就提前返回到岗位工作中。在此区域中，我在有梭织机操作法的基础上将无梭织机操作法进行了大胆的改革和创新，针对日本津田驹织机气压过高或过低造成的操作人员引纬困难问题，我总结出了"双手交叉，主动引纬"的八字穿纬法，使该项操作由标准40秒提高到23秒左右，大大提高了织机的生产效率。近年来，随着人们生活水平的提高，织物性能也有了更高的要求，天丝、莫代尔、竹纤维、牛奶纤维织物以优良的人体穿着舒适感和很高的服饰价值，受到了人们的青睐。但这种织物生产难度大，挡车工劳动强度增大，面对品种的一大堆难题，我积极找原因想办法，车间温度高达三十六七度，站着就一身汗，可我在织机上一趴就是多半天，身上的工作服被汗水浸湿得一片一片。在付出了巨大的努力和心血后，我以最短的时间掌握了针对不同品种重点检查的灵活操作法，还发明了机后打结双套结、循环筘穿筘法等。像这种操作小技巧，我总结了很多，因而也形成了一套具有自己独特风格的操作技术。在9年多的挡车工岗位上，我累计超产棉布近20万米，经过几年的摸爬滚打，我将理论与实践融为一身，对织机的性能、原料、织物性能等都能熟练掌握，成了企业里最年轻的高级技师。

2009年7月在公司搬迁改造、优化升级过程中，我又面对了一次抉择：我被股份总公司作为首批技术骨干派往正定纺织基地——常山纺织恒盛分公司工作。由于是新建厂，又远在郊县，每天上下班都要花大量的时间在路上，而且当时新公司的后勤条件非常有限，很多人都不愿意去，也有人给我打退堂鼓，但我觉得我是一名党员，服从组织安排是一名党员的基本素养，如果党员都不去，如果劳动模范都不去，那么还有什么人来支持企业的搬迁，支持企业的发展呢？最终在家人的支持下，我毅然决定到新园区工作。

到了新的单位、新的岗位，虽然已经做了充分的心理准备，但眼前的苦还是出乎意料：车间里没有热水喝，没有办公室，临时的办公室也设在简易房中，没有更衣室，更没有浴室……所有生产的喷气织机全部为进口设备，车间的其他硬件设施也全部为国内一流。能否在一流的环境中，用一流的设备织造出一流的产品，操作工人的技术水平成了所有问题的关键。而在当时的员工之中，操作工人绝大部分是刚刚从技校走上工作岗位的新学员，没有一点操作基础和生产经验。面对如此的现状，我深深地感到肩上的责任和担子是如此之重，由不得我多想，我坚信创业前期是苦一些，但经过我们的努力，以后一定会甜起来。

接下来为使学员们早上车、早顶岗，在培训过程中，我坚持做到五勤，即嘴勤、手脚勤、勤学勤练、勤分析、勤总结。在操作中的要点、难点我总是反复讲，不厌其烦地讲，没有教室，没有黑板粉笔，我就把要点内容用水笔写在大纸上贴在墙上，以加深学员印象。遇到不好掌握的操作，我更是亲自上车示范，到生产现场言传身教。我还拿出自己多年来的学习笔记，供学员参考，直至学员弄懂掌握为止。我把枯燥生硬的操作技术内容，改编为一首首朗朗上口的操作顺口溜，并张贴在织机上，便于新工记忆和理解。随着公司生产经营的扩大，总是每隔一段时间就会有一批新工进厂。车间噪音大，面对一批又一批的新工，我只能一个又一个地讲解、一遍又一遍地讲解，一个班下来，嗓子讲得又干又涩，喝水也不管用，尽管如此，我还是愿意多讲点。我愿意把我的操作特长和生产经验多传授给她们点，她们学会学好了，才是我的价值所在。

通过大家的不懈努力，恒盛的首批学员经过短短 2 个月的强化培训，操作技术已达能手、优级手水平，21 个高难、复杂订单产品全部按时按量交单，为公司创效 200 多万元。那段时间，我明显感觉自己身体不适，抽时间到医院检查才得知自己已经怀孕，而那段时间爱人也在外地工作，现在想来，也不知道当时哪里来的力量，整个孕期我硬是一天都没有休息过：纺织厂三班倒，白班还好，中班从下午四点半一直上到夜里十二点半，洗澡换衣，收拾利索出门回家，到家时就将近凌晨两点了。寒冬腊月，身怀六甲，每天这样奔波。即便回到家，也要独自一人做饭收拾，简单地吃上口饭，我就再也不想动了。第二天，还要继续奔波。爱人父母拗不过我，只有每天听到我电话报的平安后，他们才入睡。

6 月初，石家庄市举行操作技术大赛，我的徒弟们要参赛。按照公司规定怀孕 7 个月后就可以申请休产前假了，可我一直心心念念惦记着一定要把徒弟亲自送上赛场，所以，一直坚持上班。6 月 2 日，比赛顺利结束了，我也终于松了口气，放了心。第二天上班，我原本是要跟公司请假休息了，可巧得很，那天，公司临时有个紧急任务，我就又上了一天班。直到当天晚上，母亲约我下班后回趟娘家，取她给孩子做的衣服被褥，也许是路上的奔波，也许是精神上的紧张，回到娘家的那晚，半夜就有了生产的症状，我被父母紧急送进了医院，第二天 6 月 4 日，我家女儿出生了。后来想起来还真有些后怕，每当母亲说起这件事儿时，总会一边抹眼泪地心疼我，一边心有余悸。

2010 年底，休完产假，重新回到岗位上的我，被公司聘任为织造车间丙班值班长。在这个全新的岗位上，我把提高轮班整体操作水平、创建先进轮班当成新的奋斗目标。为了达到这个目标，我遇到了很多的困难和挑战，但我以自己的身先士卒、钻研管理、以情管理加上全体员工的努力，当年我们丙班就以连续 11 个月生产成绩第一的好成绩被评为"公司先进轮班""股份公司先进轮班"，仅提高挡车工技术，缩短停台时间一项就提高班产 2200 米，年创造直接经济效益 500 万元，还破天荒地被我们的客户江苏豪绅家纺授予"保订单生产的先进轮班"。在我担任值班长的三年里，我们轮班连续 3 年生产指标位居三班之首，月月是出勤率最高、员工流失率最低，年年是先进轮班、劳模轮班，其中我们班的第一生产小组被中国纺织协会授予"郝建秀小组式全国纺织先进班组"称号，结经上轴小组被评为"石家庄市青年文明号"。

四　成长路上的传承与创新

望着她信任的目光，我根据要领，大胆地再次尝试开车。这次我成功了，看着织机欢快地运转起来，我自信倍增，从那次以后我再也不害怕开车了。

师恩重　师情浓

我的师傅叫丁淑英，第一次见她时，她已经是一位有着 20 多年工龄的老职工了，永远记得她对我说的一句话："技能是咱工人的本钱，好好干，行行都能出状元！"

刚学习挡车工的机下打结时，又软又细的纱线到了我的手中，怎么也不听使唤，急得我手心直冒汗。但师傅总是一遍又一遍地示范，手把手地教我，她还把机下打结的动作分解开来让我一个一个动作地练。每天下班为我留接头的作业，第二天一上班，她就逐个验收。每当看到我按时并超量完成作业时，她总会露出满意的笑容，并鼓励我："再接再厉，练习速度的同时要兼顾接头质量。"学挡车时，最害怕的是开车（启动织机），因为开车卡梭后，经纱大面积断头，不仅耽误产量，而且还会造成一匹疵布，所以我很长时间不敢自己开车。一次我将断经停台处理好后，站在织机旁不敢动，这时，师傅过来后问我为什么不开车，当得知我害怕卡梭不敢开时，她一边帮我摁住断头一边鼓励我说："越是害怕就应该越要多开，挡车工不会开车那怎么行？别害怕，记住弯轴向后、梭子到头就挂手柄。"于是我第一次试着开车了，但是由于自己过度紧张，还是卡梭了。不过万幸的是经纱断头并不多，师傅帮着处理好断头后，看着我说："再来，别紧张，记住要点。"本来心想她肯定会责备我，没想到她不但没有，而且还放心让我再开车。望着她信任的目光，我根据要领，大胆地再次尝试开车。这次我成功了，看着织机欢快地运转起来，我自信倍增，从那次以后我再也不害怕开车了。

每次代表公司参加省市各级操作技术比赛，在备战的日子里，师傅总是陪我一起练兵，为我掐表、摆台，做模拟测定，发现问题及时帮我纠正。有时练兵不小心碰破手，每次都是师傅小心翼翼地亲自为我包扎。下班后还要为我出理论复习题，每次出题时她都灵活多样，想方设法拓宽我的理论知识面，几年下来，她为我仅手写的试题资料就有厚厚的一摞，至今这些珍贵的资料我都舍不得丢弃，而且后来这些资料在我当师带徒后也发挥了作用。备战的日子由于时间紧、任务重，我就很少回家。师傅担心我住单身宿舍吃不好，隔三岔五地为我带饭，饺子、排骨、鸡块……每次都很丰盛、有营养。后来几年我参加大赛时，我的师傅已经退休了，她就在家做好后，顶着火辣的太阳先给我送到厂里，我劝师傅别担心我，太麻烦她了，每次她都说，不麻烦，自己退休在家也没事。

跟师傅在一起的日子长了，心里有啥悄悄话总是愿意告诉她，每次师傅都与我一起分享和分担。师傅总爱跟我讲单位里劳模们的故事，她让我知道了劳模的风采、劳模的光荣、劳模的付出，也让我确定了自己的奋斗目标。师傅现在已经退休好多年了，可我跟她的联系从来没有断过，我还和以前一样有什么喜怒哀乐总愿意跟师傅唠唠，但每次放电话时，我总会

叮嘱一句"注意身体！"回想和师傅相处的点点滴滴，没有轰轰烈烈，没有豪言壮语，但师傅平凡朴实的一言一行却深深地影响着我。

我的"传帮带"

我在 2010 年荣获全国劳动模范后，公司以我的名字命名并创建了杨普工作室，由我多年总结创新的近 30 种操作法也被公司统一命名为"杨普操作法"，并将其定为新员工入厂规定的培训教材。工作室的创建让我在带徒传技、创新创效上又有了新的舞台和更高的目标。

工作室自成立以来牢牢把握带徒传技的首要任务，通过拜师学艺、导师带徒的模式，进行广泛的技术传帮带，给大家进行技能传授、经验分享。在培训工作中，我身先士卒，坚持做到"五勤"，对操作中的要点、难点反复讲，不厌其烦地讲。遇到不好掌握的操作，亲自上车示范，到生产现场言传身教。我还拿出自己多年来的学习笔记，供徒弟们参考，直至她们弄懂掌握为止。工作室的其他成员们，通过工作室年技术培训课不低于 350 课时的要求，广泛扎实地上好每一堂技术培训课。我们还把部分枯燥乏味的操作知识改编成一首首朗朗上口的操作顺口溜，让操作技术变得易学易懂、易记易会，也增加了新工们的学习兴趣。我们把技术培训课的形式也丰富为观摩表演、座谈交流、到下一工序实物分析、能手讲堂等，真正使工作室成为广大员工的技术加油站和充电站。

在公司各级领导的大力支持下，我们结合生产实际，把带徒传技工作的重点前移，深入到班组创建了 32 个操作辅导站，选聘出 32 名技术精湛、职业素养高的员工担任站长，以小单元化管理的辅导站形式进行带徒传技，克难攻关。生产中每一次新品种试织、每一次质量疑难攻关，都有她们坚强的执行力，32个辅导站成了生产一线确保产、质量稳定提升的有力保障。目前，辅导站出徒人员已经过百，徒弟们的看台能力均由标准9台增长到12~15台，为公司节约用工30名，质量指标提升3个百分点，产量提升2个百分点，仅此一项就为公司年创效近百万元。

在纺织业"新常态"的大背景下，培养大家的创新意识和创新能力显得尤为重要。我经常鼓励工作室成员多看书多上网，汲取新知识，我经常和大家一起探讨、分享我对"大众创业、万众创新"的理解：创新不是科研人员的专利，不单单是发明、创造，创业也不是让大家都辞职下海，都去创业当老板。我认为，创新就是用新方法、新思路去解决生产中的老问题、疑难问题；创新无处不在，我们的生活、工作中处处都有创新的机遇，小发明、小改革、小改造，只要是能提高生产效率的，能提高产品质量的，能减轻劳动强度的，都是创新。创业就是在自己的工作岗位上把本职工作当成自己的事业，用心经营，精益求精，生产出能当作品的精品来，这就是我们工人的创业，我们也能当"创客"。

大家思想认识统一了，工作中解放思想，从本岗位做起、从小细节入手，用创新的思维和方法去解决生产中的各类疑难问题。有的改善一个处理停台的操作手法，就缩短了停台时间，提高了生产效率；有的改进一件清洁工具，就有效地降低残次率等。比如，处理断纬停台，由标准28秒缩短到18秒，处理时间（停车时间）减少了10秒，按公司的实际生产情况及市场平均售价计算，全年可多生产21.92万米布，直接创效306.88万元。仅2017年我们工作室总结创新工作法就达13项，编写了《分幅品种操作法》《大提花增减经密操作法》《色织品种操作法》等，工作室成员发明了新式中央分幅剪刀，改进了多喷品种的进纬固定杆，改造了大提花织机的断经自停装置等，不仅为公司提质创效达100多万元，还获多项公司技术革新成果奖，为产量和质量的提升作出了贡献。2017年，在全总领导的见证下，我们工作室又与江苏黑牡丹集团的邓建军大师工作室签订了战略合作协议，开启了跨区域合作攻关的先河。

"杨普工作室"一直以来积极开展各类劳动竞赛，开展中着重向"广度"上延伸，在"精准"上下功夫。"广度"体现在参与人员和参与工种的广泛，设立了学员达标进步奖、春季全员操作运动会、秋季青工操作技能比武、质量明星争夺赛等，让每个员工都有争先进位的机会。"精准"体现在随时针对生产中的质量波动，开展精准对接的攻关竞赛，在竞赛的平台上，对准质量问题点，精准发力，如修机工修复排名赛、降低涤棉品种经缩攻关赛、降低真丝残次攻关赛等。

在这些攻关竞赛中，我带领工作室成员开展 QC 质量管理小组活动，采用 PDCA 循环攻关难点，创新方法，解决问题。我还针对青工特点开展了"机下打结擂台赛"，通过班组层层竞赛产生擂主，擂主成为下一期攻擂对象的模式循序开展，以此掀起全员练习基本功的热潮，激励大家磨炼工匠基本功。凭借着日常开展的这些劳动竞赛和练就的扎实基本功，在2016年全市喷气挡车工操作技术大赛中，我的徒弟李伟夺冠成为全市操作技术状元，并晋升为工人技师；在2017年的全市结经工技术大赛中，张莹莹、于凌云、王杏叶分别取得前三名的好成绩。

"杨普工作室"的 7 名骨干成员，全都是省部级以上劳动模范，大家在岗位上的成长经历，就是 7 部活生生的励志教材。为更好地弘扬劳模精神和工匠精神，我们走进集团各个班组与青工们座谈、交流，公司也把新员工入司培训的第一课放到"杨普工作室"，来让劳模精神、工匠精神激励更多的员工。我也多次应邀走进各大企业、军营、院校，给当代青年人一起分享我匠心筑梦、岗位成才的成长故事。2015年、2016年连续两年我被邀请参加省委宣传部组织的"百姓故事汇"活动。2015年9月份，我又登上了燕赵讲坛，成为劳模登台宣讲的第一人。如今，"杨普工作室"也成为常山纺织的一扇窗口，在社会上产生了良好效应，国家、行业、省市等各级领导多次考察指导，接待参观3600多人次。上海东华大学先后分两批共计40余名在校研究生到工作室参观学习。

　　几年来，在"杨普工作室"的带动下，我身边的青工们已经熟练驾驭牛奶纤维、汉麻纤维、天丝、羊绒、甲壳素等高难度新型纤维面料产品织造，并全部保质保量交付订单。工作室还先后培养出各级先进模范30多名、基层班组管理人员6人。多个生产小组被中国纺织工业联合会授予"郝建秀小组式全国纺织先进班组"。成员们也在工作室活动的开展中得到历练提高，工作室成员葛文军荣获全国劳动模范，冯丽朝荣获河北省劳动模范，杨丽茹、刘冬获得河北省五一劳动奖章、全纺劳动模范，李伟荣获全国五一劳动奖章。杨普工作室现已被国家人力资源和社会保障部、财政部授予"国家级技能大师工作室"称号；先后荣获全国工人先锋号、全国示范性劳模和工匠人才创新工作室、全国财贸烟草轻纺系统劳模创新工作室，河北省工人先锋号、河北省职工创新工作室，石家庄市职工创新工作室、石家庄市工人先锋号等荣誉。

　　这些年来，我也一直把"带徒传技、创新创效"作为我成为劳模后的追求，把工作室当成我继续奋斗、继续出彩的平台，通过工作室的工作让更多的员工得到技术提升，得到劳模精神的传承。在企业给我不断搭建的平台上，我不能停步也不敢停步，年年又有新进步，年年又上新台阶，先后又取得了第十一届中华技能大奖、全国职工职业道德建设先进个人、全国纺织行业年度十大创新人物、中国青年五四奖章、中国纺织大工匠、省市金牌工人、省市拔尖人才、河北省优秀共产党员等荣誉，享受国务院特殊津贴，还当选为共青团河北省委兼职副书记。2013年4月，《人民日报》、新华社、《光明日报》、《经济日报》、中央人民广播电台、中央电视台、《工人日报》、《中国青年报》、《中国妇女报》等中央、省市各大主流媒体和《中国纺织报》、《纺织服装周刊》、《中国纺织》杂志等行业媒体记者，齐聚到石家庄常山纺织，深入生产一线对我的事迹进行采访报道。

五　荣誉背后，家是后盾和港湾

　　婚后，爱人对我工作的支持更多地就成了两句话：饭菜上桌，他说"你先吃，吃完好忙去"；吃完饭，他说"放着我收拾"。遇到加班，不论到多晚，他都会到单位门口接我回家，每次走出单位大门，昏黄的路灯下我总能看到那个熟悉的身影，让我既感动又幸福。

众多荣誉的背后，家是我最温暖的港湾，是支撑我不断进步的力量，家人是我最坚强的后盾。有了家人的理解和支持，我才能毫无后顾之忧地努力工作，我所有的荣誉也包含了家人无怨无悔的付出和奉献。

2003年，我在车间一位师傅的牵线下，认识了我爱人聂子明，开始谈恋爱，但那时我并不看好我们俩。因为，当时我的接头成绩进入了再提高的瓶颈期，为了突破，我把所有的业余时间都花在了练习上，当时都可以用痴迷来形容自己。所以什么看电影、逛公园、轧马路的邀请，我一律都婉拒了，试想哪个热恋期的男女能扛得住这一次又一次的推脱呢？没想到的是，小聂做到了！有一天他高兴得像解决了一个天大的麻烦一样，给我打电话："咱们去逛公园吧，去时你带上秒表、纱线，到那儿，我给你掐表你练习，这样不就两不耽误了？"就这样，公园里出现了一对"奇怪"的情侣：别人是哪隐蔽就去哪说悄悄话，我俩却是哪光线最好，我们就去哪；别人是相偎相依、卿卿我我，我俩却是聚精会神、双手翻飞；别人说的都是甜言蜜语，我俩讨论的更多的却是接头的质量，以至于那时的他也经常跟我开玩笑："你这哪是找对象呀，分明是找了我这个免费的陪练吗？"也正是这一次次所谓的"约会"，成就了我的接头成绩达到一分钟38个，超出了国家部颁标准75%。在自己练习的过程中，我还总结了机下打结要领口诀：掐头快而挺、搭头绕圈小、压纱拉纱准、动作要连贯。这成绩里凝聚了子明本该拥有的花前月下的时光，也正是从那个时候起我便认定了子明就是我这辈子值得托付的爱人。

2006 年初，双方父母已经为我和子明商定了婚期，我和子明也就开始筹备婚礼，彼此沉浸在甜蜜喜悦当中。婚期临近时，公司有意让我代表企业参加河北省挡车工的技术大赛。但备战大赛，势必会和婚期发生时间上的冲突，机会难得，犹豫再三，我决定推迟婚期。但看着每天都浑身洋溢着幸福、兴冲冲准备婚礼的子明时，我怎么都张不开口。当细心的子明察觉到时，我想他一定不会答应，可没想到他反而安慰我："你好好备战吧，父母的工作我来做，不过你也要考个好成绩，到时让他们和咱们一起高兴高兴。"最终，我如愿取得了优异成绩，婚期却整整推迟了半年。后来，我们的婚礼全程由公司工会主动操办，公司领导亲自为我们祝福贺喜，婚礼上，当他终于为我披上婚纱时，我觉得自己是世界上最幸福的新娘。

　　婚后，爱人对我工作的支持更多地就成了两句话：饭菜上桌，他说"你先吃，吃完好忙去"；吃完饭，他说"放着我收拾"。遇到加班，不论到多晚，他都会到单位门口接我回家，每次走出单位大门，昏黄的路灯下我总能看到那个熟悉的身影，让我既感动又幸福。我知道爱是互相的，工作也是需要彼此互相支持的。爱人在外地工作的几年，每天我都会给他打一个电话，我会提前给他准备好换季的衣服，给他寄去最爱吃的家乡特产。自己怀孕期间，为了不让他分心，不影响他的工作，每次我都是报喜不报忧，就连临产，爱人都没有及时赶回到我身边。双方父母更是为我们的小家撑起了一个爱的大家，孩子从我上班起就交给了父母带，老人们克服困难轮流为我们带孩子，遇到孩子生病不舒服，母亲一守就是一夜，能替我们分担的她从不让我们耽误工作。对于女儿，虽然我陪她的时间很少，但她从没有因此给我哭过、闹过。已经上小学二年级的女儿，虽然现在的她并不知道劳模的真正含义，但她给小伙伴们谈起自己的妈妈时，也会非常自豪地说："我妈妈可厉害了，是全国劳模。"有小伙伴到家玩时，她最爱的就是拿出我胸戴大红花的照片和小伙伴们分享。

　　2016 年 12 月，作为"80 后"的小家庭，我和爱人以彼此包容理解、相互支持工作进步的家庭事迹，荣获了首届"全国文明家庭"荣誉，在北京受到习近平总书记的亲切接见。会上，总书记发表了重要讲话，强调了要重视家庭、家教、家风，他说："家庭是人生的第一个课堂，父母是孩子的第一任老师。广大家庭要帮助孩子扣好人生的第一粒扣子，迈好人生的第一个台阶，以千千万万家庭的好家风支撑起全社会的好风气。"是啊！

作为一名母亲，我有责任为孩子营造更加和谐幸福的家庭成长环境，在孩子的成长过程中，也许我对她的言传并不多，但我想我们的身教给予孩子的一定是向上的、积极的。2017年在河北卫视《中华好家风》的节目现场，主持人问我家女儿："妈妈都教你什么呢？""自己的事情自己做！不怕吃苦！"女儿稚嫩的童声响遍了整个节目现场。2018年五一，我的大幅劳模照片出现在石家庄的各大地铁、公交的宣传橱窗里，当女儿看到时，不禁伸出大拇指在海报前高兴地和上面的我一起留影。

六　感恩新时代　奋战再起航

"天上不会掉馅饼，幸福全靠双手造"，在这亘古不变的道理面前，实现梦想没有捷径。劳模精神永远不过时，新时代更需要劳模精神。

2017年，我非常荣幸地当选为党的十九大代表，光荣出席了党的十九大盛会，在北京人民大会堂的现场亲耳聆听了习近平总书记做的精彩报告。回顾着过去五年我们党和国家取得的非凡成就，我深深地为我们国家骄傲，为我们的党自豪。未来五年的宏伟蓝图让我激情满怀、奋战起航。

会后，我积极宣讲报告内容及大会精神，先后到企业、机关、学校、社区等进行了40多场次的宣讲，听众达万余人。宣讲中，我把自己参会的所见所感讲述给大家，把对十九大报告的学习体会分享给大家。一次在一家企业的宣讲现场，在互动环节中，一名青年技术工人向我问道："现在很多年轻人不愿意进企业，不愿意当工人，连我们自己有时也觉得没前途、没地位，那这种局面将来会改变吗？"

"通过我对报告的理解和分析，我认为是会的，新时代是我们技术工人重返吃香的时代！"我肯定地回答他，"报告中讲到，新时代建设现代化经济体系，要着力加快建设实体经济，加快建设制造强国，加快发展先进制造业，建设质量强国。这就是新时代赋予我们技术工人的机遇和新的舞台。科技是第一生产力，但最终把科技转化为生产力的还是一线的技术工人。因此加强工人阶级队伍建设，加快高技能人才的培养，建设激励机制都会显得尤为重要。正因为如此，党中央、国务院联合推出我国第一部专门针对技术工人的改革方案《新时期产业工人队伍建设改革方案》，才会把'工匠精神'写入政府工作报告，才会时隔 36 年，党中央、国务院再一次联合以最高规格表彰全国劳动模范和先进工作者。"

2015 年 4 月 28 日，在对全国劳模和先进工作者的表彰大会上，习近平总书记强调，那种无视我国工人阶级成长进步的观点，那种无视我国工人阶级主力军作用的观点，那种以为科技进步条件下工人阶级越来越无足轻重的观点，都是错误的、有害的。不论时代怎样变迁，不论社会怎样变化，我们的党全心全意依靠工人阶级的根本方针都不能忘记、不能淡化，我国工人阶级的地位和作用都不容动摇、不容忽视。再看看我们身边，大力创建职工工作室、有一技之长的工人被纳入各类拔尖人才的队伍中，享有和专家、教授同等的待遇，组织创新工作室带头人的各类培训、重奖技能人才等，都是党和国家对我们关心、爱护、重视的直接体现。

宣讲十九大的过程中，我们的工人劳模党代表更受欢迎，接收到更多的邀请。到哪讲，当主持人介绍我们是劳动模范时，大家首先对我们刮目相看，报以热烈的掌声。这就是时代奏响工人伟大、劳动光荣主旋律的直接体现，我深有感触。这次在十九大报告中又讲到"弘扬劳模精神和工匠精神，营造劳动光荣的社会风尚和精益求精的敬业风气"，这不是正说到我们工人的心坎上吗？这不是再次给我们工人大大地提气吗？所以，工友们，新时代我们技术工人迎来的将是更加浓烈的尊重劳动、工人伟大、劳模光荣、技能成才的大好社会氛围，我们技术工人的技术生涯一定会更精彩，知识型、技能型、创新型的技术工人一定会越来越吃香！我的现场解答赢得了大家热烈的掌声和一致的赞同。

十九大报告中，习近平总书记讲到，要建设知识型、技能型、创新型的劳动者大军。这句话深深地印在我的脑海，我不断深思：知识型、技能型、创新型，这是新时代向我们发出的铿锵召唤。在这样的时代大背景下，我需要用更丰富的知识武装头脑，用更精湛的技术提升自己。

正当我把学习的渴望寄托在网络和新媒体上时，我在各级工会组织的大力推荐下有幸来到中国劳动关系学院劳模本科班学习，并有幸参与了劳模班给习近平总书记写信、收到回信的全过程。

捧着总书记沉甸甸的回信，见字如面，再次给了我们鼓舞和激励。看着回信中"读书深造，这是对大家辛勤劳动、无私奉献的褒奖，也是党和国家对劳动者的关怀"这句话，我的心情久久不能平复，这种读书深造的

机会，是褒奖关怀我们的最高、最好、最需要的方式：在这里，知识渊博的老师给我们深入解读政策法规，带着我们广泛社会实践，教学相长，亦师亦友，提升了我们的文化素质，也拓宽了我们思考的广度和深度；来自全国各地的劳模同学们，切磋交流、开阔视野，取长补短、共同提高；参与"劳模大讲堂""大国工匠面对面"等校园活动，既给青年大学生们传播了劳模精神、工匠精神，又被他们感染了朝气活力……我们是幸运的，很多同学是在不惑之年又实现了自己的大学梦想。作为一名"80后"的青年技术工人，我会格外珍惜学习机会，始终带着责任担当感，带着感恩之心，乐学博学，知行合一再提高。

总书记在回信中再次强调了"劳动最光荣、劳动最崇高、劳动最伟大、劳动最美丽"，这是总书记给予劳动的最好诠释，给予劳动者的最高肯定。回首自己一路走来，我的个人梦想在劳动中得以实现，青春芳华在创造中得以精彩，正是劳动创造成就了我！进入劳模班后，在与同学们的交流中，我更深地体会到，三百六十行，行行都有不易，行行都能出状元。每一名劳动模范，荣誉的背后都是辛勤劳动的流血流汗和劳动创造的坚韧坚守。"天上不会掉馅饼，幸福全靠双手造"，在这亘古不变的道理面前，实现梦想没有捷径。劳模精神永远不过时，新时代更需要劳模精神。

"社会主义是干出来的，新时代也是干出来的。"纺织行业的发展日新月异，纺织产品应用领域越来越广，作为一名新时代的劳动模范和纺织人，在建功奋斗的战场上，我们更加大有可为。我会继续发扬劳模精神、工匠精神、跃马扬鞭、不甘人后，我会学以致用、精研技术、精纺细织、创新创效，用干劲、闯劲、钻劲，带动更多的工友做新时代的奋斗者，在实现纺织强国、实现中华民族伟大复兴的中国梦的征程中，当好主人翁、建功新时代！

致敬词

　　她，一名纺织女工，巧手织就精彩人生，艰苦的磨炼，让她的机下打结成绩，比部颁标准提高了75%；坚毅的实干，让她在9年的挡车工岗位上，超产棉布20万米；她，致力于操作的创新，让繁杂的操作法简单高效；她，慷慨无私地传授，培训的学员优秀率超过90%；她，干一行、爱一行、专一行、精一行，用经纬编织青春梦想，终成国家级技能大师工作室的带头人。她说，众多荣誉的背后，家是我最温暖的港湾。她，和爱人彼此包容理解，成就了一个"全国文明家庭"。

　　致敬——河北石家庄常山纺织集团恒盛分公司纺织工人杨普！

戈壁沙漠中的骆驼刺

——新疆有色集团五鑫铜业有限公司冶炼厂
维修工依达亚提·拜斯拉木的故事

人物小传

依达亚提·拜斯拉木　男，哈萨克族，1978 年 5 月出生，中共党员。电焊工技师、机电设备维修高级工，现为新疆有色集团五鑫铜业有限公司冶炼厂维修工段副段长。先后获 2010 年"新疆有色集团劳动模范"，2014 年"全国有色金属行业劳动模范"，2015 年"全国劳动模范"，2015 年"第四届新疆维吾尔自治区道德模范"，2015 年第十四届"全国职工职业道德标兵"等荣誉称号。2015 年成立依达亚提·拜斯拉木创新工作室，2017 年成立依达亚提·拜斯拉木金属焊接技能大师工作室。中国劳动关系学院 2018 级劳动模范本科班学员。

一 家风的力量

我爸爸从来不说废话，他用他的实际行动慢慢教会我，做事情要坚持，不能轻易放弃，要懂得尊重人。这些做人的道理，使我受益匪浅。

我的家是由七个兄弟姐妹组成的。大哥出生时，按照哈萨克族的风俗寄养给了爷爷家。除了剩下的六个亲生的兄弟姐妹，父母还收养了一个孩子，她的父母早逝，到我家时才三岁。那时候父亲用每月88元的工资维持着全家的生计，母亲是一位贤惠的家庭主妇，父母将我们养育成人付出了极大的艰辛。

我的童年生活像是吃了蜜一样快乐，家里的每一个人都很宠我，也许是因为我年纪小，我说什么就是什么，父母从没有给过我脸色看，更别说挨打了，在我的印象里每次挨打的都是三姐，可当我被欺负时，那欺负我的人可就倒霉了。

母亲身材高挑，是一个充满理性而又智慧的人。小时候我们住在一座美丽的夏牧场上，四面是郁郁葱葱的森林，家门口是一条清澈的溪流。姐姐们常蹚过那条溪流，到对面的山脚下摘草莓。有一次我非要跟着一起去，姐姐们嫌我太小不同意，我就大哭起来，姐姐们怕我的哭声被父母听到，不得不带我一起去。那天过溪流时，两个姐姐抱不动我，就想了一个馊主意：一个抬腿，一个抬头，想要把我扔到对岸。结果她们力气不够，刚好把我扔在了水里。我扑打着水站了起来，母亲来不及解围裙就匆匆跑来，一把把我抱上岸在我身上摸了个遍，我痒得咯咯直笑。其实水不深，刚好到我的膝盖，可妈妈当时被吓得不轻，生怕我哪里受伤。

我的父亲是一个纯朴老实的哈萨克人，他用他的一点一滴的行动影响着我，而我最终也没能报答他。父亲是一个孤儿，他的母亲去世的时候，父亲正吃着她的奶水，当时他还是个不满四十天的婴儿。因为家里条件困难，没有办法供父亲学习，因此父亲便没有上过学，可他却能背出整套《毛泽东语录》《三字经》以及各种哈萨克语诗歌。我觉得人的这一生，父亲起到的作用特别大。我总是跟在父亲身边，父亲除了工作也总与我待在一起。他带着我一起去左邻右舍帮忙，他经常教育我："少说话，不讲别人是非。你是男子汉，和姐姐们不一样，你的责任更重大，要办大事为祖国作贡献。"

父亲是这么教育我的，同时他自己也是这么做的。当年可可托海采矿偿还苏联债务，父亲就是其中的一名采矿工人。当时没有设备，没有粮食，全靠手挖肩扛，每天吃四五个馒头，不管春夏秋冬，都冒着生命危险在为祖国贡献一份力量。还记得有一次，我帮同村一户人家砌墙，得到了二十元的报酬。我高兴地跑到家里炫耀自己的第一份收入，父亲没有吭声，抽了几口烟后，就带着我到那堵墙跟前重新和了泥，和我一起将那应付差事完成的墙，重新抹了一遍泥。他对我说："你收了别人一分钱，就要做出两分钱的工，不要想着占别人的便宜。"抹完墙，我们用五元钱买了些吃的给家人，把剩下的十五元交给了母亲。从此，我做什么事情都会十分用心，既干净整洁，又讲质量。

我小时候调皮，也不好好学习，可爸爸从来不骂我，最多只会说我有点过分了。我们哈萨克人每年8月初到8月20日要准备冬天用的草。我们是用人工排队收草的方式，每次收的长度有五十多米，爸爸总会让我跟在他后面，这期间爸爸不让休息。可是我很累，很想休息，爸爸就会对我说"你是不是个男人"。收到头，然后在树底下休息。每次我们一块儿上街的时候，他只要看到路上有石头，就会捡到路边上，还告诉我，以后我如果看到石头，也要捡。他说走路的人没事儿，骑摩托的人会因为这些石头摔倒。他每次见到街上要饭的人，都会给我一两毛钱让我给他们送过去。受父亲的影响，这些事情，到现在我也这样做。

我爸爸一直对我说，"在这个世上，人要实打实地干"。我爸爸从来不说废话，他用他的实际行动慢慢教会我，做事情要坚持，不能轻易放弃，要懂得尊重人。这些做人的道理，使我受益匪浅。在我的心目中，爸爸是一个硬汉子。他去世那天的中午，还把我叫去和我聊天，叮嘱我说"要看好你的兄弟，照顾好他们"，我却因为急着去上班，答应一声就走了。早知道这是父亲最后一次和我说话，那天下午我绝对不会急急忙忙地去上班。现在想起来，当时他的心里肯定很痛吧，会有多少舍不得和多少想对我说的话还没说出口呢，可最终也没有跟我们说完就走了。

我又想起一件事，那是上小学的时候，依稀记得家里来了一位汉族大叔，一见面就和父母亲切地拥抱在了一起。而我们一直住在山上，很少见到生人，所以心里有一丝陌生和恐惧。汉族大叔和父母交流着什么，总之说一些我们听不懂的话。只见他拿出很多钱放在桌子上，父母怎么也不肯收下。无奈的汉族大叔又拿出一个头巾做的大口袋放在桌子上，用手示意我们过去，原来里面装着各种好吃的，那是我们从未见过的。妈妈热情款待汉族大叔，大家一起品尝汉族大叔带来的好吃的，吃到口袋底部只剩下一些奶疙瘩的残渣。父亲讲起了汉族大叔来的缘由，原来汉族大叔也是矿工，受伤后到我家休养了一段时间才下山，汉族大叔这次就是专程来感谢父母的。走时，母亲想给汉族大叔带些口粮，没有袋子，于是母亲就用头巾缝成口袋，装口粮交给了汉族大叔。就是因为在那个物资匮乏的年代，有了这样一个精神世界丰富的家庭，才成就了现在的我。我将用我的一生感激和报答父母的养育之恩，报答祖国的栽培之恩。

我跟我妻子在一起 23 年了，我今年四十岁。1996 年高中毕业，就是那年开始出来打工。我上高二的时候我就跟我妻子说，"你不要喜欢别人，我要你做我的老婆"。我说话算数。1999 年我们结婚了。我现在想起来，我选对了人。我特别地爱她。一开始结婚我们没有钱，我到处打工，没有一个稳定的收入。当时我们的生活有点困难，不过我们挺开心的。

说实话，我感觉特别愧对我的妻子。我天还没亮就上班，等到天黑才回家，一回家吃完饭就睡觉。我开始工作就忘了家里面的事，有时候天天加班，可她从来不埋怨，特别支持我的工作，不论我多晚回家，她都会做好饭菜等我回家。因为我工作的原因，家里的事情全部都是妻子亲手打理。她每天洗衣做饭等我回家，教育我的女儿，陪她们学习，照顾一家人的起居。当家中资金周转不过来的时候，她不辞辛苦晚上烤饼干，第二天拉到街上去卖。可我从来没有听她说一个累字，她总是笑嘻嘻的，不论生活有多累有多苦，都不忘鼓励我、支持我。我现在在中国劳动关系学院劳模本科班上学，我的大女儿明年高考，妻子比以前还要辛苦吧。她默默地对我付出，我真不知道怎样感谢她。

2000 年，我们有了一个女儿；2004 年，我们又迎来了第二个女儿；我还有一个领养的女儿叫卡西拉。不知道的人都以为卡西拉是我的亲妹妹，身边的人都知道她是我爸爸在世时收养的一个孤儿。在卡西拉三岁时，父母双亡成了孤儿，爸爸妈妈就把卡西拉领回了家，从此卡西拉就成了我们家庭中的一员。可是天有不测风云，人有旦夕祸福，爸爸妈妈收养卡西拉才六年时间，也就是在卡西拉9岁时，他们在半年之内相继去世，卡西拉再次成为孤儿。爸妈去世时，看到卡西拉无人照顾，孤苦伶仃，我看在眼里疼在心里，当时我的工资才一千块钱，可我毅然决定完成爸爸妈妈未完成的任务，继续抚养卡西拉长大成人，这样我就有了三个女儿。我妻子特别善良，她二话不说便同意了。我们把卡西拉养大成人，她很听话，是一个好女儿，她最后考上了河南技工学校。虽然我们经济并不富裕，但最起码有个家，能让家人吃饱穿暖，能让她们继续读书完成学业。2017年我和妻子又张罗着给她结了婚，所以卡西拉视我如亲哥，有什么事都和我商量，经常打电话问候。

爸爸妈妈的一言一行深深影响了我，我又以爸爸妈妈留下的良好家风和高尚品质影响着我的女儿们，所以我女儿也非常善良、非常懂事，无论在学习上还是回到家里，都非常让我们省心。我从小教育她们要以爷爷为榜样，不管穷与富，不管和什么人打交道，都要以一颗善良的心待人，都要以吃亏让人为原则，传承良好的家风和优良传统。

二　我的"启明星"老师

瓦克力汗老师就像我的启明星，是那个我想要放弃时给我动力的重要的人，是我在做错事时不断教导我的人，是我一生都没有办法回报的人，她的所作所为使我终生难忘，并使我终身受益。

1987年，我开始求学之路，进入了小学一年级。1992年，我朦朦胧胧地进入了初中的学习生活。

在初中的学习生活中，我遇到了此生难以忘怀的老师——瓦克力汗。在我的成长里，经历过许许多多的事情，她就像一叶小船，在我的脑海里回荡。她就像沙滩上的贝壳"光彩照人"。每当我做错事时，我就会想起她。那时的我十分调皮，三天两头惹事情，在冬天弄坏班里的暖气管，在夏天到处泼水还泼了老师一身，在春天的时候踩着满鞋子的泥巴大大咧咧走进教室还迟到，在秋天拿虫子吓唬其他同学被叫进办公室，这些都是我上学时的家常便饭，因此代课老师都不看好我，认为像我这样调皮的孩子，以后也不会有什么出息，只会惹是生非。可是我的班主任瓦克力汗老师自始至终地在鼓励我、开导我，每当我惹事，她总会将我叫进办公室耐心给我讲道理，告诉我身为一个男子汉，该做什么不该做什么；告诉我学习不好不代表以后没有出息，可是做事没有耐心没有忍耐力，那么一切努力将会白费。当所有人都认为我不行的时候，她总会给我一个肯定的眼神，告诉我一定可以做到的。当所有人都训斥我做得不对的时候，她总会耐心教导我，绝不轻易地放弃我。当所有人为我的成就感到惊讶时，她安心地笑了笑，好像一切都在她的预料之中一样。她像我的启明星，是那个我想要放弃时给我动力的重要的人，是我在做错事时不断教导我的人，是我一生都没有办法回报的人，她的所作所为使我终生难忘，并使我终身受益。

1993 年，我开始了高中学习。那时的我，经历了家庭的困难，经历了许许多多的事，缺少了儿时的玩性，更多的是成熟和理性。我的学习在班里算是刻苦，终于功夫不负有心人，1996 年高中毕业后，我接到新疆大学的入学通知书。拿着录取通知书，面对家庭困难，我却犹豫了，在上大学和外出务工之间做出了艰难的选择。最终，为了减轻家庭的负担，我悄悄揣起大学的入学通知书，义无反顾地选择外出务工。

三　哈萨克小伙的职业成长路

2015 年，我荣获全国劳动模范奖章，在光环的照耀下我并没有改变，说得最多的依然还是那句"少说话、多干活、多学习"。

"少说话、多干活、多学习"是我常说的一句话。1978 年出生的腼腆的哈萨克小伙不善于表达，但这句话却成就了我。请你们走进我的世界，探寻我的成长之路。

我高中毕业，一直在外打工。1996年在新疆维吾尔自治区阿勒泰富蕴县铜矿冶炼厂干了一年，1998年到1999年在稀有公司锅炉房工作，又在稀有公司阿土拜井下干了两年，那期间有一次，在阿土拜北井口井下工作，我作为班长，带领一班人员下井进行采矿、爆破任务，因为设备及安全意识不够强等方面的原因，工作过程中出现了安全方面的意外事故，工作结束时，班组人员逐一转移到地面，班长最后离开是当时工作的原则，身为班长本就该做自己应该做的且负责任的事。当最后一位班组人员离开后，我坐进转运机里准备就绪离开现场。可就在转运时，转运机碰到了前方松动的石头上，导致塌陷。我被困在了井里，身体被转运机及一些货物压住，无法活动。同班组人员听到声响，立马回头跑到井口，看到事故发生立马联系了相关人员，开始了长达六小时的营救。

终于，在六小时后，我成功获救。同事用用本该装货物的大卡车将我送回了家中，当时我的感觉像是全身麻痹，疼痛得没办法用言语形容，当时家庭条件困难，不想浪费钱去医院，便一个人忍了下来。我的同事听说我遭遇了安全事故，将他家中从老家带来的可以消炎止痛的酒带给我，并帮助我用酒给我消毒消炎止痛，擦拭了我的伤口。那天，我感觉自己像是死里逃生，可我不后悔，我认为这是我应有的职业道德操守，是我身为班长应该做到的。从这次事故中，我也发现了不少工作中的安全问题，并对此进行了正确的处理和及时的改正，以防下次再有人因为同样的安全原因遭受安全事故。我不仅收获了工作上的经验，还收获了一个同事的关心和照顾。从此，我有了一个深刻的体会，五十六个民族是一家，并且永远不分家。

2000 年到 2002 年，我在八七选厂工作；2003 年，我在拓源公司转正，一干就是 10 年。2013 年 3 月到 2018 年，我在五鑫铜业工作。我先后干过炉后工、爆破工、锅炉工、破碎工。

我们将时钟拨回到 20 年前，高中毕业后的我一直打工赚钱，可当我站在木桥上，望着额尔齐斯河水的时候，心中在想："就这么干一辈子吗？不行，得学门技术。"倔强的我定下心思，便开始了求学之路。我先后拜过 11 位师傅，其中的艰辛也只有自己知道。正是有了这些师傅的言传身教，才培养了我现在良好的工作习惯。记得我的第二位师傅，曾教我工作结束后，要把剩余的焊条从焊枪上取下来。有一天工作太忙给忘了，师傅发现后就把那根剩余的焊条让我叼了半天，然后问："难受吗？"我回答："难受。"师傅说："焊枪也难受。"后来我明白了长时间夹着焊条会对焊枪的弹簧产生影响，师傅是告诉我爱护工具要像爱护自己一样。

我的学技之路并不是一帆风顺的，由于打工常换岗位，技术上提高较慢，但并未妨碍我求知的欲望。当我向第四位师傅拜师时，师傅说："你先焊完 500 公斤焊条再来找我。"我真的就去练习，等焊完 500 公斤的时候，师傅说："我该教你的都教了。"原来在我练习技术的过程中，师傅总会不时地指点一下，长时间的练习已让我具备了扎实的基本功。

要学就要学精，要做就要做到第一。我心中一直有个愿望，就是要超过那些技术好的师傅。一天，我与朋友一起在小店喝酒，突然我看到有几位在当地很有名气的电焊师傅进来吃饭，其中一位师傅还有左右手都能焊接的技术。我便立马有了求学的冲动，摸摸口袋只有 20 元钱，平常从不向人伸手借钱的我把手伸向了小伙伴们，东拼西凑借了几十块钱，就要去套词。小伙伴说："明天不行吗，非要现在？""不行，以后不一定能碰上这样的好机会。"说完我就跑去为几位师傅付了饭钱，拿着 1 瓶 5 块钱的小酒，套起了近乎。师傅喝酒正酣，给我传授了不少经验。我一边喝酒套词，一边不断提醒自己："千万别喝多，一定要都记下来。"正是靠着这份劲儿，我终于在全公司十几个单位、几十名电焊工技术比武中独占鳌头，成为独当一面的技术能手。

2004 年，我终于在稀有公司碳化硅厂拥有了一份稳定的工作。打工 8 年的我尤其珍惜这份工作，刚参加工作时主要干的是技术含量比较低的工作，前八年时间我从事过锅炉工、爆破工等工种，这些岗位都不需要太高的技术，只要有力气，工作认真负责，就不会出差错，当时也感受不到学习的重要性。后来因工作需要，我到了焊工的岗位上，刚开始我以为焊工很简单，师傅教了几遍后，我就自以为是地独立操作了。谁知一个看似很简单的焊接点却怎么也不听我的使唤，不是手持焊枪要领不对，就是焊接方法错误，反复折腾了一上午，也没有解决问题。师傅一边摇头叹气，一边接过了我的焊枪，不到几分钟就解决了问题。转岗后的第一天，师傅就给我上了生动的一课，让我打心眼里认识到知识的重要性。我深知新的工作岗位对技术要求很高，仅靠工作热情和一身蛮劲是解决不了问题的。

我暗下决心要学习技术，当一名合格的工人。由于哈语教材缺少，我的汉语水平仅能够进行简单的日常对话。在实际操作中，一些技术性比较强的短时期内很难掌握，影响工作进度，我经常拖班组后腿，同事也有一些埋怨，我也感到很没面子，我暗下决心一定要攻下汉语这个难关，学好专业技术，不给班组丢脸。为了尽快掌握焊接技术，我购买了汉语字典和专业技术类书籍，坚持自学汉语，向汉族同事请教，我经常放弃节假日休息，对照书上讲解的要领，反复实践操作。经过刻苦学习和向师傅同行请教，用了不到三个月的时间，我就掌握了 1000 多个汉字，能较为熟练地查阅字典，并能看懂一些基本的专业数据。半年不到，我就基本掌握了焊接、冶炼等工艺。一年后的我，在焊接、冶炼岗位上就能独当一面了，并多次在公司举办的技术比武和技能大赛中获奖。回忆当时的情景，我的想法"其实就是把活赶紧干完，我不去难受"。我将责任自觉地扛到肩上，也许正是这样点滴的积淀才造就了今天的我。凭着我的好学、踏实，我很快学会了开叉车、铲车、行车，取得了中级电工证、电焊技师证、铲车驾驶证，成了单位骨干。

父亲曾告诉我，哪怕一天给你 5 块钱，你也得把活干好了。2010 年，稀有公司组织大干 100 天劳动竞赛，单位的人手不足，但生产任务不等人，所有骨干都补充到了一线，我管着石英、石油焦的破碎工作，为了抢任务，我吃住在现场，一干就是 12 个小时，连续几天破碎石英 40 余吨，可我却靠在大树旁，晕了过去。醒来看到同事焦急的眼神，我反而感到不好意思，说道："我这么壮的身体，怎么会晕倒呢？"同事们看着我那憨厚的脸说："你干活也太实在了。"面对被大雪压弯的屋顶工字梁，在高空中作业非常危险和困难的情况下，第一个报名上去的是我。圆磨破碎机出故障拆不下来，三天过去即将造成停产，最终想办法、解决难题的是我。2014年五鑫铜业架设输酸管道，连续十天在岗位上工作超过 12 个小时，架设任务提前计划 5 天完成，这里有我。同年，在五鑫铜业停炉检修，因检修任务突然，时间紧迫，为了抢进度，我在检修现场连续奋战七十多个小时，饿了吃点同事们送来的已经冻成冰块的馒头，困了就在操作室和衣打一会儿盹，终于如期完成检修任务，确保了紧急抢修后能够正常投产。

2010 年，我对石英破碎设备进行了技术革新。2011 年，我对圆磨设备技术改造。通过我对设备技术改造和革新，设备故障率大大降低，提高了效率，确保了生产任务顺利完成。同年冬天，新疆阿勒泰地区遭遇一场 60 年一遇的特大雪灾，地处阿勒泰地区的可可托海矿区也同时遭到了暴雪袭击，我当时所在的单位的厂房房顶被大雪压塌，设备被损坏，严重影响来年的开工生产。为了尽快恢复生产，减少雪灾带来的损失，公司及时组织人员进行生产自救，将积雪清除，抢救恢复被大雪压塌的厂房屋顶。面对被压塌的屋顶工字梁，在高空中作业非常危险和困难的情况下，领导决定派一名有经验的同志进行拆除处理。这时我要求上去，面对高空作业带来的危险，我采取有效的安全措施，终于在开工生产前顺利完成了修复。

自参加工作以来，我先后从事了多项工作。在工作中，凭借着我的刻苦努力学习、克服语言障碍，处处严格要求自己，进而成了一名能当重任敢当重任的技术骨干，工作生活中积极上进，爱岗敬业，无私奉献，乐于助人，能够和各族员工打成一片，得到了全公司上下的一致好评。2014年，公司化工区域管道阀门故障频繁，基于这种情况，我联系了技术室，进行阀门改造实验对阀门翻板进行改造。维修后的阀门使用效果良好，甚至可以与新阀门使用效果相媲美。同年，在化工厂因废酸压力机不锈钢进液弯头不断腐蚀，我对废酸压力机进液接头进行改进，使废酸压力机使用寿命延长，从前三个月换一次的弯头经过改进后便可一年换一次，为公司节约了一定量的经费。

在工作中，我始终不忘刚到公司时老师傅对我的传帮带，坚持一边进行技术革新，一边对新进入公司的员工进行传帮带，把自己 20 年来摸索总结的一些好的经验，无私地传授给新员工，先后带出了 15 名徒弟。我们结合岗位实践经验，先后向公司提出合理化建议 42 条，有 37 条被公司采纳，为公司节约经费 200 多万元。在我工作的车间，还成立了劳模工作小组，我们这个小组在面对急难险重任务时总是冲在最前面，及时处理许多棘手的任务。2015年，五鑫铜业公司工会成立了以我的名字命名的"依达亚提劳模创新工作室"，在2018年又成立了"依达亚提金属焊接技能大师工作室"，这使我能够充分发挥带头人的作用去带动其他同事提高技术水平，提高工作效率。

2015年，我荣获全国劳动模范奖章，在光环的照耀下我并没有改变，说得最多的依然还是那句"少说话、多干活、多学习"。在同一年公司机构调整中，我被分到了新的岗位，负责化工区域的维修工作。虽然我之前也是负责维修工作，电焊基本功也算扎实，但是内心还是有些忐忑，我对化工设备不熟悉，怕不能很好地完成工作，拖大家后腿，晚上睡觉我都在想接下来的工作要如何干，怎样提高自己的技术水平，不辜负领导对我的信任。

我迅速进入工作状态，再一次开启了我的求学之路。大家都知道，我曾为了学好电焊技术先后拜过11位师傅，如果你们以为这11位师傅就是终点，那你就错了。同样为了尽快熟悉化工设备的维修工作，我先后又拜了徐洪清和王富军两位为师。在师傅们的眼中，我特别喜欢钻研业务，工作中遇到了技术难题，我想尽办法解决，别人休息的时候我在厂房研究设备，对设备进行拆装；大家一起吃饭的时候，我虚心请教，解心中所惑。每解决一个技术难题，我就有一种很享受的成就感，加班加点工作更是常有的事情，可我毫无怨言，积攒的补休对我来说只是个数字罢了。两年内，我就对化工厂的设备了如指掌了。

徐洪清是我非常尊敬的师傅，技术好，工作阅历丰富，虽说我们没有正式的拜师过程，但愿意手把手地教我，从基础开始，这两年的时间教会了我很多，我的成长离不开他的帮助。经过两年多的努力学习，以前认为的难事，现在对我来说都可以轻松解决了。当然，我的学艺也不会结束，在我的心中师傅是不分年龄的，只要技术好，比我年龄小再多，我都愿意向他们学习。正是靠着这份在工作中不断发现问题、解决问题的钻劲，我的业务水平得到了很大提升，也让同事和领导看到了我的能力。

精益求精一直是我对自己的要求，希望自己可以通过努力掌握更多的技术。有一天，我看到维保队的师傅正在用塑料焊枪焊接塑料管，这是我从未接触过的，当时我就心痒痒的，想去试试。可我清楚，虽然焊接原理基本一样，但一定还是有很多需要注意的地方，于是我在心里打起了自己的小算盘。接连三天，每天我都自掏腰包给维保队的师傅买盒好烟，和师傅们套近乎，默默地在旁边观看。也许是被我的诚心打动，维保队的师傅主动问我想不想试试，当时可把我乐坏了，在这次实践中，我和维保队的师傅们成了朋友，也很快熟悉了塑料焊枪的操作。也正是因为这件事，我做出了一个决定，我想去熔炼厂最艰苦的维修岗位锻炼自己。我首先将这个想法告诉了妻子，妻子说："熔炼厂的工作可能比你想象的还要艰苦，你确定要去吗？""是的，我想提高自己的技术水平，想学更多的东西，我现在还年轻，应该多去艰苦的地方锻炼一下自己。"听了我的话，妻子默默点点头。得到了妻子的支持，我更加坚定了自己的想法，面对朋友、同事的不理解，我没有做过多的解释，只是说"我不怕脏，也不怕累，我只怕不能练就一身好技术，在公司需要我的时候出一份力"，朴实的话语感动了很多人。活到老、学到老，干一行、爱一行、钻一行，人的爱好越多，与别人共通的东西便越多。

我是一名少数民族员工，我对"汉族离不开少数民族，少数民族离不开汉族，各民族之间相互离不开"这句话深有感触。我有很多汉族朋友，有很多汉族的铁哥们儿。我的 11 位师傅中有 8 位是汉族朋友，从他们身上我学会了吃苦耐劳，学会了与人友好相处，学会了互帮互助。班组的汉族同事家人生病或去世，我都会去探望慰问，积极传播民族团结的社会正能量。我虽不善言辞，但内心却非常细腻。赵来顺是我的徒弟，一个年轻的"90 后"，老家在甘肃，在新疆没有什么亲人，职专毕业后就来到五鑫工作。2018年春节，因为生产任务重，赵来顺不能回家和家人团聚，需要坚守在岗位，我知道春节对于汉族同胞来说意义很特别，但同样我也清楚工作的重要性，面对生产任务，每个人一刻也不能松懈。为了让徒弟感受到家的温暖，大年三十值班那天，我自己买来新鲜的羊肉煮了一锅肉，和一起坚守在岗位的伙伴吃了一顿特别的年夜饭。一个小小的举动让赵来顺度过了一个温暖的年三十，也让他对我多了一份敬重。我们常说民族团结、民族情，不理解的人总感觉必须要有感人的故事、要得到多少人的认可，我却用最简单的方式告诉了大家什么是民族情，那就是你心中有我，我心中有你！

经历的岗位越多，我的体会也更深了。我认为，要做一名新时代知识型、技能型职工，就必须要善于学习积累，才能成为干好本职工作的行家里手。一名优秀的员工，就是要善于立足本职岗位不断创新发展。只有真心付出才会得到回报，奉献的人生才会出彩。并且在工作的同时，维护各民族的团结，做一名维护民族团结的典范，也是我应做的分内之事。

四　荣誉就像一面镜子

作为一名共产党员、一名劳模，我要时刻发挥先锋带头作用，用自己的真情实感给我的同事们讲党的好政策，用自己的行动积极传播正能量。

在这么多年的不懈努力，以及领导和同事们的不断关心鼓励之下，我越来越踏实工作、爱岗敬业、履职奉献，赢得了大家对我的肯定及支持。我在平凡的工作岗位上开始获得了属于自己的荣誉。

2008年，我被拓源公司党政评为2008年度拓源公司"先进个人"。这是我工作以来第一次获奖，我非常激动并且非常感激大家对我的认同。于是，我开始更加努力地为社会贡献自己的一份力量。2009年，我再次被拓源公司评为2009年度拓源公司"先进个人"。在这两年里，我受益匪浅，我源源不断地收获到了新知识、新体会，我养成了努力工作、刻苦钻研的好习惯，养成了勤奋敬业、踏实肯干的好作风，养成了脚踏实地、乐于奉献的好品质，并且要继续坚持下去。我的努力只有更多，没有最多，这使我在工作中不断创新、艰苦奋斗。2010年，我被公司评为年度标兵。我的努力得到了同事和领导的肯定，这使我更有动力、更加积极向上地去努力工作。2011 年，我再次被评为 2011 年度标兵。同年，我还被新疆有色集团评为集团 2009 ~ 2010 年度劳动模范。2011 ~ 2012 年，在公司举办的技术比武和技能大赛中，我先后取得了第一、二名的好成绩。

2013 年，原单位转型，我毅然放弃了多家公司向我伸出的橄榄枝，放弃高薪聘请，自愿来到五鑫铜业继续担任一名奋战在一线的维修工人。在这一年中，我一边熟悉新的环境，与同事友好相处，互相帮助，一边熟悉单位的规章制度、工作时应该注意的事项，以及我该如何在这岗位上尽自己最大努力去奉献自己，为我的工作付出。功夫不负有心人，在一年的努力后，我得到了属于自己的荣誉，得到了大家的认可。2014 年，我被人力资源和社会保障部以及中国有色金属工业协会授予"全国有色金属行业劳动模范"。

荣誉就像一面镜子，带来压力的同时也带给我动力。在求知、求艺、探索前进的路上，我没有捷径可走。在经历一次次挫折后，依然跃起身子、顽强向前，以更新、更强、更旺的活力，追求职业技能的提升，对工作耐心专业、执着坚守，对产品精雕细琢、精益求精，这就是"工匠精神"。

2015 年，我被中共中央、国务院评为"全国劳动模范"。党的十九大胜利闭幕，我发自内心地拥护以习近平同志为核心的党中央，决心以良好

的作风把党的十九大提出的目标任务落实到工作之中。在工作的20年中，我不仅自学了汉语，还自学了多门技术，得到了今天的荣誉。我感激不尽，抱着感恩的心，继续努力工作，努力奉献自己的一份力量去回报祖国，回报社会，回报支持我肯定我的单位领导及同事。

2015年8月，我荣获第四届自治区道德模范（敬业奉献）奖。凭借刻苦努力，我克服了种种障碍，处处严格要求自己，终于成了一名能担当重任、敢担当重任的技术骨干。我在工作生活中积极上进，爱岗敬业、无私奉献、乐于助人成了大家给我的标签。2015年12月，我被新疆有色金属工业（集团）有限责任公司评为"2015年度优秀四好员工"。2016年、2017年我再连续摘取公司"优秀四好员工"荣誉称号。在"2016年中国梦·劳动美·新疆好"劳动模范及优秀青年、先进妇女代表"进企业、进机关、进校园、进乡镇、进社区"巡回宣讲演出活动中，我还被自治区总工会、团委、妇联评为"优秀宣讲员"。

2017年7月1日，我正式成为一名光荣的共产党员，感谢党组织对我的培养和信任。作为一名党员，我深感肩上的责任重大。如今，我带的徒弟有多个民族，我们就像亲兄弟一样，生活上互相关心，工作上互相帮助、共同进步。作为一名共产党员、一名劳模，我要时刻发挥先锋带头作用，用自己的真情实感给我的同事们讲党的好政策，用自己的行动积极传播正能量，和各族同胞携手并肩，用实际行动与破坏和谐稳定的"三股势力"和"两面人"做坚决斗争。

五　到北京上大学，我很感恩

"吃水不忘挖井人"，我有一份感恩之心，我会好好学习，回报企业，回报社会，回报我亲爱的祖国。

2018年3月，我拿着中国劳动关系学院的录取通知书，怀着无比激动的心情来到这所学校，开始了我期待已久的大学生活，实现了我内心一直向往的大学梦。对于我这样一名少数民族学员来说，最困难的莫过于汉语言专业的学习。比如《论语》《老子》等文言文的阅读以及翻译和理解，对于我而言都是较大的挑战。包括英语的学习，因为我儿时学的是民族语言，因此在我的课程中，从来没有接触过英语。来到这里，英语的学习是我第一次正式学习了解英语言专业。但是我并不轻言放弃，我将工作中的坚持不懈带到学习中，在这几个月内，我收获良多。我会在休息时间去图书馆学习，拿着哈汉互译字典，逐字逐句地对我不理解的内容进行查阅，并及时记录在我的笔记本中。在放长假时，我会多出去走走，在北京这样的文化古都，我的所见所闻所感所想，都影响着我的一言一行。我学会了太多我原本不知道也不会有太多可能接触到的事物，学院的同学对我的帮助使我感动，他们会和我探讨人生哲理，帮助我学习理解学习过程中我不理解的内容。我们就像是一家人一样，学习生活在这里。

当然，我能来到这里收获知识的果实，除了自身的努力外，还有五鑫铜业领导以及同事们的不断支持和鼓励，使我有勇气相信自己一定能行。在这里学习的一段时间，我最感谢的人就是我的妻子。她用弱小的肩膀撑起了本应该由我来担当的责任，她不辞辛苦地照顾着我两个亲爱的女儿，工作之余还不忘和我联系着，问我的起居如何，学习的氛围如何，经常为我开导，时不时让我给她倾诉烦恼。在她的支持和陪伴下，我的两个女儿健健康康地成长、快快乐乐地学习生活着，而我也多亏她的陪伴，能够更加努力更加相信自己。

2018年4月30日，我们收到了习近平总书记的回信。身为中国劳动关系学院劳模本科班的学员，收到总书记的回信让我既激动又紧张。回信思想深刻、内容精要、充满热情、语重心长，具有重大的现实意义和历史意义。作为一名从企业的基层岗位一步步成长起来的劳模，如今又成为劳模本科班的一名大学生，总书记的回信让我和劳模班的同学们倍感振奋，感觉到离总书记越来越近了，也更加感觉到总书记的回信给劳动者的认可和动力。工作要实打实地干，而且要不断地学习，才能胜任工作。正如总书记所说，社会主义是干出来的，新时代也是干出来的。

　　总书记的回信，让我们这些来自基层的劳模真切感受到了党和国家对劳模群体的关怀和厚爱。这个"五一"国际劳动节，我们都沉浸在巨大的幸福中。同学们表示，将在实际工作中去践行总书记对全体劳动者的期许，努力成为"新时代的奋斗者"。5月2日，中国劳动关系学院组织"学习宣传贯彻习近平总书记给中国劳动关系学院劳模本科班学员重要回信精神"座谈会。那天，我也参加了座谈会，并用朴实的语言表达了自己的感想。

　　今天，我们的物质生活有了明显提高，人们的思想观念相对以往也大不一样，但不管社会如何发展、时代如何变迁，劳动创造财富、奋斗成就梦想的道理不会变。我们不仅不能停顿，而且需要奋起直追；不仅不能松懈，而且需要倍加勤奋。正如习近平总书记所指出的，全国各族人民都要向劳模学习，以劳模为榜样，发挥只争朝夕的奋斗精神，共同投身实现中华民族伟大复兴的宏伟事业。我们一定要积极学习，从普通职工向先进职工转变，从生产模范向创新模范转变，从行业标兵向社会标兵转变。大力弘扬劳模精神，用劳模的优秀品质带动身边的每一个人，弘扬真抓实干、埋头苦干的良好风尚，进一步形成崇尚劳模、学习劳模、争当劳模、关爱劳模的浓厚氛围。

作为一名共产党员，一名普通员工，我要努力学习，以信念坚定、对党忠诚的政治品质，敢于担当、拼搏赶超的进取意识，务实重行、忘我工作的敬业精神，把岗位当考场，克难攻坚、奋勇争先，敢于担当、体现担当，为公司发展贡献自己的微薄之力！就像习近平总书记所说，劳动最光荣、劳动最崇高、劳动最伟大、劳动最美丽。我的感想太多，我们都是平凡人，我们只不过比他们多干了一点点，比他们干好了一点点，仅此而已。我要按照总书记给我们回信的要求，珍惜荣誉，珍惜这次学习深造的机会，努力学习，怀着感恩的心回报企业，回报社会，今后在工作岗位上，带动更多的劳动者一起争做新时代的奋斗者，不负劳模班的荣光，不负总书记的嘱托。

我一定会牢记总书记给我们说的，珍惜荣誉，努力学习。这句话给我的鼓励很大，特别是像我这样的少数民族职工，能有机会来到劳动关系学院学习，实在很难得。所以，我一定要珍惜这两年的学习机会，好好学习。我获得全国劳动模范荣誉，不是我一个人的荣誉，是我们新疆有色集团千千万万个劳动者们的荣誉，我觉得我心中的劳模精神就是实打实地干，实打实地做人，用心去学，用心去干。在这里我想说，感谢我的新疆有色集团，感谢我的五鑫铜业，感谢我的师傅，感谢我的同事们，感谢我的家人，给我这个机会让我上大学！有句话说得好，"吃水不忘挖井人"，我有一份感恩之心，我会好好学习，回报企业，回报社会，回报我亲爱的祖国。

致敬词

  他，一名普通的维修工，"少说话、多干活、多学习"的朴素想法，成就了职业梦想；他，有一颗赤子之心，勇挑重担、精益求精，用顽强向前的拼搏精神，彰显了新时代工匠精神的不凡；他，不善言谈的哈萨克小伙，爱国之心拳拳，以行动积极传播民族团结的正能量。他说，要与人为善，不管和谁打交道，都要以一颗善良的心待人；他说，要以懂感恩、知回报、勇担当的心态面对每一天，追求做一位知识型、技能型、奉献型的职工楷模。

  致敬——新疆有色集团五鑫铜业有限公司冶炼厂维修工依达亚提·拜斯拉木！

一个农家子弟的梦想之旅

——陕西省子长县职教中心汽车驾驶与维修
培训学校校长折永斌的故事

人物小传

折永斌 男，汉族，生于 1975 年 8 月，中共党员。现任子长县职教中心汽车驾驶与维修培训学校校长，中共子长县党代表，子长县政协第八届、第九届委员会委员，子长县工商联副主席。先后获得 2013 年延安市第十届"青年创业先锋"，2014 年"延安市劳动奖章"，2015 年子长县"优秀政协委员"，2015 年陕西省"爱国拥军模范"，2015 年延安市"优秀青年企业家"，2015 年子长县"优秀农村实用人才"，2016 年延安市"优秀共产党员"、"延安市劳动模范"，2017 年"陕西省劳动模范"等荣誉。中国劳动关系学院 2018 级劳动模范本科班学员。

一 贫穷的童年，苦难也可以飘香

苦，不仅没有让我对生活丧失信心，反而让我懂事得更快，成熟得更早，让我更能承受压力，更早地懂得了生活。

有人说，童年是一杯清香的茶，总是让你回味无穷；有人说，童年是一串串欢笑，总能让人记忆犹新；而我记忆中的童年，总是老家那弯弯的小路，以及在小路上留下的一串串深深浅浅的脚印、烙下的一个个飘香的故事……

1975年，我出生在陕西省子长县南沟岔镇一个贫穷的小山村，那是陕北再普通不过的一个小村庄。一个山旮旯里，村里住着六十多户人家，祖祖辈辈都过着面朝黄土背朝天的日子。我家也不例外，老实巴交的父母，养活着我和一个哥哥、两个弟弟、一个妹妹七口人。二十世纪的七十年代，生产力相对落后，仅靠父母种的几亩薄田，养活我们这一大家子人是极其困难的事。小时候家里偶尔能吃到一顿小米干饭是件很奢侈的事，大多数时间都是粗粮就粥的寡淡生活。常听父亲说起他年轻时和爷爷在生产队干活的情景。在那个拿工分吃粮食的岁月，作为生产队队长的爷爷，带领着父亲和父老乡亲们自力更生、埋头苦干。在三伏暑天，大家的脊背晒得黑油油的，脸晒得黑红，片刻不闲，汗流浃背，浑身有用不完的劲，没有人喊苦嫌累，爷爷和父亲身上都有着淡泊名利、默默耕耘的"老黄牛"精神和甘于奉献、乐于助人的忘我精神。我深受启发，暗自告诫自己，要更加努力，靠自己的双手创造辉煌的人生。

幼年的我更像一个野孩子，身上穿的衣服总是不能跟上季节的交替，有时是到了秋天还是穿着夏天的单衣，有时是冬至都过了还穿着秋天的夹衣，光膀子、光脚丫子更是夏天的常态。为此，我们兄弟姐妹经常被同村好光景人家的孩子笑话。那个时候的我，还不太懂得羞涩与虚荣，把穿衣这件人生大事忘在了一边，记忆中经常和一群小毛孩子无忧无虑地玩耍，饿了上山峁摘野果充饥，热了下河嬉水。

穷人的孩子早当家。年龄稍大，我便开始帮着父母干一些力所能及的活，虽然都是些无关生计的小事，但我都尽心尽力地做好每一件，争取每一件都不让父母操心，让他们多一些休息的时间。打猪草，我是村里小伙伴中打得最多的；放牛羊，我总能把家里的牛羊放得饱饱的；照看弟妹，我给弟弟妹妹讲故事讲笑话，让他们不哭不闹，让他们都听我的话。渐渐地，我成了村里乡亲们眼里的乖乖娃、能干娃。

到了上学的年龄，那时候不像现在，几个村子才有一个小学，而是每个村子里都有一个属于自己村子孩子们的小学。我就在自己村里的小学报了名，父母东拼西凑交了学费，但家里却再也拿不出一点多余的钱来，我连铅笔和作业本都没有着落。见父母愁眉不展，我就自己想办法，从邻居家小哥哥那里讨了一支他写了半截的铅笔，又把大哥写过的作业本翻转过来作为我自己的作业本。面对同学们看到我的作业本后异样的眼光，我觉得这些都无所谓，学生就应该把心思用在学习上，用学习成绩来说话，学习成绩上不去，作业本再好也是白搭。

我努力学习，上课认真听讲，按时完成作业；课下积极参加课外活动，主动帮助同学；课后注重温习，帮助父母干些农活。时间一长，我的学习成绩慢慢地上去了，从班里的前二十名，成为班里的前十名，直到全班的第一名。同学们再也不会因为我的作业本看不起我，也不会因为我的破衣服而取笑我了。我和他们成了好朋友，我们一块儿努力学习，一块儿畅游欢笑，春天我们一块儿去野外郊游，夏天我们一块儿下河游泳，秋天我们一块儿去偷叔叔伯伯地里的瓜果，冬天我们一块儿去挖地里的仓鼠。但我们从不恃强凌弱，我们还经常组织起来，帮助村里孤寡老人收庄稼，为军属家里挑水，为比我们更小的孩子逮麻雀，始终保持着我们应有的天真和善良。

虽然，有时我还会吃不饱饭；虽然，大多数时间我穿的还是哥哥淘汰下来的旧衣服，冬天脚冻得流脓；虽然，那时候放牛羊、打猪草都是我的专利；虽然，那时的我没现在的孩子幸福，没见过香蕉，更别提牛奶；现在回忆起来，那时候的我应该跟希望工程上的儿童差不多，眼神黯淡、表情木讷。那时苦是有些苦，但苦是那个年代的基调。苦，不仅没有让我对生活丧失信心，反而让我懂事得更快，成熟得更早，让我更能承受压力，更早地懂得了生活。因此，我反而觉得自己在那样的生活中幸福更多、更有意义。不知不觉中，我度过了美好的童年时光。

二　砥砺少年，奋进的歌声悠扬

在这样艰苦的条件下，为了尽快掌握修理技术，白天，我跟着师父学习实践；晚上，我挑灯夜读学习理论，工友们看我如此不分昼夜地学习，便给我起了个"拼命三郎"的绰号。

我的少年生活总有躲不过的风雨，我无法选择，只有面对。我告诉自己，不能让风雨把自己吹成一块脆弱的砂砾石，要让风雨把自己锻造成一块坚硬的磨刀石。只有如此，才能不负时代，不负韶光。

1987 年，我以全乡小学第二名的成绩考入南沟岔镇中学，一时间成了全乡小学生的榜样。但我却高兴不起来，因为那个年代，到镇上上学，所有的学生都必须按时给学校交口粮，如果不能按时交粮就不给饭吃。而要让我从家里已经捉襟见肘的粮食中拿出口粮是很难的，但父母还是义无反顾地支持我上学。记得有一次，我把一袋小米绑在自行车的后座骑着去上学时，车轮把米袋磨破了，把小米撒了一路，等我发现时，满满一袋小米变成了半袋。父母知道后，虽然没有训斥我，但教导我不管做什么事都要认认真真，要懂得粒粒皆辛苦，要珍惜一针一线。可我却为此懊悔了好几天，那些都是父母辛苦种出来的粮食，自己舍不得吃，却让我因为不小心给撒了。

我的假期和星期天没有娱乐和休息，全是在随父亲到地里干农活中度过的，砍柴、放牛、喂猪、犁地、锄草、碾打庄稼，在干活中，我认真向叔叔伯伯们学习，掌握动作要领，加上我仔细体会，一两年我就把所有的农活全部学会了，并成为庄稼地里的行家里手。同时，我坚持每天晚上学到深夜，每天早上提前四十分钟起床，我爱听每一位老师的课，悉心听取他们的教诲。初中二年级下学期期末考试，我取得了全年级第一名的好成绩。

人们常说，人生不如意事十之八九。福兮祸所伏，祸兮福所倚。正当我以优异的成绩考上高中，满怀信心地奔向新的学校时，家里的境况愈发变得不好。父母年岁已大，腰腿劳疾让他们的劳动能力大不如前，家里收入出现了明显减少，已经没有办法同时承担兄弟姊妹五个人的学费和生活费用了。作为家中的次子，两个弟弟、一个妹妹的哥哥，我觉得自己有责任为父母分担忧愁，为弟弟妹妹遮风挡雨。在高一上半学期，我忍着心中对学校的万千不舍，拒绝老师和同学们的再三挽留，主动退学了。

退学后，经过努力，我成了农村小学的一名代课老师。虽然我教学认真，与学生相处得很融洽，也很受学生们欢迎，但是代课老师那微薄的工资并不能为家里减轻多少经济负担，弟弟妹妹失学的危机并没有完全解除。经过深思熟虑，在1991年，我毅然辞去村上民办教师的工作，来到县城学手艺，想靠一门手艺给父母减轻负担，彻底解决弟弟妹妹的失学危机。在县城里，受"方向盘一转县长不换"的吸引，我想学驾驶技术。可是由于从小营养不良个子低，找了几次师傅均以失败告终。最后觉得车辆维修也不错，加之自己从小喜欢倒腾修理，对维修技术比较感兴趣，便进了当时在子长县县城比较有名气的子长花园修理厂当了一名学徒。

为了尽快掌握修车本领，我除了跟着师傅认真学习操作外，还注重学习理论知识，利用业余时间看了大量的修理书籍。那时候，修理工房很简陋，全是四面透风的简易房，夏天没有空调，冬天没有暖气，特别是冬天取暖要靠煤炉。而像我这样的学徒工，由于离家远，修车晚了回不了家，只能在地上铺块牛毛毡，用仅有的一床被子连铺带盖将就一夜。记得有一次，前半夜睡着了，可到了后半夜却被冻醒了，起来一看，原来是炉子灭了，只好重新点火生炉子，天快亮时，房子才暖和起来，闹得半夜没有睡觉。在这样艰苦的条件下，为了尽快掌握修理技术，白天我跟着师父学习实践，晚上我挑灯夜读学习理论，工友们看我如此不分昼夜地学习，便给我起了个"拼命三郎"的绰号。

功夫不负有心人。由于在学习修理技术过程中，我学习认真，观察仔细，善于思考，注重领悟，加上自己注重先学理论，以理论指导技术，我的汽车修理技术得到了较快提高。师父见我态度谦恭、聪明能干，加上为人实在、工作踏实，更是不吝教导，经常为我单独"开小灶"，这让我的修理技术进步更快。别人用三到五年才能学到的维修技术，而我用了9个月就已经全部掌握。师傅也选择了逐步放手，从让我单独修一个零件，到让我单独修一个部位，再到让我修一辆整车，最后让我一个人从查"病因"开始，到开维修单，到指导修理，最终修好出厂，掌管整个修理流程，不仅让我学会了修理汽车，也让我学会了如何管理，我也因此成了当年子长花园修理厂出师最快的徒弟。

三　创业之初，彩虹总在风雨后

那些经历没让我白活过，身上的每一块伤痕都是我的奖章。

人生的路上，少不了需要风雨兼程，更少不了需要独自面对。创业的路上，我摔过许多的跟头，经受过诸多的失败，被许多人看低过，但我都挺了过来。我觉得，没有谁能随随便便成功，彩虹总在风雨后。现在，回过头来，我认为，那些经历没让我白活过，身上的每一块伤痕都是我的奖章。

1991 年的冬天，我作为一名独立修理工，独立维修的第一辆汽车是一汽的老式解放牌汽车。接到老板的安排，心情激动之余，就是紧张。修理完后，我还专门检查了一遍，当我认为彻底修理好后，就很自信地把车交给了驾驶员。驾驶员把车开着在修理厂里转了一圈后，当着老板和很多工人的面说："这娃娃修车有两下子，修得好！"老板见此也给了我很高的褒奖，夸我是厂里最为优秀的一名修理师傅。我在厂里干了一个月之后，新年到了，我拿到了近 700 元的工资，没想到除过自己的伙食和一些费用，回家过年拿到的钱远远少于我的期望。看着修理厂的收益，再看看自己手里的工资，自己的心理落差太大，让我萌生了自己开修理厂的想法。

有获得就要有牺牲。当我把开修理厂的想法告诉师傅时，我的师傅给我说，在这里，你一个月还能挣到一两千块钱，自己出去办修理厂单干的话，挣起赔不起，师傅想让我继续留在厂里。最后他见我去意已决，转而又表达了对我的祝福，说凭我的手艺和人品，今后一定会生意兴隆的。

大年初六一大早，当村里其他人还沉浸在新年的浓厚氛围中，我已经步行了二十多里，到玉家湾镇坐上了到子长县城的客车。没想到，城里很多店面没有开，修理厂的修理工人没有返回厂里，因而也没有开工。当时创业心切，我便在县城周边闲转，对城区修理厂的分布进行分析，最终物色好一处停车、交通都方便的地方。当其他工人返回修理厂，厂里工人开始上班时，我便辞掉了工作，开始了修理厂筹办之路。

要建厂，第一件事就是筹措资金。辞职的第一天，我就开始向城里的亲戚借钱。这些亲戚大多是看着我长大的，相互之间知根知底，知道我诚实守信、踏实肯干，对我办厂盈利的信心都很高，愿意借钱给我，就这样，这家一两百，那家四五百，让我很快就筹到了租赁场地和购买简单设备的费用。1992年的夏天，我在县城自己原来看好的地段租了场地，正式创办子长县兴隆汽车修理厂。刚开始时，没有多少客户，我就主动上门找客户。由于当时年代经济落后人多车少，没有固定客源，开业半个月才修理了一辆车。眼看工人的工资发不出，生活费用开支困难，我便带着工人四处宣传，实施给客户免费洗车，修车费用减半的优惠政策，但客户还是少得可怜，修理厂连日常的维持也很困难，让我真正知道了什么是"万事开头难"。

虽说"酒好不怕巷子深"，但人家没喝过你的酒，又怎么会知道你的酒好呢？我认定，要开好修理厂，关键是做好客户的第一次。为此，我给修理厂定下规矩：别厂修不了的，我们修；别厂不修的，我们修。有一次，大冬天还下着小雪，一辆车陷在河中淤泥里，车主给多个修理厂打电话，人家带人过去看一下便走了。车主没办法，抱着试试看的想法给我打电话。我带着几个徒弟到现场一看，二话没说，衣服一脱，便跳进淤泥里，等把车拉上来，我整个人都快被冻僵了，让车主深受感动，从此成了我修理厂的免费代言人，给我拉来了不少的客源，这是我修车时没有想到的。还有一次，也是一个风雪夜，一个车主的车凌晨两点坏在了偏远的山路上，打多家修理厂的维修电话，不是关机就是没人接听，再不就是人家拒绝修理，和我接通电话的第一句话就是，修理费加倍。我告诉他，我不关心修理费，只关心他现在的情况，让他把地点告诉我，然后骑着摩托车跑了二十多里路去修理，顺便给他带去了热水热饭。天亮时车修好了，车主拿出了两倍的修理费给我，我只拿回该拿的修理费。由于在天寒地冻条件下修了四个多小时的车，让我得了重感冒。车主后来知道后，感激万分，专门上门来看望我，从此，我们成了朋友。他是一个车队的老板，他也成了我以后生意上的长期大客户。类似这样给客户服务的事例很多，一传十，十传百，厂里的很多优惠政策和服务第一、客户至上的经营理念在驾驶员之间传开了，慢慢客户也就多了起来，1997 年，修理厂年收入突破50 万元。

正当我的修理厂步入正轨快速发展之际，天有不测风云，人有旦夕祸福！就在我正为自己的事业有了起色而自豪的时候，一场灾难却意外而来。2002 年 7 月 4 日，子长县城遭受了特大暴雨袭击，当天的降雨量达到195.3mm，超量的降水带来了河水猛涨，秀延河的最大洪峰流量达到 4670立方米/秒，是河道能保证流量 2000 立方米/秒的两倍多，是子长县有水文记录以来的最大洪灾，河水很快就漫出河床冲上两岸的街道和村庄。我的汽车修理厂正好建在县河桥的旁边，由于桥梁的阻拦，水位高于我的修理厂接近 2 米，虽然我已经提前把修理厂的所有人员全部转移出来，但是我的修理设备、部分车辆以及财务账簿之类的却不是被淹没，就是被冲走，直接经济损失达 150 万元之多。洪水过后，触目惊心的是一片狼藉。当时，望着那个场景，我异常痛苦，一度深陷绝望，感觉上天对自己太不公平！

但我深知，光痛苦赶不走困难，只有实干才能克服困难。我擦干眼泪，带头跳进淤泥里清理，员工们在我跳下去后，也纷纷跟着跳了下来。我们在没有清淤车的情况下，靠铁锹、水桶，用手提、肩挑奋战一个月将修理厂从淤泥中清理了出来。为了让修理厂重新运转起来，我在家里人和几个朋友的支持下，咬紧牙关拿着贷来的 50 万元贷款，带着十几个工人，加班加点恢复生产，苦干了 2 个多月终于把修理厂重新运营起来。依靠之前建立起来的客户群，重建后的修理厂很快有了起色。3 年后，我的修理厂就在子长县汽车维修领域占有了一席之地。

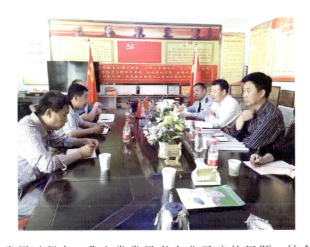

　　在企业发展过程中，我也常常思考企业灵魂的问题，结合工作实践、参观见闻、学习心得，我觉得一个企业如果没有自己的企业文化，就会成为无源之水、无本之木，根本不可能发展壮大。2006年，经过三个多月的精心筹备，我成立了集汽车维修、车辆保险、配件销售为一体的子长县兴隆汽车综合服务有限公司，并着手加强企业文化和思想建设。我首次提出了"厚德自强，共创共享"的企业发展理念，同时建立了党支部，用党建引领企业文化，用先进文化助推企业发展。刚成立党支部时，我遭受过诸多非议，有的说一个修理行业不好好修理汽车，弄务虚的党建干什么；有的说我是借着党建之事，行捞取个人名声之实。对于这些闲言碎语，我都一笑了之。我带头学习党章党规，带头参加组织生活，带头向组织汇报个人思想，带头遵守党规党纪，单位的党建工作得到了迅速发展，先后多次被市县评为党建工作先进单位，多名共产党员被评为先进个人。个人遇到困难由组织为个人撑腰，生产遇到困难由党员带头攻坚，单位遇到困难由党员为大家提气，公司遇到困难由党员当主心骨生力军，公司凝聚力战斗力明显增强，公司的利润连年增加。2007年4月，陕西省诚信建设系列活动组委会授予子长县兴隆第一汽修厂"陕西省质量服务信誉AAA级单位"；2009年5月1日，中国国际经济技术合作促进会、中国现代史学会授予我个人"中华各界行业杰出人物"荣誉称号，中国中外名人文化研究会、中国报纸副刊研究会书画艺术委员会授予我"全国劳动英模五一座谈会特邀嘉宾"，2012年2月延安市道路运输管理处授予我"先进工作者"荣誉称号。

四 不忘初心，回馈为应尽之义

作为一名企业家，来自社会，成功于社会，更应该回报社会，这是作为企业家应尽的职责。

《华严经》有云："不忘初心，方得始终。"父母经常教育我，"羊有跪乳之恩，鸦有反哺之义"。作为一名企业家，来自社会，成功于社会，更应该回报社会，这是作为企业家应尽的职责。

2012年早春的一天，凌晨5点钟，我因有事外出，早上的晨风依然寒冷，我拉紧身上的衣服走出小区，匆匆行进在昏暗的晨光中。空荡荡的大街上，只有几名环卫工人的影子在忙碌。冷冷的风吹过，他们一扫帚一扫帚不停地扫着。俗话说得好："猪的骨头羊的髓，黎明的瞌睡最美事。"当人们都在温暖的被窝睡好觉时，作为城市美容师的环卫工人们却顶着寒风，开始工作了。我发现几名环卫工作者的环卫服已经破烂不堪，一问才知道，虽然环卫服能够按时发放，但由于工作量大，新的环卫服还没有发下来，旧的已经磨破了。忙完工作回到家后，我与妻子商议，想尽己所能为环卫工作做点事。当年5月1日，借欢庆劳动节之际，我拿出5万多元，购买了700多套环卫服和洗漱用品，亲自发到环卫工作者手里。当时，子长县环卫所韩所长更是握着我的手："感谢你对我们环卫工人的帮助，我代表广大环卫工作者表示感谢，我们一定以更加干净的环境来回报你们的厚爱。"我逐步将这项捐助活动策划成每年工作中的必办事项，让环卫工人每年都能感受到关心和温暖。

2013年春节前，我和妻子一起回了趟老家。由于家中老人都已经搬进城里，我已经有三五年没有回过老家了。而眼前村里的境况让我开始怀疑，这还是当年那个生机盎然的小山村吗？村里的生机已经不再，日常的街道上少有人走动，居住在村里的除了满脸沧桑的老人，就是满脸稚气的孩子。年轻人选择了离开家园闯荡世界，而老人却选择了留守家园。看着眼前年迈的一个个曾经给过我帮助、孤苦无依的老人，我的心中很不舒服。妻子看出了我的心事，把我拉到一边，对我说："我们看望一下村里留守的老人，给他们免费送上一些慰问品，让他们过个好年吧。"我迅速赶到子长县城，为老人们精心购置了米、面、油、肉、年画等年货，又很快回到村里，亲自为村里六十岁以上老人每家每户送年货上门，并送上我对他们节日的祝福。看着他们高高兴兴的样子，我的心中一下子敞亮了许多。以后每一年的春节，我都坚持为村里的老人们办年货送祝福，并选择特困老人给予特殊照顾。

2014年8月的一天，我回到家里，看到家里有七八个年青人，有两个还是我一个村的。他们怎么会跑到我的家里来了，我有点纳闷，便把妻子拉到一边问是怎么回事。妻子告诉我："这些孩子都是今年的应届高中毕业生，刚考上大学，因为家庭经济条件差，在人事劳动局门口排队申请助学贷款，突然下起了雨，我看见后就让他们进屋避一下雨，没想到你这么快就回来了，还没来得及和你说呢！"当时，我除了为妻子的所作所为感到高兴外，就是为他们能考上大学接受更好的教育而感到欣慰。

看着妻子忙前忙后地招呼，我也热情地与他们攀谈起来，其中一个叫韩天乐的，给我讲述了他们家的情况，他是子长县"三岔"之一的涧峪岔镇人。他们家一年收入只有几千元，除了全家人的支出，所剩无几，今年他考上大学，但欣喜之余，他也看到父母喜悦的脸庞背后的忧愁，这让他心里的压力很大，若是不能申请到助学贷款，他打算外出打工，不上大学了，其他几个人的家庭情况也和韩天乐差不多。听了后，我的心里沉甸甸的，这些寒门学子想通过自己的努力，改变人生，不正如我当年盼望上学一样吗？他们离开我家后，我的心里一直放不下这个事。后来，我和妻子商量，决定在我们能力的范围内，资助一部分想上学又有一些经济困难的学生，妻子也很理解。当即，我对老家一带的所有考上本科院校、家庭有经济困难面临辍学的学生，每人每年资助 2000 元，让他们能够完成学业。此后，我还每年资助 70 名贫困大学生免费到我的驾校学习汽车驾驶。如今，我资助的这些大学生有的已经毕业了，有的还在上着学，但也不会为辍学担忧，我为他们能够完成学业感到高兴。

军人是我从小向往的职业，虽然因为身高的原因我没有实现参军报国的愿望，但国防情结却始终环绕在我的心头，总想为最可爱的人做一些事。为此，从公司成立开始，我就组织人员制定了一系列针对军人、军属的特殊措施和优惠政策：驻县所有现役军人报考驾校按收费标准优惠 30%，退役或在部队荣立三等功优惠 40%，荣立二等功优惠 50%，荣立一等功免费学习，现役军人的家属优惠 30%，退伍军人来公司学习汽车修理技术的，一年内免收学费，每月给予 800 元生活补助并提供食宿，两年的"初级技术员"免收学费，每月给予 2000 元生活补助并提供食宿，第三年开始与公司签订雇佣劳动合同，成为公司正式职工。近年来，先后免费给困难军人办驾驶证 96 本，减免退役军人学费 10 多万元，聘用退役军人 19 名。

我还积极主动地安置复转军人到公司工作，近五年来，子长县共接受安置复转军人 110 多人，仅我的公司就安置了 28 名。我还先后向四川汶川灾区捐款人民币 10 万元、玉树灾区捐款人民币 3 万元，为地震灾区尽一点微薄之力；每年鼓励子长县的高三毕业生报考军校，并给予适当的经济赞助，先后累计赞助考上军校的贫困大学生 73 名，赞助费用达到 26 万元。2013 年 3 月，共青团延安市委、延安市青年联合会授予我延安市第十届"青年创业先锋"荣誉称号；2014 年 4 月 28 日，延安市总工会颁发给我"延安市劳动奖章"；2015 年 5 月，共青团延安市委、延安市工商业联合会、延安市青年联合会授予我"优秀青年企业家"荣誉称号；2015 年 7 月，陕西省双拥工作领导小组授予我"爱国拥军模范"荣誉称号；2015 年 12 月 21 日，延安市劳动竞赛委员会授予我"延安市劳动模范"荣誉称号；2016 年 6 月，中共延安市委授予我"全市优秀共产党员"荣誉称号。

五　再踏征程，让梦想照进现实

作为一个农家子弟，我的梦想很美，我将通过不断学习来完善自我，通过不断奋斗来实现梦想。

古人云：不谋万世者，不足谋一时；不谋全局者，不足谋一域。我认为，不光是经营人生如此，经营企业更是如此。只有能够谋全局、善于抓长远的企业家，才能够使企业发展壮大、历久不衰。

在公司经营的过程中，我越来越发现人才是企业发展的关键所在。我采取各种方式抓好各类人员的学习，有的理论水平较高者，我送到基层进行实践锻炼；有的动手能力超强者，我送到院校帮其学习理论；综合素质较高者，我送其到名牌企业见学，帮其开阔视野；整体能力较差者，我让其领导手把手地帮带，提高其全面水平。当时单位利润的增长远不及我的教育投入，见我如此下大力抓员工的培训，有的朋友提醒我说，当心"教会徒弟，饿死师父"；有的朋友认为一个企业不把生产经营搞好，却如此重视学习培训，是不务正业，对此，我不以为然，仍然义无反顾地抓好人才培养工作。

近五年来，我每年投入员工学习培训的经费达 20 余万元，公司 100% 的员工接受过专业技术培训，85% 的中层管理人员接受过送学培训，66% 的高层管理人员接受过管理教育培训。我经常对员工说："我不认为，教会徒弟会饿死师父，我希望你们都能超越我，若如此，我将引以为荣。" 由于员工整体素质的提升，带来公司整体效益的增长，也就是因为这些，我们公司抗住了县域经济整体下滑的影响，抵住了世界经济危机造成的不良影响，实现了公司整体逐年增效。

我公司的管理人员大多是和我一起开拓公司的朋友，多年的同甘共苦，使他们对我有深入的了解，他们对我的命令和要求都是从内心深处折服。但是，同时我发现，他们对其他人的管理有许多的不服，对他人许多的命令存在打折扣的现象。许多人说，我在与不在公司是两重天。这让我认识到，靠感情管只能管一时管一段，只有靠制度管才能管全面管长久。为此，我组织人员深入基层了解情况，发现问题，请来专家共同协商管理办法，先后制定了《公司员工日常管理守则》《员工操作管理规定》《员工日常行为规范》《公司员工思想汇报制度》《各类人员职责》等二十余项制度规定，从员工的日常行为、操作、管理、奖惩等方面做出具体规范，自己带头执行。现在，即使我不在岗，各级人员也会各司其职，各尽其能，公司的生产经营也会有条不紊地进行，真正达到"上层依制度进行决策，中层依制度进行指导，基层依制度进行运转"的良好局面，让"我在与不在一个样"成为现实。

2017 年，我被评为陕西省劳动模范，同时也接到了中国劳动关系学院的录取通知书。这让我喜忧参半，喜的是能实现盼望已久的大学梦，进入高等学府来学习深造，忧的是自己的公司怎么办，谁来掌管？公司当年的产值怎么完成？虽然以前我有时也会离开公司一段时间，但从未有超过两个月，不用其他人做季度和半年规划，不用检查月进度。如果我离开半年，公司能否正常运转，我还是心中存疑。一时我的心里非常矛盾，始终下不了决定。接到通知的当天晚上，我首先召开了一个家庭成员会议，想先看看家人的态度再决定此事。妻子说："上大学是你的梦想，我支持你去圆梦！"我的女儿和儿子也拍手表示支持。在公司的董事会上，当我把自己上学的通知和自己的想法告知大家后，大家都纷纷表示赞成，他们说一定会做好公司的工作，以此来作为对我上学的支持。见此情景，我真正放下心来，愉快地投入到新的学习生活中。

在中国劳动关系学院这所大熔炉里，我如饥似渴地学习，对于其中的每一项工作，我力求做到最好。在学习之余，我还积极参加学校组织的各种活动。我们劳模本科班全体同学本着"当好主人翁、建功新时代"的豪情，写了致习近平总书记的一封信。当我知道习总书记给我们中国劳动关系学院劳模本科班全体同学回信后，心情特别激动，彻夜难眠。总书记在回信中勉励我们："社会主义是干出来的，新时代也是干出来的。"同时强调"劳动最光荣、劳动最崇高、劳动最伟大、劳动最美丽。全社会都应该尊敬劳动模范，弘扬劳模精神，让诚实劳动、勤勉工作蔚然成风"。这让我倍受鼓舞，决心努力工作，真正做到"劳动光荣、创造伟大"。

路漫漫其修远兮，吾将上下而求索。我能够取得今天的成就，要感谢党的好政策，让我有了创业的基础；感谢习近平总书记，给我指明了前进的方向；感谢伟大的新时代，为我创造了创业的舞台。作为一个农家子弟，我的梦想很美，我将通过不断学习来完善自我，通过不断奋斗来实现梦想。我一定会坚定不移地听党话、跟党走，为实现自己的梦想而努力奋斗！

致敬词

　　他，一个农家子弟，少年生活总有躲不过的风雨，立志要将自己锻造成一块坚硬的磨刀石；他，创业的路上，摔过许多跟头，累累伤痕之后，终于迎来绚烂彩虹；他，铭记父辈谆谆教导，不遗余力地学习和历练，提升自己的高度与格局，从学徒工蝶变为成功的经理人。他说，"羊有跪乳之恩，鸦有反哺之义"，回馈社会当为应尽之义，要以大爱温暖亟需帮助的人；他说，"路漫漫其修远兮，吾将上下而求索"，如此，才能不负韶华、不负时代。

　　致敬——陕西省子长县职教中心汽车驾驶与维修培训学校校长折永斌！

湖湘数控状元　莲城年少工匠

——中国兵器工业江麓机电集团有限公司高级技师朱军的故事

人物小传

朱军　男，汉族，1991 年 10 月生于湖南怀化。2009 年毕业于湖南省湘潭市江麓技工学校，现任中国兵器工业江麓机电集团有限公司综合传动分厂 202 车间数控车工高级技师。先后获 2009 年湖南省"第三届职工职业技能大赛"数控车工比赛个人第二名，2010 年"湖南省五一先锋"和"湖南省技术能手"，2012 年第 42 届"世界技能大赛数控项目湖南选拔赛"数控车工第一名，2016 年湘潭市数控车工"莲城工匠大师"，2016 年"湖南技能大赛·全省数控赛暨全国选拔赛"数控车工职工组一等奖，2016 年湖南省"数控车工状元"，2016 年"中国技能大赛第七届全国数控技能大赛"决赛数控车工第十二名，2017 年"湖南省劳动模范"，2017 年"全国五一劳动奖章"等荣誉。中国劳动关系学院 2018 级劳动模范本科班学员。

一　我的至亲家人

我的奶奶虽然是一位从未走出村庄的妇女，却有着无数人没有的原则和智慧，她身体力行的教导，一直铭刻在我的脑海里，影响着我的思想和行为，不管走到哪都牢记奶奶为人处事的作风。

1991 年 10 月，我出生在湖南省怀化市的一个美丽小村庄里。家里的情况并不是很好，从小过着与所有农民一样的平淡无奇的生活，大山的路非常崎岖，用"绿水青山但山路十八弯"来形容我的家乡，一点都没有夸张。当时家里的生活条件有些寒酸，一家子都是靠山吃山的农民，每天过着日出而作、日落而息、面朝黄土背朝天的日子。随着我跟弟弟一天天地长大，父母深感他们的生活压力逐渐增加，后来为了整个家庭不得不选择外出打工。在 2000 年的时候，他们留下了我和奶奶，还有 2 岁的弟弟在家中，便走出了大山，去了一个很遥远的城市。

我年迈的奶奶现在 80 多岁了，依然活力十足，我们都叫她"老佛爷"，在我们整个家族里面，她就是高高在上的"佛爷"。我爷爷离世比较早，当时我奶奶就五十来岁，他们就这么阴阳相隔了。我的爷爷是个特别勤奋的人，从未让我奶奶干过一天农活，他不管每天多辛苦，回到家依旧还要帮我奶奶喂养猪牛，但爷爷由于身体的原因就这么走了。当时我还未出生，爷爷的感人故事和一生的勤劳，都是在大家嘴里传扬的。

父母外出打工的时候，我的奶奶就有 60 多岁了，家里所有的农活跟家务劳动都丢在她的身上，她从一个从未下过地的家庭主妇，硬着头皮走向她一窍不通的耕地种植，她不懂这些，但想着两个年幼的孙子，再难她也要试一试。她经常向村里的一些老爷爷、伯伯们请教种植技术，回来自己反复摸索，反复试验，直到成功。我当时在上学，还有两岁的弟弟也需要奶奶的照顾，她那小小的身板，真不知怎么承担起这些农活和家务活的，身体累了、疲惫了、酸了从未说过，也没有可倾诉的人，不知自己一个人偷偷地流过多少泪水。

后来，随着我慢慢长大，看着年迈的奶奶一个人做着两个壮年人的劳动，我想我一定要为奶奶分担，一定要像个男人一样挑起家里的重担，慢慢地家里的农活我也尝试着做了，虽然学习成绩不怎么好，但学干农活播种都挺上心，挖地种菜、上山砍柴、喂猪、打农药等活我都会了。干农活慢慢地转变到我的身上了，多苦多累多脏的活我都干了。让我印象最深的是种植玉米，家里有上十亩地都需要种植和施肥，而我家乡的土地都是这里一块那里一块，不是这个山沟里就是那座山上，没有先进设备，没有运输工具，一切都是靠人力，一包包的肥料都是扛到土地上的，每年都扛了好几千斤的肥料。打农药也是一件痛苦的事，每背一桶农药水去到一块土地，还没喷完这块地的三分之一，又要去加水了，而且加水的地方都离地很远，背个空桶子下去容易，背一桶农药水上山那辛苦真是无法形容。都是上坡路，有时疲惫的时候都是咬着牙在往上爬，甚至多次在爬到一半的时候摔过跤，农药水都洒掉了，又要回到山沟的小溪边重新接桶水，打完一桶农药水可能就半个小时，来回取桶水可能要花一两个小时，这么多的土地，而且都分布在各座山上，想想真不知自己翻过了多少座山，走过多少艰辛的路。

奶奶一直对我要求非常严格，从小就教育我们不能拿别人的一针一线，就算再穷也不能贪图小便宜，更是要求我们不能赌博、抽烟、喝酒、上网打游戏等。她是这么教导我们的，自己更是起带头作用，体现出了她的威望，这不仅影响我父辈他们那一代，还影响着我们这一代人。她虽然是一位从未走出村庄的妇女，却有着无数人没有的原则和智慧，她身体力行的教导，一直铭刻在我的脑海里，影响着我的思想和行为，不管走到哪都牢记奶奶为人处事的作风。

我的母亲，用现在的词来形容那就是"女强人"一个，不仅对工作还是对家务活，都是第一个冲在最前头干，她也是受我奶奶教育的影响，对我的要求也是一样的高。记得有一次，在我小学的时候，我跟一些同学玩扑克、赌输赢弹珠，后来被她发现了，没在外面打我，最后回到家里，把我关在房间里面狠狠地打了一顿，嘴里念着"看你还赌博，看你还赌博，这次让你长点记性"，用竹条打了一阵，而且是脱了衣服打的，疼得我直喊爹妈，打的血丝都出来了，妈妈才停下来。我的哭喊声就没间断过，突然看见母亲的眼角流露出了泪珠，我才从嘴里吐出几个字——"妈妈我再也不打牌了，再也不打了。"她突然抱住了我，眼泪一下子流出来，在我耳边念叨："儿啊，打在你身上，疼在娘心上啊！"我的母亲当时不是气我输了多少东西而心疼，而是希望我不要走上赌博这条路，因为他们见证了不知多少家庭因为赌博而妻离子散的，不想让我们走上这条路，以免以后影响家庭和睦。

人们常说父爱如山，可在我看来，我的父亲对我的爱，并非完全如山那样严峻，有时却如水那样温柔。我父亲肚中未进几点墨水，但多年的生活与现实，令他心中有一把铁秤，衡量着对错与长短。父亲一辈子在辛勤劳作，他对我说得最多的一句话便是："要好好读书，好好学技术，将来才有出息，不要像我这样只能靠卖苦力！"父亲未受过高等教育，从未说一些情深意长的话，从未改变过生活方式，但我明白，他辛劳一生为的只有家庭，他靠他的双手努力换来我们一家人的幸福生活！

二　为学一技之长拼搏

在技校的三年里，我亲眼看到从这里走出来的全国劳模唐银波、罗军，以及成为全国人大代表的屈胜等榜样，他们像一股震撼的力量，激励着我要砥砺前行，以求有一天能达到自己的目标。

2006 年，初中毕业那一年，我未满十五岁，因为我从未上过幼儿园和学前班，直接就上一年级的。就在初中毕业当时，很多同学基本上都选择了外出打工，而那时候我想着父母对我说的话，知识改变命运，多读点书比什么都好，现在苦点没关系，以后会好的，所以我选择了湖南省湘潭市江麓技校继续读书，打算在那学一技之长，为将来更好地谋生、更好地侍奉父母做打算。

在技校的三年里，我亲眼看到从这里走出来的全国劳模唐银波、罗军，以及成为全国人大代表的屈胜等榜样，他们像一股震撼的力量，激励着我要不忘初心，砥砺前行，以求有一天能达到自己的目标。在这里，我显得有点与众不同，看到有些同学很厌学，我有点不懂其中的原因，可我也没有时间去思考，我想我是渴望学习的。当别人课余时间窝进网吧时，我则在教室或者寝室自学；当别人三五成群看电影时，我却在向老师请教题目；三度寒暑假，对别人来说是难得的走亲访友旅游的休闲期，我却选择留校，如饥似渴地在知识的海洋中遨游。我不是一个聪明的孩子，大山出来的我基础也比较差，可我相信"驽马十驾，功在不舍""不积跬步，无以至千里"。

在学校这几年，我也不负众望，三年都任班级学习委员，拿过多次三好学生，可能是因为家境不好，我的目标就显得更加的明确，想出人头地，想比同龄人做得更好、成绩更优越，这样成功的概率也就越大，自己的空间也就越大，我一直朝我的目标努力着，拼搏着。

技校学习的第三年是实习期，每天起早贪黑、争分夺秒，渴望能用最快的速度、最短的时间把学到的理论知识与实际操作更好地融会贯通。在一次加工零件的过程中，一块铁屑飞溅到我的眼角，后由于伤口发炎、视力受损，我不得不全休一个月。塞翁失马，焉知非福？在养伤期间，三年里我第一次回到了父母身旁，但看着父母那熟悉而又一天天老去的面庞，我的心像被人狠狠揪了一把，暗自下决心一定要让父母过上好日子。伤口痊愈后，回到实习岗位，当时我有想转型从事铣工或者焊工等工种，尝试后发觉自己还是干车工更在行，然后又回到了车工专业。2009 年 6 月，我以优异的文化成绩与实习表现被江麓机电集团择优录用，当时我兴奋得差点落泪，学习的确是需要泪水和汗水融合在一起的。

三　干一行就要学好这一行

当同事们争着抢着上白班时，我却一反常态，主动提出长期上晚班，同事们甚至怀疑我是否有第二职业。当师傅得知我每天工作到凌晨三四点钟，第二天仍然坚持拜师学艺、自学自修时，除了感动，更多的是毫无保留地言传身教，并嘱咐我在学好技能的同时更要爱护好身体。

我工作的企业——江麓机电集团有限公司，始建于 1958 年，地处湖南省湘潭市，前身是创建于 19 世纪的汉阳兵工厂。公司是中国兵器工业集团有限公司所属国有大型一类骨干企业，国家重点保军企业、高新技术企业、技术创新示范企业，创建有"国家认定企业技术中心""博士后科研工作站"，先后通过国际质量标准体系认证、俄罗斯 GOST 认证和欧盟 CE 认证，获得国家 CNAS 和 DILAC 实验室认可证书，中国驰名商标。公司现占地面积 154 万平方米，总资产 30 多亿元，职工 3500 多人，各类设备

5000多台（套），具有较强的精密机加、大型机加、自动焊接、切割钣冲、有色精铸、热表处理、总装及检测试验等综合制造能力。

经过60年的艰苦创业、锐意创新，公司军品已发展为我国军用特种车辆、军用特种车辆中轻型综合传动装置、数字化电气电控装置的研制生产基地。公司研产的多型装备作为独立整车方阵先后参加了国庆50周年、国庆60周年、抗战胜利70周年、建军90周年大阅兵，国际军事比赛、装甲与反装甲日等重大活动。2007年公司被中共中央、国务院、中央军委授予"高技术武器装备发展建设工程重大贡献奖"。温家宝、李长春、刘云山、曹刚川、张又侠等党和国家以及中央军委领导人多次莅临视察，明确指出这座军工企业要继承军工的传统精神，大力弘扬"爱国强军、以人为本、无私奉献、自主创新、质量第一和大力协同"的时代精神，不断培育与提升军工企业核心竞争力，以更好地完成军工企业的时代使命。在2009年6月，我正式成为江麓机电集团有限公司的一分子，并义无反顾地选择了车工这一行。

"既然学了这一行，那么就要认真钻研、学好这一行"，这是我学技术的态度和理念。刚进公司时，面对一张张复杂的零件图纸，不知道从哪里下手，而看到身边的师傅们操作熟练，总能快速将问题解决时，我感到脸上发烫，意识到自己与现代化企业所需要的高素质人才标准还有一定差距。于是自己确立了一个目标：走技术专家型的路子，做一个对企业对社会有用的人才。江麓这座军工大厂，为我成长成才成名提供了广阔的舞台。凭着这份信念，当其他同时进厂的同学还在心生抱怨或四处跳槽谋求新工作时，我一门心思在学习车工技术；当同事们争着抢着上白班时，我却一反常态，主动提出长期上晚班，同事们甚至怀疑我是否有第二职业。当师傅得知我每天工作到凌晨三四点钟，第二天仍然坚持拜师学艺、自学自修时，除了感动，更多的是毫无保留地言传身教，并嘱咐我在学好技能的同时更要爱护好身体。

每天都是与冷冰冰的机床打交道，在这乏味的工作中，要能耐得住寂寞，我就每天随身携带一些专业书，只要有空时就拿出来看一眼，就这样系统学习了《车工工艺学》《金属材料与热处理》《机床夹具设计手册》，并勤练数控加工技术、数控系统编程、计算机应用。慢慢地我就可以灵活使用各种系统的车床及车削中心等设备，熟练机床代码、参数、操作功能等指令的应用。

深知学无止境，必须精益求精。坚持学中练、练中学，冰冷的机床抵不住我不怕苦不怕累、不畏艰难勇于超越的铿锵步伐。"道虽通不行不至，事虽小不为不成"，我最大的乐趣就是完成每一件让自己满意的作品。一路走来，我是这么想也是这么做的。工作期间，我一门心思钻研数控车的相关技术，很早就挑起公司大梁，是综合传动分厂关键岗位、关键工序、关键设备的拥有者。我所在的综合传动分厂，承担着很多关键零部件的精密加工任务，经常会碰到一些精度要求高、结构复杂的畸形零件，要加工出完全符合图纸要求的产品，往往要求做大量的实验，认真做好每个环节数据的记录，认真分析误差产生的原因，找出最佳的工艺加工方案。2015年初，公司接到一个科研任务，该系列产品第一次小批量生产，原来的误差范围在0.05毫米，现在要求误差在0.015毫米。其中一个工件的硬度很高，接近于刀具硬度，而且还是异形件，难度非常大。我连续几天不分白天黑夜地反复试验，每走一刀，就认真地把走刀速度、工件旋转速度、刀具耐用度、背吃刀量等数据记录下来，直到稳定参数达15次以上，最终圆满完成了任务，并得到领导的一致认可。

我的师傅罗军是中国兵器工业集团的关键技能带头人，还是享受国务院特殊津贴的全国劳动模范、湖南省技能大师。省级"罗军技能大师工作室"成为我学习创新的源泉，让我体会到了"创新就是快乐"的美妙。和工作室的伙伴们相互探讨、共同学习，常常为了一个技术难题攻关，争得面红耳赤，却也乐此不疲。为此，不仅积累了扎实的理论知识和专业的技术功底，而且在技术创新和科研攻关上做出了不凡的成绩。团队成员合力攻坚，自主研发完成了《关于创新磨刀装置、利用车床刃磨硬质合金刀具操作法》。该操作法充分利用废弃刀杆材料和合理设计刃磨，为产品加工提供急需的刀具，并成功运用于车、铣、钻孔和成型刀具各方面，延长刀具使用寿命2~3倍，每年为企业节约近100万元。

为保证高难度产品质量、突破生产瓶颈、确保生产节点，科研试制发挥着举足轻重的作用。2016年，在公司某科研任务中，为解决某薄壁油缸零件的加工难题，公司领导找到了我。我深知薄壁零件的加工一直是车削中比较棘手的问题，原因是薄壁零件刚性差、强度弱，在加工中极容易变形，使零件的形位误差增大，不易保证零件的加工质量。开始工艺要求立车加工，但这样加工无法达到图纸工艺的要求，而且加工效率特别慢。我通过思考与摸索，便提出以卧车代替立车的加工方式，增加工装夹具防止工件变形。通过很多次实验，不仅保证了零件形位公差和尺寸精度要求，而且工作效率提高50%以上，成功解决了公司的生产窄口，得到领导们的高度赞扬。后来又在公司的某变速箱关键零件的加工中，带领2名年轻徒弟反复试验，创新性地运用以车代磨的加工方案，完成了此类零件的技术攻关。高超技能为我在生产中独当一面增添了腾飞的翅膀。

四　大赛促进成长，荣誉激发斗志

天才不是天生的，而是百分之九十九的汗水加百分之一的灵感；强者不是没有眼泪，他们只是学会了担负着泪水奔跑，越是强者越要勤奋。真正决定一个人成就的不是天分，也不是运气，而是严格的自律和高强度的付出。

2009 年，进入江麓机电集团有限公司工作的第一年，当时年仅 18 岁的我，通过了公司的激烈竞选，以优异的成绩进入湘潭市代表队，代表湘潭市参加湖南省第三届职工职业技能大赛数控车工比赛，获得湖南省数控车工第二名的佳绩，取得参加全国职工职业技能大赛的资格，成为当年湖南省最年轻的技师，并获评为湖南省"技术能手"、湖南省"五一先锋"等荣誉称号。当时年纪轻轻的我，只有一身的干劲和钻劲，其他任何思想都没有，用"初生牛犊不怕虎"这句话来形容当时的我再合适不过了。只想着刻苦学知识、学技术，我清楚地记得当时烈日炎炎，住的地方比较简陋，空调冰箱之类的电器都没有，每天都是在风扇下看书至疲惫地睡去，在训练基地经常一个人训练到凌晨一两点，在黑暗中也曾感到过一丝丝恐惧，最终功夫不负有心人，付出与收获成了正比。在我努力的时候，也没想过能取得这么多荣誉，仅仅只是为了知识而学习，最终取得这么好的成绩，使我对技术的重要性更加明确，对学习更加热爱，这一战成了我人生的一大转折点。

2010 年，在湖南省的职业技能竞赛中，并没有取得好的成绩，当时我自己感触很深，突然觉得受到一种重大打击。后来想想这点挫折算什么，还有机会再走向战场，但我也思考了导致这次失败的原因，发现自己在理论知识和电脑自动生成程序方面有很大的欠缺。回到工作岗位后，一边工作一边利用空余时间熟记理论知识，系统地学习电脑编程，慢慢地对这些都有所积累，这为后面的工作、参赛打下了很好的基础。

直到 2012 年，我在第 42 届世界技能大赛湖南选拔赛数控车比赛中荣获第一名，取得了进入全国竞争赛的通行证。在备战第 42 届世界技能大赛全国选拔赛的集训期间，训练每天是早晨到子夜时分，一场训练课就是十几个小时，甚至不吃任何东西，这是马拉松式的苦役；加上南方天气酷热难耐，蚊虫叮咬，吃不好，睡不香，终于熬不住了，通过检查发现身体出了点问题，动了手术。这时祸不单行，家中来电，母亲患病住院。进退两难，但做不到忠孝两全，打电话告诉家里正在备战全国比赛，比赛结束后就回家看望双亲，并没有把自己生病住院的消息告诉父母，怕他们担心；时刻牢记代表湖南参赛的使命，在病床上坚持理论学习；通过教练和队友，加强演练实操。就是这种坚持，经过一个月的医治康复，战胜了病痛，如愿以偿地走进了赛场。从此，我又明白了一个道理：要赛好每一场比赛，一定要有健康的体魄。如今，我坚持锻炼身体，无论是在外参赛，还是在培训过程中，都会挤出时间强身健体。

2016 年，是我在各级技能竞赛中丰收满满的一年。7 月，在湘潭市数控技能竞赛暨"莲城工匠大师"数控类竞赛中，荣获"莲城工匠大师"称号。在湖南省技能竞赛暨"十行状元、百优工匠"评选活动中，作为年龄最小、资历最浅的我，却出人意料地在全省 27 名省内精英中脱颖而出，现场制作的作品让不少有着数十年工龄的前辈刮目相看，评委专家对我的作品大加赞赏，做出了"精雕细琢、精彩纷呈"的评价。这是一场误差仅允许为 0.001 毫米的比赛，要求选手在 6 小时内将两块重达数公斤的圆柱体钢材加工成两个精细到毫厘的零件，难度很大。我在 5 个小时多一点就完成了赛件加工。在裁判专家对赛件外观质量、尺寸精度、加工工艺方面评分后，我的赛件获得全场最高分。为此，获得"全省数控赛暨全国选拔赛"数控车工一等奖和"十行状元、百优工匠"竞赛数控车工状元。

其实，这次比赛我差点连前三名都进不了，差一点与全国大赛擦肩而过。在这次选拔赛的实际操作比赛中，比赛刚开始 20 分钟，机床就出现了故障，螺纹塞规卡在工件里。我花了半个小时想办法，还是没有成功取出螺纹塞规。比赛机会难得，但时间紧迫。我迅速决定先放弃该部位加工，先把工件其他位置做好。在沉着冷静抵抗一切压力下，凭着技术过硬又速度超快，提前 40 分钟做完整套课题。我长嘘了一口气，立即腾出时间解决"螺纹塞卡在工件里"的问题。绞尽脑汁想到用虎钳夹住塞规，用手转动工件，最后成功将塞规取出；但该螺纹还没有达到工艺要求，必须进行修复。此时的我不再紧张，而是胸有成竹，经过试切、调式后，该螺纹为合格。离比赛结束时间也所剩无几，我如释重负。裁判员目睹整个过程，也不得不佩服我的临危不乱、沉着应战的自信和艺高人胆大的比赛风格，当场情不自禁地点赞："枪王，不愧是枪王。"

这一次历险也为随后的全国大赛积累了宝贵的经验，更增添了我必胜的信心。在第七届全国数控技能大赛决赛中，我不负众望，获得全国数控车工第 12 名的好成绩。通过多次大赛，明白了付出终究有一天会有回报的，不付出肯定是没有回报。天才不是天生的，而是百分之九十九的汗水加百分之一的灵感；强者不是没有眼泪，他们只是学会了担负着泪水奔跑，越是强者越要勤奋。真正决定一个人成就的不是天分，也不是运气，而是严格的自律和高强度的付出。

五　劳动创造成就了我

我从未想过我的人生会有这一段历程，我不过是兢兢业业做了我该做的事，但上天却以如此厚礼回报我的辛勤与汗水，以一种我从未预想过的方式，圆了我的大学梦。

在多年的工作历程中，公司给我提供了很多学习、提高、发展的平台，也得到师傅们的言传身教和无私帮助，使我一边学习、一边工作，与公司发展一道走到今天，更特别感谢党和国家给予我的鼓励与厚爱。2017 年我很荣幸地被评为全国五一劳动奖章获得者，就在 4 月 27 日这天，一早我就拿着请柬与湖南参会代表一起进入了庄严的人民大会堂。回顾当日的情景，我至今仍激动不已。第一次踏进神圣的大厅，真的是热血沸腾。以前只能在新闻联播里看到人民大会堂，那天真真实实走进其中，更能感受到它的庄严宏伟。最让我激动的是，受到国家领导人的接见以及合影留念，真是太兴奋了！当坐在人民大会堂时，发现身边坐的全部都是来自全国各地的劳模，他们胸前挂满了勋章，在灯光的照耀下，散发出闪闪的金光。我当时在想，这是得到过多少次党和国家的认可啊！我突然觉得自己好渺小，这也使我找到了今后努力的方向。

　　2017年8月，收到全总发出的文件通知，根据文件内容要求，我有进入中国劳动关系学院劳模本科班学习深造的机会，同时在省、市、公司工会的大力推荐和亲切关怀下，2018年1月，大学录取通知书寄到了我的手上，3月7日，终于踏进了自己梦寐以求的大学殿堂——中国劳动关系学院的校门，这将意味着我人生又一次重要的升华和蜕变，成为我学习生涯的又一个里程碑。在这里，我将完成为期两年的脱产学习和两年函授的社会工作学本科教育。我从未想过我的人生会有这一段历程，我不过是兢兢业业做了我该做的事，但上天却以如此厚礼回报我的辛勤与汗水，以一种我从未预想过的方式，圆了我的大学梦。

　　劳动创造成就了自己。进入劳模班后，在与同学们的交流中，我更深

地体会到，劳动创造成就了所有的劳动模范。我们班同学都来自全国各地的各个行业，农民劳模贾栓成，把面朝黄土背朝天的原始劳动，注入科技和创新，使自己成为全国知名的"红薯大王"；汽车"全科大夫"王建清，多年的岗位工作练就了汽车修理"望、闻、问、切"的绝技；最美环卫女工蔡凤辉，多年秉持"宁可一人脏，换来万家净"的理念，靠诚实劳动，换来了北京首都的干净整洁。这些成就的背后，是几十年如一日岗位劳动的积淀和升华。来自全国各地、各行各业的劳动模范们，荣誉背后都是辛勤劳动的流血流汗和劳动创造的坚韧坚守。他们每个人的工作经历、生活习惯和性格爱好都不尽相同，都有着各自的特点与人格魅力，他们身上的闪光点有很多值得我学习。我很高兴能融入这一大家庭中，有机会主动与他们进行沟通交流，了解他们每个人背后的故事，关键是从他们身上让我学到了许多我个人不具备的技能和优良品质。

平时我们除了正常课程学习外，学院还会经常组织我们劳模班同学开展形式多样的社会实践和文体活动。为深入学习贯彻党的十九大精神，缅怀老一辈无产阶级革命家，重温他们的丰功伟绩，激发爱国主义热情，全体劳模班师生、学员进行了多次红色教育实践活动，分别参观了平津战役纪念馆、周恩来邓颖超纪念馆、白洋淀雁翎纪念馆、冉庄地道战纪念馆等，同学们接受了鲜活的爱国主义党性教育后，感触颇深。还去了天津博物馆、北京奔驰生产基地、雄安新区开发现场，使我们对中国今后城市规划和技术进步发展有了更多了解。多次集体活动使得师生之情更浓、同学之谊更厚。

4月30日这天，得知总书记给我们回信后我特别激动，及时观看了当晚的新闻联播，连夜从湖南赶回北京，参加对总书记回信内容的座谈学习。总书记在百忙中能如此关心全国劳模与劳动者，让我不由迸发出奋勇争先和争创一流的激情。总书记在回信中指出："社会主义是干出来的，新时代也是干出来的。"同时强调："劳动最光荣、劳动最崇高、劳动最伟大、劳动最美丽。全社会都应该尊敬劳动模范，弘扬劳模精神，让诚实劳动、勤勉工作蔚然成风。"作为一名普通的数控工人，我在自己平凡的岗位上，靠着精雕细琢，制造出一件件完美的精品。工作中，我比别人付出多倍的努力，苦练操作技术，精研加工方法，传带培育徒弟，总结创新出了一系列加工方法，让操作变得简单高效，劳动成果得到

了公司的青睐，劳动价值得到了体现。我认为我们必须得成为一支知识型、技能型、创新型的劳动者大军，真正做到"劳动光荣、坚守信念、立足岗位、开拓创新、建功立业"，继续发扬劳模精神和工匠精神，用劳动实现中国梦！

我只是一名普通的一线工人，也只是做了些自己该做的工作，能得到大家和社会这么多的肯定，是万万没有想到的。特别是接受一个国家、一个民族对一名普通劳动者的最高褒奖时，我特别激动。请所有像我一样的工人劳动者，一定要相信自己的劳动价值，相信每一个平凡的岗位上都有精彩的人生。

致敬词

    他，勤学好问、乐于创新，练就一身数控技术本领；他，耐得了寂寞、坐得住冷板凳，年少一战成名，再战全国闻名，书写着工匠传奇；他，有干劲、有闯劲、有钻劲，成为中国数控加工技术界一颗冉冉升起的璀璨新星；他，爱岗敬业、谦虚自律，信守"驽马十驾，功在不舍""不积跬步，无以至千里"，传承人民兵工传统；他，不骄不躁、冷静沉稳，明白荣誉的光环会如流水般易逝，学以致用才能弘扬中国工匠精神。

    致敬——中国兵器工业江麓机电集团有限公司综合传动分厂数控车工朱军！

轮轨上的潇湘工匠

——湖南省株洲联诚集团冷作钣金工
邹宇锋的故事

人物小传

邹宇锋 男，汉族，1978 年 1 月生于湖南株洲，中共党员，冷作钣金工高级技师。现为株洲联诚集团控股股份有限公司结构件事业部不锈钢车间调平班班长。所带领的班组多次被评为株洲联诚集团"先进班组"和"株洲市工人先锋号"。先后获 2013 年"株洲市劳动模范"，2014 年"株洲市技能大师"，2014 年"株洲市五一劳动奖章"，2015 年"全国优秀农民工"，2016 年"全国五一劳动奖章"，2016 年"湖南省劳动模范"等荣誉。2017 年享受湖南省政府特殊津贴。中共株洲市党代表、中华全国总工会十七大代表。中国劳动关系学院 2018 级劳动模范本科班学员。

一　我的父亲母亲

记得那是个夏日，晚餐后，父亲一边吸着烟一边对我说："去学铆焊工吧。"一句话，奠定了我一生职业的基础。

我出生在湖南株洲一个普通的农民家庭。我的父亲是一位地地道道的农民，一辈子活得非常艰辛，过着面朝黄土背朝天的日子。家的印象就是老实巴交的父母和一个弟弟。父亲的祖籍是云田，五岁跟爷爷做手艺来到了现在住的地方，从小爸爸只上过小学，从十岁就开始抓工分，每天跟爷爷打铁，1976年结婚，1977年生下我。父亲为了改造我们原来的破烂房子——其实就是间一到下雨就漏水的筑土房，每天去离我家50多公里的地方背盖房子的杉树回家。为了省钱，下午出发，走到晚上8点多才能到，每次都找大的树，一根有两百多斤重，吃点自己带的饭就连夜又往回赶，背着一根两百多斤的树要走50多公里，路上还怕被林业部门抓，都不敢休息，第二天早上才能到家，上午睡一觉下午又去。其中的艰辛，我都不敢想象。为了这个家，父亲劳累了一辈子。

母亲是一个很朴实平常的农家妇女，话不多，从我记事起母亲每天都是第一个起床，每天总有干不完的事。当母亲稍有空闲的时候，还要跟父亲一起打铁。按常理说，这种重活，应该是男人干的，当时家境不好，雇不起帮工，父亲打铁，没人打下手，只有母亲帮忙打大锤。家里还喂了很多猪，每天要去煮潲喂猪。为了生计，母亲也是迫不得已。我在读初中的时候，一放假就会帮父亲母亲拉风箱，做下手，等我到了初三时就能跟父亲打大锤了。当时家里没有水井，每天需要去挑水。从上初中开始，我就把家中挑水的任务接了下来，力所能及地为父母分担一点劳动。父亲和母亲为了我们全家生活得好一点、住得好一点，每天晚上都要干到夜里十来点钟。在父亲和母亲的辛勤劳动中，我家的居住条件也在不断地改善，1992年，我们家就建起了第一栋楼房，1995年又建起了第二栋楼房。虽然当时很苦很累，但全家人也沉浸在劳动创造的幸福和快乐中。

小时候虽然家里贫困，一家人却也其乐融融。作为大儿子的我很早就开始帮家里分担家务，初中开始，我就学会了洗衣做饭，帮助妈妈照顾弟弟。父亲是一个"锻工"，也就是一名"铁匠"，手艺好，我在周末或者放假的时候，跟着父亲学打铁。我喜欢模仿父亲干活，经常鼓捣这些铁器，不知不觉中锻炼了我的动手能力，短短的时间便能打造出像样的农具和家用工具。父亲看在眼里，心中便有了盘算。1993年中学毕业，记得那是个夏日，晚餐后，父亲一边吸着烟一边对我说："去学铆焊工吧。"一句话，奠定了我一生职业的基础。

二　我的学艺和创业

创业失败注定了我这一生跟铆焊脱不了关系。没办法，只有干老本行了，还是干我的铆焊工。

看守所学艺

万万没想到，父亲给我安排的学徒地点是株洲市一个看守所管辖的铆焊加工厂，里面的操作者都是触犯了国家法律的人员。刚开始很不理解父亲，为什么要把我送到看守所管辖的铆焊加工厂去学徒？管教的干部给我安排了4个师傅，通过与这些特殊的师傅们近距离的接触，倾听他们发自内心的悔悟，我受到了一次次灵魂的洗礼。他们也曾拥有令人羡慕的职业，有着不错的工作；他们也曾是父母的骄傲、妻子儿女的依靠，拥有幸福的家庭；他们也曾拥有如花的季节，承载着父母无限的期望。然而，仅仅是一念之差，放纵自己、藐视法律，最终触犯了法律的高压线，在高墙铁网内过着失去自由、失去尊严的生活。我坚信，如果时光可以倒流，他们绝对不会再去以身试法。我明白了父亲的苦心，这是一个老实本分、不太会说话的农民，用他自己的方式教育儿子在今后的人生道路上要走得端端正正、活得清清白白。

在看守所管辖的铆焊加工厂学习，使我初步掌握了冷作钣金工、电焊工的基本技能、技巧。1997年，我入职湖南省安装公司，开始了正式的冷作钣金工生涯，其间辗转一些单位，并系统学习了冷作钣金工的理论与实作，获得了初级工证书，技术能力与经验都得到了一定的积淀。在这些年，一直有一个师傅带着我，他叫刘正文，是一个高级技师，他也是我这一生的师傅。在他面前我学会了很多，可以说没有他对我的谆谆教诲，也就没有我在今后冷作钣金工职业生涯中所取得的这些成绩。跟刘正文师傅的学徒经历，已是二十年前的事情了，现在虽然各方面情况都发生了很大变化，但我们师徒关系依然如初。

我每一次问坐在我对面的师傅问题，对师傅来说可能是很细小的一个问题，他完全可以一口回答我的，但他会唠叨半天，什么你们读书到底是怎么读的啊？你们读的什么书啊，这个都不会？你们还是该自己学了……很多很多，听起来让人很不舒服的话，使我都不想再问他问题了。可是如果不问，自己不会呀；如果问了，就能学到东西，所以自己就必须去承受那些让你难堪、让你不开心的话，学东西总是要付出点儿代价的。

被师傅骂，其实真的很正常，师傅也是从我们这里起步的，他当学徒时也被骂过，关键是把你"骂醒"了没有，关键是你学到了东西没有。走向社会，自尊心不可以太重了，脸皮厚不耻下问才能学得到东西。比尔·盖茨说过，当我们穷困的时候，我们不要过分地去强调自尊；当你有钱的时候，你以前失去的自尊将会成百上千地还回来。在师傅的教诲下，我似乎明白了。换句话说，自己也算幸福的了，比那些自己摸索自己打拼的人来讲，自己还有师傅啊；他们想学东西，想被师傅骂都没有机会。珍惜眼前的机会和拥有，好好学习冷作加工的技术技艺，想一想，师傅骂那也是为了自己好，让自己在工作中少出错、不出错。

第一次自己创业

我和我爱人是经人介绍认识的，经过一年多的恋爱于 2000 年结婚，婚后我在外面打工，她在家种几亩花木，每天做好早饭就去地里拔草。她在家里非常孝顺顾家，稳重包容体贴。

2001 年是我高兴的一年，也是我人生最难的一年，这年我女儿出生，让家中充满了欢笑。但这一年我在外面基本没找到什么工作，刚结婚，又生了女儿，对于我们农村人来讲，没工作就意味着没有稳定的收入，就手头紧，我跟妻子商量决定种花圃苗木。我自家有 4 亩地，就自己把地挖掘开，找到朋友借了 2 万块钱，买来小苗红桎木 3 万株，当时红桎木小苗每株 4 角一株，每亩可种到 2 万株小苗，还有两亩多地没种苗木。我就和妻子去株洲市里，找一些机关单位帮它们义务修剪树木，我们不要报酬，只要修剪下来的枝条。这样，别人也高兴，能帮他们免费修剪苗木；而我们则把修剪下来的枝条当宝贝，拿回家，当晚就要修剪好，以便于第二天的插枝，不剪好这些剪枝可能就会失去水分而干枯。这样，许多时候，很多枝条要修剪到晚上十一二点才能剪完，过两天再把枝条在地里插扦。就这样，我又发展了3万株红桎木和3万株杜鹃。为了防止新种的苗木被猫狗鸡猪等动物踩踏伤害，我在田里搭上一个简易小棚屋，放上一个床铺，每晚都睡在地里守着。当时红桎木的价格很高，每株可以卖到3元，杜鹃也可以卖到2元一株。这样，也可以防止别人晚上来偷我的苗木。这段日子里，我和妻子就吃住在苗木田地窝棚，整天在地里拔草施肥耕种，呵护着苗木快快长大，卖钱后改善我们的生活。女儿没人带，妻子就把她带到田里，放在守树的窝棚里，女儿可能也知道父母艰难所以很听话，从不哭闹。

就这样一年过去了，苗木也渐渐长大了。到了卖苗木的时候，当时市场红桎木的价格还在每株3元钱，我心里也特别高兴。想想这一年的辛苦，总算有了一个好的回报。但天有不测风云，苗木的市场价在一天一天降价，我又没有这方面的经验。当苗木价格降到2.5元一株的时候，我赶紧托别人帮忙把田地里的苗木卖了。有一个客户对我说，只收两元一株，问卖不卖。我心里特别难过，别人家一株卖2.5元，我的苗木只卖2元。当客户要3万株的时候，我只挖了两万株卖给他，这样我的第一笔收获就是4万块钱。心想，我的本钱已经回了，要是苗木再涨价的话，地里的近7万株苗木，我就可以赚很多钱了，所以就没卖那么多给他。谁知过了两个月，苗木的价格继续下跌。当价格跌至1元时，又有客户找我买苗木。问我六角卖不卖，这次只要两万株，我的心虽然在滴血，依然也卖了两万株。后来，价格越来越低，到最后，我的苗木根本无人问津。剩下的树木也越来越大，没人要了，只好把它们砍了当柴烧。就这样，我和妻子干了一年半，一分钱都没赚到。这就是我第一次自己创业，虽然没有成功，但是通过诚实劳动创造幸福的理念始终伴随着我。

这次的失败也注定了我这一生跟铆焊脱不了关系。没办法，只有干老本行了，还是干我的铆焊工。经过我师傅的介绍，我进入联诚集团。2013年妻子也找到一个比较固定的工作，在一家油漆厂上班至现在。我工作特忙，每天早7点出发，晚上有时10点还不能回家。妻子每天要上班，还要做家务，照顾老人和孩子，虽偶有怨言，但还是很支持我的工作。

三　我逐渐成了"联城之星"

这些年的经历使我深感"单丝不成线，孤木不成林"，一个人的力量始终是有限的，一人进百步，不如百人进一步。技能在于分享、在于传承，个人的绝技只有成为更多人的绝技和"饭碗"，人生的价值才能得到完美体现。

千里马需要伯乐

谁也不能否认伯乐的重要性，因为千里马的千里之能要在特殊的位置上才能发挥出来，这就需要伯乐的慧眼识英雄。鲍叔牙举荐管仲，成就了齐桓公的一世霸业；侯嬴举荐朱亥，成就了信陵君的救赵功勋，数不清的事例都证明千里马需要伯乐。

我是 2008 年 7 月开始融入株洲联诚集团这个大家庭中的，也许是我运气好，也许是上天很眷顾我，我的每一位领导同事都很和蔼可亲，兢兢业业，总是不厌其烦地给我讲解有关工作上我不懂的事。

2008 年 9 月的一天，我跟同事正在现场打扫卫生，突然接到一个电话，是江总打过来的，说让我过来帮一阵忙。打电话的人就是我人生的伯乐江先生，他是我们部门的总经理，也是我的直接领导，50 多岁了，带着一个深度的眼镜。从我第一眼见到江总的时候，就给我留下了很深的印象。江总平易近人，完全没有领导的架子。我是个刚踏上社会不久的人，对身边的任何事情都充满了新鲜感，而且对这个从来没有接触过的工作岗位也不知道从何开始做起，感觉很紧张，也毫无头绪。江总每次都很耐心地给我讲解工作该怎么做，需要做什么。有时候，我一个不懂的问题都要问好几遍，江总都会不厌其烦地给我讲，直到我明白为止。他见我这么肯学习，就叫我去技师协会学习冷作工技师知识，后来又培养我成为高级技师。

记得 2013 年，我被评选为株洲市技能大师的时候，我的口语表达能力很差，满口讲的是湖南普通话。要去株洲市劳动局演讲，我的讲话水平是肯定不够的，他每天都会抽出两个小时对我进行演讲知识的培训。记得有一天晚上，他说你就把我当成评委，自己在下面讲一次。我结结巴巴地说着演讲稿，有时候紧张得连自己姓什么、多少岁都忘记了。江总急了，他说这怎么行呢？于是他把我带到一个肯德基的店里，在大厅的一楼最前面的一个桌子坐下，让我在大庭广众之下读稿子。刚开始我很害怕，他说你在这种场合不能独立地背稿子的话，你将来在演讲台上是不可能完成你的演讲的。"你一定能行"——在他的鼓励下，我一遍又一遍地读着稿子，完全沉浸在我自己的演讲世界里。最后，在这次评选技能大师的演讲会上，我以优异的成绩取得了"株洲市技能大师"的称号。在公司领导和江总的关怀与指导下，我逐渐成了"联城之星"。

在工作中，江总也是兢兢业业、一丝不苟。江总是我们单位党委书记兼工会主席，要跟很多客户打交道，好多事都要亲力亲为。有时候排队的客户都坐满了办公室，哪怕有再多的事、再刁的人，他都不会发火，总是一件事接着一件事安排得妥妥当当，直到大家都满意为止。他工作起来很有条理，而且办事效率高，这是我最佩服他的地方。

当然，他也有无奈的时候，也有心情不好的时候。但是，江总从来不会把这些不愉快带给我们，他给我们的永远都是和蔼的笑容。在平日办公室生活中，江总也是一个很节俭的人，有时候中午打的饭多了吃不了，他就会放到下午带回家，从来不会浪费。办公室施行无纸化办公，需要打出来的东西江总都会用以前用过的废纸背面打印出来，等到修改无误确定了才会用好纸打印出来。偶尔闲的时候，江总也会跟我们开玩笑讲笑话，每当这时候我就会觉得特别开心。我喜欢看到江总笑，平日的工作很枯燥也很烦琐，看到江总的笑，心理疲劳一下子就会烟消云散。这就是我的领导，我的好大哥，一个在工作上、生活上对我无微不至关心的领导。

有理想，才能找到事业的归宿

2008年，当我以农民工的身份进入株洲联诚集团时，在一次2000余人参加的技能比武中获得了冷作钣金工的第二名，那种荣耀使我的心开始沉淀下来。真正使我朝向实现理想、抱负转变的是比武结束后不久，领导找我进行了一次深谈。他告诉我，随着我国轨道交通装备的快速发展，我们国家的电力机车、动车组、地铁随着由国产化向自主化的转型升级，作为配套企业，我们将会上马很多重要零部件的配套，亟需像我这样有技能的操作员工，希望我努力学、认真干，成为行家里手。

我清晰地记得，我们配套不锈钢的处女作——为进口地铁动手术的上海地铁1号线车辆蓄电池箱试制，摆在我面前的只有一张标有简单尺寸拍下来的柜体照片，无图纸、无流程、缺经验，而且工期又紧。怎么办？公司把重任交给我，绝不能掉链子。为了保证尺寸的正确转换，我多次往返中车株机公司，现场测绘箱体的结构尺寸，将设计与产品实际制作中的铆、焊工艺有机结合，同时依据蓄电池箱装配原理推锁和箱体在组装承重后的载荷力度，在结构制作时进行放量，确保产品装配无缺陷。经过5天4夜的努力，首件箱体交验完全通过，我和我的团队为我国轨道交通不锈钢部件产业化走出了第一步。

有技能，才能折服国内外专家

我刚参加工作的目的仅仅是为了能学好一门手艺、赚点钱养家糊口，谈不上什么人生理想，更不会去思考为民族工业的发展进步建功立业。随着时间的推移，我的认识渐渐发生了变化。

2012年，我们公司承接了德国西门子逆变器的订单，西门子对产品品质要求极高：表面不能有碰伤、磨伤，1.5平方米范围内，外观平整度公差不超过1毫米（通常国际产品表面要求为3毫米）。领导告诉我，产品如果不能达标，公司将失去这批订单。没有订单，我们所在的单位几百号人的收入哪里还有保障。任务交给了我，责任在肩，怎么办？传统的火焰调平是根本达不到这样高质量的产品要求的。一次偶然的机会，我了解到一种叫作真空调平机的设备。为了吃透这一项技术，我经过反复推敲，终于匹配出适合实际产品的最佳技术参数。

我掌握这一新设备、新技术后，产品质量、美观度获得了质的飞跃。德国西门子质量验收专家到公司验收逆变器柜体，这位专家叫赫斯特，人很胖，胖到我都不敢相信，480斤，走路都左右摆动，坐车只能坐商务车，我们办公室的椅子，只能坐进去半个屁股。我们把产品摆在检验平台上，把检验文件、检验工具一一准备好了。在单位领导和检验员的陪同下，他蹒跚走过来，脸上没有一丝笑容。他在柜体上量尺寸和平面度，他对这产品非常熟悉，基本上不用看图纸，我在旁边配合他检验，心直怦怦跳，怕自己做的产品哪个地方有不合格项，或者没有达到他的要求。

过了一个多小时，尺寸量完，他还是不说话，开始用平车量平面度，首先用了一个两米的平尺，放在产品上量，他开始用英文说，换一个长的平尺，要四米长的。我马上跑过去，背一个四米长的平尺过来。我想他是不是在挑我们的毛病，怎么检验这么久还没有结果呢，而且脸上没有一点表情，好像不高兴的样子。我小心地把平尺放在产品上量平面度。这个时候他笑了，问我说这是真的吗？是不是你做的？我说是，他连说了几个"OK！OK！OK！"并竖起了大拇指。我擦了擦额头上的汗，悬着的心终于放了下来，心情也随之舒畅开来，心想总算把它干好了。验收第一个时，这位专家一丝不苟，一番测量之后，面对已经达到 1 毫米以内调平精度的测量结果，专家紧绷的脸上终于露出了信任的笑容。在第二个柜子验收时，我问贺斯特先生是不是我们像第一个柜子一样检验第二个柜子。他在我肩上拍了拍笑着说："不用了，不用了。第二个柜子，我们就免检，你们做的产品很好很好。"

　　2015 年，在长沙中低速磁浮列车的研制中，我通过特殊工艺制作的蓄电池低压箱，有效地克服了收缩变形、共振等难题，中国中车的磁浮专家感叹，如果没有众多像你们这样的精美自主化零部件，中国要想打破日本、韩国、德国的垄断，在短短的两年内实现完全自主知识产权中低速磁浮列车的下线是不可能的。

有视野，才能成为大国工匠

　　随着工作的深入，我的视野逐步打开，我了解到，一列高铁、一台电力机车拥有上万个零部件，没有国内产业链的高质量、高效率配套，又怎能实现中国"走出去"。而推动这些，不是一个人的力量能够实现的。联诚集团提出了"做最好的、最有价值的、最受尊重的世界一流企业"的愿景，制定了"十百千"人才工程、员工技术创新成果管理办法等方案、措施，这些无不激励广大员工在工作之余学习新技术、研究新工艺。

有人问我，个人的绝技是自身赖以生存的"饭碗"，传给别人，你不怕吗？作为一名班长，我认为仅当好"领头羊"还是不够的，更重要的是带出一支素质高、战斗力强的团队。这些年的经历使我深感"单丝不成线，孤木不成林"，一个人的力量始终是有限的，一人进百步，不如百人进一步。技能在于分享、在于传承，个人的绝技只有成为更多人的绝技和"饭碗"，人生的价值才能得到完美体现。

我的徒弟很多，罗红朋就是其中一个。认识他是在 2008 年的 3 月份，从认识他的第一天起，我就知道今生跟他有着不可脱离的关系。那时他刚来联诚，分到我们班组，满脸的笑容，非常谦虚，身高 175 厘米左右，瓜子脸，穿着蓝色的工作服，非常阳光标致。他见我的第一句话就叫我师傅，我见他比我小不到十岁，就说："我们是同事，你叫我哥就是了，以后我们互相学习，大家同在一个班组互相关照。"

他说师傅你就收下我吧，今后我就跟你学技术、学做人。我看他那么诚恳，人又老实，看上去挺聪明的，就说："好吧，咱们互相学习。"

2009 年，我们公司接到深圳通业辅助逆变器柜体制作的任务。罗红朋负责吊耳组装焊接，有一个问题一直是个难题，吊耳是一个盒状，外面有十几条焊缝，焊完把盖板一封，所有的焊缝都要求单面焊双面成型，而且要按 WPS 文件执行要求达到技术要求，每 1 个月国际焊接监理就会到我们

现场来检查焊缝，吊耳封好盖板之后就不能检查到，所以每次都会破坏性切除一些吊耳，进行抽检。那样很难百分之百保证检到，而且都要检完，合格之后重新下料，再焊接，浪费人工及材料，特费时费力，且质量不能保证。罗红朋没办法，就找我看有什么办法能解决。我想了想说："你看能不能利用工装焊接、控制焊缝间隙、夹紧、支撑、定位等方法进行组焊，最后留下检验记录和照片资料以备后续焊接追溯检查。"他一听顿时茅塞顿开，按我的要求和他自己的想法做好了焊接方法和检验记录。后来每次焊接监理来检查的时候，都只要把资料交给监理看就行了。监理竖起了大拇指说："你们这种方法挺好，挺管用，挺实在。"

2010年，罗红朋参加联诚集团技能比武，在比赛时有500多人参加，经过笔试初试，到最后决赛时，罗红朋首先看图纸，看了半小时，又看了看试板，比划了又比划。我想是不是我教他的都忘了，我准备走到他的考试台位上去指点一下他，被监考老师拦住，说你不能进去。我的心都快到嗓子眼了，急得直跺脚。这时候，他慢慢地开始了他的画图。这时，我的心也慢慢地平静了下来。我想，他肯定能完成。在后面成型的时候，他满头大汗。比赛完后，我递给他一杯水，他一口气就喝完了，坐在椅子上，如释重负。看到他完成的作品，我悬着的心也放下来了，我知道这个作品是他最好的。他问我能不能够及格，我说应该会吧。他笑了笑，那是高兴的笑，是喜悦幸福的笑。最后，这次比赛他拿了第一名。我特地为他准备了一桌丰盛的饭菜，庆祝他第一次拿奖。他也从那次起慢慢地考取高级工、技师、高级技师等证书，也年年获评集团公司先进，并在2018年公司重点培养去捷克深造学习，我们也成了最好的师徒及朋友。

这些年，我坚持利用"技师小组""劳模（技能大师）工作室"等平台对新进员工进行铆焊理论与实作培训，并先后制订、完善了《劳模（创新）工作室管理办法》《劳模创新工作室发展规划》《创新项目攻关奖励办法》等，引领广大员工积极开展工艺攻关、技术革新。从2014年10月工作室挂牌成立以来，工作室坚持围绕公司技术难题、生产工艺瓶颈开展"五小"创新增效活动，先后申报员工技术创新成果、合理化建议、管理改善达427项次，实现经济创效1270万元，其中182项创新成果获表彰奖励。同时，我与中车株机公司技师协会完成了《冷作钣金工》从初级工到高级技师的实际操作指南编撰并自制了上百套工装模具，其中机车入口门、波纹顶板拍扁模具等多项成果获国家专利，不仅减轻了员工劳动强度，而且大大提高了制造质量和工作效率。

我先后培养了35名徒弟，其中3人已考取冷作钣金工高级技师、8人已考取冷作钣金工技师，22人考取高级工，并有5人成为班长、副班长，大部分徒弟已成为生产骨干力量，而我也一步步从铆工成长为班长、株洲市劳动模范、技能大师、全国优秀农民工、湖南省劳动模范、全国五一劳动奖章获得者。

荣誉和成绩，既是个人的骄傲，也是单位、集体的荣誉。就拿我现在所居住地——株洲市黄塘镇东山村——来讲，当村里知道我获得所在乡村50年来的第二个市级劳模时，全村人无不为之高兴，并专门为我举行了庆功会。

有奉献，才能打造轮轨上的国家名片

有时候，看到电视报道中国高铁"走出去"，我会很自豪地对身边的儿女说——"你看，这出口到欧洲的动车组、马来的轻轨、南非的火车头，就有爸爸和叔叔阿姨们生产的零部件。"

2016年5月，我牵头承接北京纵横城轨牵引箱柜体的试制，该产品难度大，质量要求高，试制时间紧。我带领试制团队潜心钻研，日夜赶工，以所交付产品的进度及产品的平面度和密封性远超其他原有供应商的优势，一举为公司赢得批量订单。截至2017年底，公司先后承接北京纵横5条地铁线211个柜子的订单，新增经济收入542万元。产能从原来的从零开始到目前每月44柜，月产值100多万元；工作效率也由原来每天18人做1个柜体提升为每天12人做2个柜体，仅人工成本每年便可节约168万元。

10年来，我和我所在的团队先后为主机企业新增配套零部件上百种，我们所在的联诚集团新增达到上千种。我领头试制的优质不锈钢产品装上世界最高时速的500公里试验高速列车，领头试制的天津西门子单双辅逆柜体使企业顺利进军高铁产业，并为企业由部件反向产业拓展作出了重要贡献，实现了不锈钢车体底架、顶盖等大部件制造在企业的主导生产，开创了国内同行的先例，为公司年创造效益达4200多万元。

也正是由于我们产业链零部件企业及时、高效、高质量地配套，目前，中国中车在株洲的产品由 10 年前的国产化率 70% 升级到了自主化率 90% 以上，个别产品如出口欧洲马其顿动车组达到了 98% 以上。中车株机公司等主机企业"高铁"出海至马来西亚、土耳其、南非、印度、马其顿、塞尔维亚等国家和地区。

厉害了，我的联成

"去学铆焊工吧"，父亲一句话，奠定了我一生职业的基础。我的工作单位株洲联诚集团控股股份有限公司坐落在鱼米之乡湖南中部，是中国目前最大的轨道交通装备部件制造商和供应商之一。公司系国家 3A 级信用企业、国家火炬计划高新技术企业，荣获全国五一劳动奖状，公司设有湖南省轨道装备冷却工程技术研究中心、湖南省复合材料工程中心，是湖南省工业企业 100 强、制造业 50 强，湖南省新型工业化一等奖获得单位，"联诚及图"获评中国驰名商标。通过 IRIS 国际铁路工业标准、ISO9001、ISO14001、OHSMS18001、EN15085 体系认证，获 ISO/IEC17025 国家实验室认可。

公司重点服务于铁路机车、动车组和城轨车辆三大产业领域，具有 30 多年的轨道交通装备部件研制历程，拥有结构件、通风冷却、制动系统、电子电器和减振装置的先进设计、验证、质量控制平台和多条高效生产线。先后完成国际最先进的大功率交传机车和高速动车组的多个系统和关键部件研发制造，持续全面满足铁路装备现代化的要求，业已成为国内轨道交通装备部件的关键部件供应商及行业领先者和区域经济重点发展的优势企业。

国务院总理李克强考察中车株机公司时曾赞誉道——你们的机车车辆是代表作；刘云山曾赞誉道——干工作就是要有这里人的那股子激情。这不仅是对中车株机公司的赞誉，也是对其周边轨道交通装备产业链中每一位产业工人的褒奖与肯定，他们为民族工业的振兴做出了不懈努力。

四　做孩子们的榜样

记得女儿在一次班会上骄傲地对同学和同学家长说："我父亲是位农民工，是劳动模范，去过人民大会堂领奖，他是我的骄傲！"那一刻，我觉得女儿长大了。

2018 年 3 月，我有幸获得中国劳动关系学院劳动模范本科班学习的机会，带着喜悦与荣耀、责任与期盼来到北京，与来自全国各地的 13 名劳动模范一起，接受高等教育，开启人生的新征程。

在来学校那一天，临行时妻子没出来送我，只在房中跟我道了一声别，马上把头转过去了，我知道她在哭。她不舍，她知道我不容易，有这么好的机会能上全国最高学府，是各级领导、工会和单位重视的结果，希望自己的丈夫学成归来。那一刻我也眼眶湿润了，想想这一去几个月不能回家。在这几年里，生活担子都要她来承担，母亲要她照顾，子女学习生活要靠她，家务、农田，还要上班等，我都不敢想了，鼻子一酸，我抱住了她。她说你放心去读书，家里有我，快走！快走！

我的心五味杂陈，结婚这么多年我第一次哭着抱着她。她从结婚那天起就从没停下过双手，为这个家付出了一切。女儿今年 16 岁，读高一，她漂亮、聪明伶俐，很懂事，是我的骄傲，从小学到高中成绩一直很好。每次学校组织活动和开家长会我都会请假参加，因为我在学习上帮不了他，但是我想在思想上影响她，让她知道爸爸是个靠自己技能、扎扎实实工作、坚持不懈努力走上自己人生最高舞台的人。记得女儿在一次班会上骄傲地对同学和同学家长说："我父亲是位农民工，是劳动模范，去过人民大会堂领奖，他是我的骄傲！"那一刻，我觉得女儿长大了。儿子今年 8 岁，上二年级了，调皮可爱，每天都要打电话给我，在电话中总是问我——"爸爸，你们读书难吗？考试好了也能当三好学生吗？"我说："能，儿子，我们一起努力都拿三好学生。"你们猜他怎么回答？他说："爸爸，你那么多的奖状，我也要拿，也要拿很多的奖状。"听到这些，我觉得什么都值了，因为自己的努力、对工作的坚持、对事业的追求，我用行动教育了子女，让他们在思想上知道要好好学习，踏实做人。母亲的骄傲，儿女心中的榜样，妻子的理解、包容，各级领导的帮助，同事的支持，让我感到无比的自豪和光荣。

在平常的集体学习中，我们深刻地感受到，习近平总书记对一线劳动者的关心和重视，对新时代产业工人更是寄予厚望。这些让我们劳模本科班全体学员信心满满，于是集体给总书记写信，汇报了学习"习近平新时代中国特色社会主义思想"的体会，表达了当好主人翁、建功新时代的信心和决心。

2018 年 4 月 30 日，我们劳模本科班学员收到了习总书记的回信，这是给劳模班学员和各行各业劳动者最好的劳动节礼物，这让我们倍感亲切、倍感振奋、倍受鼓舞。我下定决心，一定好好珍惜现在的机会，牢记总书记的嘱托，踏实奋斗、努力学习、诚实劳动，在自己的岗位上继续拼搏、再创佳绩，用自己的干劲、闯劲、钻劲鼓舞更多的人，让诚实劳动、勤勉工作蔚然成风。今天，在习近平新时代中国特色社会主义思想指引下，中华民族正在实现从站起来、富起来到强起来的伟大飞跃，面对日趋激烈的国际竞争，一个国家能否抢占先机、赢得主动，越来越取决于国民素质特别是广大劳动者素质的提高。

　　劳动使人聪慧，劳动者创造文明。劳动者用一滴滴的汗水，洗去旧日的沧桑，用粗壮而勤劳的双手描绘出乡野的丰收、城市的壮美、人们的微笑、国家的繁荣。劳动致富，又是朴素的真理，同智慧在岁月的长河里闪闪发光。是的，劳动光荣，劳动者最光荣！但愿劳动人民因劳动而成为自己命运的上帝！是劳动，建成了今天的万丈高楼；是劳动，筑就了现代化的信息高速公路；是劳动，让偌大的地球变成了一个小小的村落；是劳动，使浩瀚的荒原变成了万亩良田。劳动是神奇的，劳动是伟大的。劳动者用勤劳的双手和智慧，编织了这个五彩斑斓的世界，创造了人类的文明。劳动使人幸福，劳动者改变世界。

　　马克思说："劳动是谋生的手段。"这句话指明了快速发展实现美好愿望的真谛。只有劳动，我们的生活才会更美好，世界才会更美好！劳动人民是世界上最伟大的人民，他们用劳动创造了世界，创造了人类。劳动永远是人类生活的基础，是创造人类文化和幸福生活的基石。我们在过去的计划经济时期提出劳动光荣，引导人们用劳动去创造财富，才为我们今天的发展奠定了基础。而如今在市场经济中，我们更应该提倡用我们的双手和辛勤的劳动为我们的家庭，为我们的国家创造出更多的财富。劳动改变了你，劳动改变了我，劳动改变了世界。

　　每一个时代都有一种先进的精神，这种精神源于我们身边每一个身份普通、岗位平凡、业绩突出的劳动者。这种精神成了推动社会前进的源动力，引领无数人战胜苦难、不懈创新、勤勉开拓。这种精神被称为"劳模精神"。随着时代的发展，劳模被赋了越来越多的时代内涵，但无论是生产者还是创业者，无论是比表现还是比贡献，无论是讲精神作用还是讲经济效益，劳模的核心价值都是始终不变的：一种爱岗敬业、勇于创新、甘于奉献的精神，一种对职业、对社会、对国家的道德感、责任感和使命感。我们在凭借自己的智慧和毅力创造价值的同时，要懂得用劳模精神指引前进的方向，做服务社会的先锋。

致敬词

他，努力学、认真干，争当轨道交通不锈钢部件产业的行家里手；他，以智服人，实现不锈钢薄板表面平面度1毫米的突破，折服了以严谨著称的德国西门子验收专家；他，以技服人，自制工装模具，持续工艺攻关与改进；他，以质量服人，敢担攻关重任，组建不锈钢精益生产线；他，地地道道的农家子弟，有理想、有视野、有格局，终成大国工匠。

致敬——株洲联诚集团控股股份有限公司冷作钣金工邹宇锋！

施工队长也风流

——山西省太原一建集团公司混合作业队 队长杨霖的故事

人物小传

杨霖 男，汉族，1971 年 4 月生于贵州榕江县乡村，中共党员。1990 年至 1993 年，在中国武警陕西总队服役，曾任通讯员、文书、班长，先后 11 次荣获部队嘉奖和"优秀士兵"称号。1993 年 12 月退伍，曾在广东东莞短暂务工，后辗转至山西太原一建集团从事建筑工作，从一名学徒工成长为混合作业队队长。先后获2007 年"山西省五一劳动奖章"，2008 年"全国五一劳动奖章"，2010 年"山西省劳动模范"，2015 年"全国劳动模范"等荣誉；多次被评为市、县、镇、村级"优秀共产党员"。山西省总工会十四大代表、中华全国总工会十六大代表。中国劳动关系学院 2016 级劳动模范本科班学员。

一　人生初成长，清贫与快乐为伴

从记事起，我便开始帮母亲干活，砍柴、放牛、割草，有时还上山掏鸟，下河抓鱼，不亦乐乎。那时的农村娃，把劳动当成了乐趣。

1971 年，我出生在贵州大山深处的一个农民家庭。那里山清水秀，树高天蓝，是我儿时的乐园，也是我一生的记忆。

家中姊妹七人，我是老小，在那样一个物资匮乏的年代，家里人口多，日子过得很艰难。父亲开始是一名民办教师，后拜师学中医。解放初期，本有机会进入干部学校培训学习，有更好的前程。无奈当时爷爷奶奶身体不好，父亲姊妹也是七人，他是家中长子、顶梁柱，全家都需要他照顾，只能选择留在家乡。

我出生的那年，父亲刚好去公社医院上班，很少回家。家里所有的农活便落在母亲肩上。有时农忙，父亲也会抽空回来帮忙。从记事起，我便开始帮母亲干活，砍柴、放牛、割草，有时还上山掏鸟，下河抓鱼，不亦乐乎。那时的农村娃，把劳动当成了乐趣。

家里离公社有十里山路。有时父亲周末回来，我也常跟他上山采药。父亲心地善良，救人无数，常常每月一半工资都倒贴给病人，为此母亲常常跟他闹矛盾。可是闹归闹，母亲却也同样是个慈善之人，她是村里唯一的接生婆。那些年村里出生的孩子都是母亲义务接生的。所以，母亲多半是埋怨完了父亲，日子依旧。

父亲要想帮助更多家庭困难的病人，只能多抽工作外的时间上山采草药，赠予贫穷的病人，这些人大多掏不起钱看病。父亲对病人永远都像亲人一样，尽心尽力，亲力亲为。望、闻、问、切是中医看病的特点，可我的父亲从来不先问病人症状，往往先让病人把手拿出来把脉，再看看病人舌头和眼睛，再摸摸症状部位，然后就能把病人症状说出来，先建立起医患之间的相互信任，从心里去理解、宽慰病人。父亲经常对患者说，病魔不可怕，要有信心与之斗争。他也曾告诉我："看病一半用药，一半宽心。把患者的思想包袱先卸下来，这样用药才好得快。"

父亲是个真正的医者，只要病人有需求，哪怕三更半夜、刮风下雨，父亲都会出诊。我亲眼看见父亲用嘴为病人吸脓疮里的脓，吸伤口里的血。这些得需要多大的勇气和大爱啊！医者仁心，父亲的大爱成了我一生的榜样。

我是 7 岁那年上的小学。当时农村没幼儿园，直接上小学。村里只有一个代课老师，一年级到三年级，都挤在一个教室上课。代课的是一个只有初中学历的本村人，半工半农的那种。凡遇到农忙或村里有大事小情就会放假。我们也乐得高兴，上山捉鸟、下河抓鱼、寻些野味、觅些柴火，倒也悠然自得，不亦乐乎。四年级要到河对岸村里上学。夏天雨多水涨，不能过河，我们经常缺课。冬天水冷，赤脚过河，那是扎骨的痛。我会经常想起三姐心疼我，在河边等我放学来背我过河的情景。姐弟情深，一生难忘。

初中和高中是在县一中上的，条件也自然稍好一点，路途遥远只好住校。那段日子，我很珍惜这来之不易的上学机会，勤奋好学，力争上游。我加入了县散文诗协会，是校学生会的干部，是校春芽文学社的主编，也是校篮球队一名主力队员。一直到高中毕业，我的人生就是这样，是伴着家里的清贫和地方的艰苦条件，以及充实的校园生活度过的。

二　从军路上，热血男儿当自强

不管你准备好还是没准备好，部队生活就这样开场了。它用严格的纪律、残酷的体能和技能训练，以及努力提高政治思想觉悟来武装大家。不知不觉中，我慢慢变成了一名忠诚的战士，一个真正的男子汉。

1990 年高考填报志愿失败，我与大学校园擦肩无缘。当很多人为我惋惜时，我却毫无沮丧之情。当年下半年复读时，刚好有部队来我校招兵，我在操场上被接兵官一眼相中。在他的鼓动下，我们一起给家里人做了一星期工作，才基本做通。母亲没什么文化，也没见过世面，以为当兵就要打仗。也难怪，出生在战火纷飞的年代的人，担心是难免的。接到入伍通知书那天，我心情很是激动。家里也为我宴请了前来祝贺的乡邻与亲友。那天，我喝了很多酒，记忆中那是第一次深醉。临走的那天，全村人敲锣打鼓都来送行，在他们期盼的祝福声中，我向村里的老人和父母行了叩拜礼，便像一位英雄一样走在队伍前头，一直走到公社、走到区上。

在县里集结的那个晚上，我失眠了。不知是亲情难舍、故土难离，还是依然依恋我的校园，总之，激动兴奋之后有忧伤，有失落，也有迷茫。从未想过那么多的我，那晚我想了很多，所有的事都在脑海里过了一遍。想得最多的还是我未知的军旅生活——那个若隐若现、若即若离的将军梦。这是我人生的第一次选择。

一路颠簸，坐了三天三夜的车才到达西安火车站，最后被一辆辆军车把我们接到新训队。战友们一路激情，一路高歌，在美好的憧憬中就这样来到了新兵连。我们的新兵连，坐落在陕西秦岭脚下。那里有一个收容所，有一个武警中队看守。门口有一个村子，不远处，还有一个部队的劳教所，犯了法的现役军人劳教地。

我们是晚十二点左右到达新兵连的。从火车站到新兵连约六十公里，站在没篷的大卡车上，感到从没经历过的冷。开始，大伙还有说有唱，到训练基地时，大伙冻得嘴都张不开了，耳朵也好像被割掉一样。下车后集合分班。我被分在三排十二班。班长是山东人，他安排我们到班里住下后，带我们去食堂吃饭。所谓的饭，就是一大锅面片，没有菜。看着·大锅面片，我们这批贵州兵却没几个有胃口。我随便吃了几口，便回到宿舍躺下。连坐了几天车很是疲倦，刚躺下就睡着了。睡梦中一会儿是在学校上课，一会儿又是在火车上晃动，一会儿又好像跟父母在一起……

我原以为会有一两天时间休息。没曾想，在睡梦中被一声声哨子声吹醒，接下来是班长起床的催促声。天没亮，数九寒天，我们被班长带到两公里外的小溪边停下，然后让我们拿起石头砸冰块，砸开后让我们就地洗脸、刷牙。我的天呀！几个北方战友把手伸进水里又很快缩了回来。我们南方的，压根儿就不敢。最后，我们手拿毛巾一角放进水里湿了毛巾草草了事。第二天、第三天班长就会一个个检查，有没洗脸、没湿毛巾的，统统把手泡冰水里2~5分钟。一两次后，大家就再也不敢"作弊"了。

从溪边跑回连队，班长教我们整理内务、铺床叠被，没想到会有这么多规矩这么难。早餐是稀饭馒头，我照样没胃口。上下午训练站军姿，有点空闲就跪在被子上压被子和压脚背（压被子是为了把被子叠成豆腐块，压脚背是为了踢好正步）。中午吃面条，稍还能吃一点。晚上有三个菜，但依然是馒头，我勉强吃了点。刚吃过饭十来分钟便集合在一起学唱军歌。新兵连第一天就这样紧张地度过了。

接下来的日子，条件的艰苦、训练的残酷，让我们难以支撑。在新训队最怕坐下来学习。由于平时训练强度大，休息不好，一坐下来就能睡着。那两小时尽是与瞌睡斗争了，哪还听得进多少内容。大部分战友怕上课睡着，就把曲别针插在衣领上，只要脑袋一偏，就会被扎醒。尽管我有了充分准备，新训队的生活还是大大超出我的意料。但不管你准备好还是没准备好，部队生活就这样开场了。它用严格的纪律、残酷的体能和技能训练，以及努力提高政治思想觉悟来武装大家。不知不觉中，我慢慢变成了一名忠诚的战士，一个真正的男子汉。

我很感谢部队，帮我克服了一个个心理障碍，让我一生受益。当时有句话叫"当兵后悔三年，不当兵后悔一辈子"，我感受并开始慢慢领会了它的涵义。我用高标准、严要求来督促自己，努力提高各方面的技能，最终，我用优秀士兵和连队嘉奖，回报了自己的新训生活。

下连时，我被选到了武警陕西总队西安市支队机动大队一中队一排一班，是一名排头，得了一个"陕西第一兵头"的称号。我们以为下连后训练强度会好一些，没想到下连更辛苦，不当班便训练。我们的口号是"养兵千日，训练千日，用兵千日"。不过，我们在新训队有了基础，每一科目都能顺利过关。

当年"八一"，部队搞校阅，我们被支队选进校阅队，那时才真正地懂得什么叫"冬练三九，夏练三伏"。每天三趟五公里，三个三百（三百个俯卧撑，三百个引体向上，三百个仰卧起坐），用沙袋绑在小腿上踢正步。西安夏天温度很高，四十一二度的高温也没间断训练。有很多战友高温中暑，在队列中晕倒，马上会有卫生队员抬下救治，训练依旧。其实，这也便像是战场的一次次冲锋，影视剧的那些镜头，整个就是我们部队的真实写照。三个月后，我们胜利地完成了任务，并保住了能打胜仗的"铁拳中队"称号，我又荣获一个嘉奖。

从那以后，每次执行任务，我总是冲在最前头，再不是一个配角。我一直用不服输的干劲努力着。流血、流汗、不流泪，训练、站岗、执勤，我都会用最高标准要求自己。我当过机枪手、通讯员、文书和班长，参加过支队篮球队。我下连没多久就参加大比武，之后多次受到各级表彰。"擒敌技术能手""神枪手""执勤能手"，我们部队的全能"三手"，我全拿到了，并在部队入了党。我以为自己完全是一名合格的军人了，但离我的目标就差那么一步。

铁打的营盘流水的兵。虽然在部队这所大熔炉里，我得到了锻炼和提升，但是三年后，我同大多数战友一样，万分不舍也别无选择地离开了部队。从此，那个立志报国、保土守疆的我，再无机会成为英雄。我喜欢部队，喜欢那一身橄榄绿。"早晨，站在地球的边缘，我是一幅杰作。"这是清晨站岗时不由心生地发出的感慨。

军魂不朽，我却难续。复员多年后，"九八抗洪""汶川地震"时，我坐在电视机前，看到那些军人舍生忘死、奋不顾身的英勇场面，泪流满面地写下《致我脱下军装的战友》——

> 我亲爱的战友/我知道你还恋着那一身橄榄绿/恋着那整齐的步伐/恋着洪亮的口号和军歌嘹亮……/也还铭记曾经立下的誓言/可我们离开了/我们回到平凡/我们却还没有军功章/我们还没机会成为英雄/可我亲爱的战友/如果今生我们无法成为英雄/那我们就以军人的名义英雄地活着/

记得考军校落榜的那段时间，心情低落到了极点。怕耽误女友的幸福，我选择了分手。现在回想，我是那么的自卑。在一个晚上，我把三年来所有的往来信件、考军校的复习资料和书本，悄悄地拿到部队后院无人的地方去烧。那是我一生中最懊悔的决定。亲情、友情、爱情及二十多年所有的记忆，想用此方式来结束，让曾经的理想和抱负在那晚都灰飞烟灭。火光升腾，每一封信件扔进火堆，都是锥心的疼，没曾想这种告别竟是如此艰难。我把一页页撕书扔进火海，懊恼、伤心，发誓今生不再碰书。不知什么时候，几位战友来到我的身后，他们默默地站着、看着，然后俯下身子与我一起烧。此时无声胜有声，我的情绪再也难以控制，顿时泪如雨下。

我很感谢我的队长郭英平同志在那段时间对我的关心和理解。临复员时，他看透了我们这些老兵的情绪波动，便找了个下午与我长谈。他肯定了我的努力，肯定了我的成绩，肯定了我，并想法让我留在西安找份工作，承诺给我各方面的帮助。但我还是拒绝了，带着他的祝福与信任离开了。

三　打工生活，压抑的乡愁伴我闯天涯

我含着泪，想着前人的那首诗，"孩儿立志出乡关，学不成名誓不还。埋骨何须桑梓地，人生无处不青山"，也许这一次干不出名堂，真的再难回来。

复员回到家的日子里，几乎不出门。面对家乡父老，他们虽然没有恶意，没有嘲讽，没有嫌弃，但我却倍感愧疚，心里很失落，没有目标，也没有方向。当兵时，全村人敲锣打鼓送我出门的场景，亲人们那种殷切的目光，乡亲们的信任，难道我就要辜负了他们的期望？那段时间，母亲的心情也不好，每天催我找对象结婚。在她心里，也许结婚生子是她对我唯一的期望了。

离家是我唯一的选择，尽管离春节只有十多天了，那算是一种孤独的逃离。前路茫茫，没有目标和方向。走时，从父亲手里接过他仅有的八十元钱，加上我的复员费还剩 200 多元，不敢回头，是一次无奈的离开。父亲送我出来很远，亲切地对我说："外面不好就回来，我们都在，生活没问题。"可我含着泪，想着前人的那首诗，"孩儿立志出乡关，学不成名誓不还。埋骨何须桑梓地，人生无处不青山"，也许这一次干不出名堂，真的再难回来。

我与四个战友结伴而行，先去了海口，人生地不熟，无奈折返；回到湛江，已没多余的钱。三个战友选择回了家，而我与另一个战友以抛硬币的方式选择方向。我们饿了一天一夜，来到了东莞唐厦镇，找到了我战友的同乡，也是他的女朋友。当天晚上，他女友请我们在小餐馆吃饭，我俩狼吞虎咽，每人吃了七八碗米饭，在女孩子面前完全没有了绅士风度。可见，文明与文化的进程是建立在人类社会解决温饱问题之后的。不知什么时候，在我对面的那个女孩已是满脸泪痕。也许那一瞬间，她真是心痛了对面那两个落魄的男孩。

费了很多工夫，找了个台资企业总算落了脚，当了一名保安员。那个春节，是睡在没被子的硬板床上，啃着一箱方便面过来的。记得三十年夜十点下班后，看着万家灯火，烟花飞舞，工厂里工友三三两两各自相聚，欢悦乡情，我却孤苦难耐，一心买醉。一瓶头曲没事，加上两瓶珠江啤酒还没事，索性倾其所有再来瓶竹叶青。刚喝一半，前面酒劲上来了，一下醉倒在地，醒来时已是初一下午。班不能上，头痛难忍，幸有一老乡照看，后来与她"执子之手，与子偕老"，不过，竹叶青今生却不想再喝。

年刚过，家里一下来了四五个人。那时工作不好找，我又没领工资，向老乡借的三百多元也用光。当时东莞很乱，治安队查得很严，到处抓没暂住证和上岗证的人，每天都会从唐厦镇拉好几车人去樟木头。这些人被当成无业游民关起来，有老乡的通知老乡花三百元钱就能把人赎回来，没人没钱就被关押三个月，用劳动换取车费，然后送回原籍。可是，人们刚从家出来，没找到工作，哪有什么暂住证和上岗证。所以每天除了发愁给他们找工作，借钱吃饭、睡觉，更重要的就是躲治安队。

那段时间我很发愁，我不得不又重新思考了很多问题。我将寻找怎样的位置？怎样才能帮助这些更需要帮助的人员？刚好这时我在山西的姐夫给我发来电报，让我去帮他。他工地也正好需要人手。我不假思索，收拾行装，带着几个兄弟便北去山西。尽管台商已看中了我，许诺给我发展的空间，我还是告别了他的真诚挽留，一路向北。

四　建筑工地，枯寂伴我初成长

当时跟我一起去的战友和许多工人适应不了就跑回家了，因为寂寞、枯燥、孤独、脏累、饮食等，没有哪一样不是离开的理由，但我坚守了下来。

在家千日好，出门处处难。刚到太原，很不适应太原气候，更不适应建筑工人生活。工作的艰苦环境，和我在广东的工作环境比起来那真是天壤之别，那种难，现在简直不堪回首。吃不好，住不好，几十人挤在到处漏雨、漏风的毛坯土房里，睡的是竹架板床，用毛竹片串起来的那种。春秋风大，满天煤尘，冬天又极其寒冷。更难忍受的是一些城里人对我们这群人的歧视（也许只是当时的一种心态认知吧），当时跟我一起去的战友和许多工人适应不了就跑回家了，因为寂寞、枯燥、孤独、脏累、饮食等，没有哪一样不是离开的理由，但我坚守了下来。

来太原的第一份工是在唐槐大厦建筑工地，该项目建成后是当年山西第一高楼，地下三层，地上四十二层，施工单位是中铁十二工程局。我从学徒工开始，在这里一待就是三年。三年来，每天我上工最早，下班最迟，我用很短的业余时间学会了简单的看图和施工流程。三个月后，老板让我做了领班，面对一群老工人，我压力很大，我不得不花更多的时间来学习。

二十世纪九十年代，太原的冬季11月中旬就不能上工。天冷放假后，工人们大多先折返家乡。我便利用假期到广东打份零工，顺便学学外面的管理，3月初才又回来，反复几年候鸟式的南北穿梭。

终于，坚持让我赢得了机会。我从小工做到了技术型的管理人员，也赢得所带工班的信任，这为以后独当一面打下了基础。可完成这一步我用了十多年时间，七个年头不曾在家过个年，其中酸楚，无以言表。耐住寂寞，久久为功，世间没有一样成绩是轻易而来的。

那个年代，我们家乡剩余劳动力很多，都苦于没路径出门。那些年大多南下广州，到了二十世纪九十年代末才有去其他沿海省份。每年出门的人有多半找不见工作，中途回来。有的被骗，整年没收入，让本来贫困的家庭雪上加霜。

那个年代，在我们山区农村，出门打工的人很少有春节回乡的，一是舍不得花钱，二是一票难求，只好放弃。有时幸运，能回来了，大多是年后过完年初二后，就又带着自己的亲友匆匆而去，生怕去晚了为亲友找不到工作。没人带的，整天游串，打听寻找出路。刚有几天幸福团聚的老人、小孩，随着亲人们的远去，重又回到昨日的凝重。有小孩那撕心裂肺的哭喊声，除了喊出亲人一路的泪水，却留不住他们远去的脚步。那个年代，我无法理解面包与情感难以兼得的生存法则。

有人知道我在外有门路，开始找我了，以各种方式托朋友、找关系让我带他们出去，这为我以后的发展提供了充足的劳动力。刚开始那几年，我挑的都是十八至二十五岁的小伙子带出去，这批人后来大多成了这个行业的骨干。

五　命运转机，阳光总在风雨后

做一项工程，树一座丰碑。每一项任务都要给业主、给社会交上一份满意的答卷，用努力赢得行业的认可和社会的尊重，这也是我最大的收获。

一生中有很多感动，也有很多起点和转折。2000年秋，那年我记得很清楚，由于老板决策的失误，自己一人走了，把我和40多个工友扔在工地上自生自灭。技术还没完全成熟，且又没多余资金的我，感到万分惶恐。这时几个骨干工友找到我说："哥，你大胆地干，我们支持你，没有工资发不要紧，只要有口饭吃就行，我们相信你定会成功。"我就这样被"黄袍加身"，当上了工班长，这些兄弟的恩情让我永生难忘。

刚开始接手，一切都很难，技术、质量、工程进度，应付甲方、监理，工人吃喝拉撒，没有一样不操心，有时整夜不得睡，躲在被里掉眼泪。我问自己，这样的日子我还能撑多久？功夫不负有心人，几个月后终于有了好转。那年年底结账，发完了工资，居然还挣了两万四千元钱。第二年有行业朋友介绍，又接手了一个项目。就这样，一步步慢慢走出了困境，走进了一片属于我的天地。在这期间，我也与在广东酒醉时照顾我的那个女孩结了婚，并有了儿子。

我很珍惜每一次机会。在施工中，我努力抓生产，抓管理，从不松懈。我用这几年在部队和外资企业学到的管理穿插在施工队中，并制定一套严格而人性化的管理制度和奖励机制。比如，凡在我处工作的工友，有子女、弟妹考上技校、大学的，给予资金支助；对优秀员工，每年可报来回的机票。那些年坐飞机可是很稀罕的。每年都从员工中抽出优秀分子进行培训，让他们作为后备队员，随时补缺。在工作中，我提倡小发明小创造，每天进步一点点，用新的施工工艺及时淘汰旧的工艺。那些年的建筑行业技术提升空间很大，有技术的工人不多，反而给我们提供了很多机会。上天总会眷顾肯付出的人，我所带的队伍从管理到质量，慢慢得到了行业的认可，核心团队有了稳固的发展，后来在山西乃至全国都成了品牌。

子欲养而亲不待，为了父愿建学堂

正当我事业有些转机之时，2002年夏，父亲查出了胃癌。我猛然一惊，这些年只顾自己的前途和事业，几乎忽略了双亲的存在，正所谓"树欲静而风不止，子欲养而亲不待"。在医院守了我父亲两个月，做完手术，稍微好转后，我手头也还有点余钱，我就跟他商量捐点钱把村学校建起来。我知道这一直是父亲的心愿，因他曾是这所学校的代课教师。为了重建，他不知跑过多少路，打过多少报告，找过多少部门。我深知父亲时间不多了，我也知道那些事必须尽早去办。报告打上去，县教育局配了些资金，学校开始动工。我想在他有生之年看到这所学校，但遗憾的是，学校9月竣工，父亲却在清明那天撒手人寰，永远地离开了我们。没能了结这桩心愿，只能是"家祭无忘告乃翁"了。而如今这所学校在近几年也空闲了下来，孩子大多跟父母亲去了务工所在地，剩下的也并到了中心完小。每每回去看到人去楼空的教学楼，心中甚是怅然。

安身一建，一路辛酸一路歌

安葬了父亲，安顿好母亲，我又一门心思扑到了工地上。那时我的队伍已开始扩大，从单一的工种已转变成综合劳务施工队，并在山西太原一建领导关心和帮助下，在一建集团安了身。从此，打工生涯开始有了家的归宿，人员也从最初的四十几人扩大到近千人，多的时候有四五千人。我成了一名地地道道的综合劳务施工队长。

时间没有留给我喘息的机会。最初为生计而努力，现在却倍感社会责任重大。我在当地开始有点小名气了，慢慢地成了人们茶余饭后的焦点。在时下的农村，你可以不知道当地的领导是谁，但你不能不认识几个施工队长，因为施工队长可以给你带来直接的就业机会。

施工队长（也叫包工头）是这个时代的必然产物。它其实在大多数人心目中是一个贬义词，常与"不良、欠薪、跑路"等字眼联系在一起。未入行之前，我也很反感这个名词，入了行之后，才对它又有了全新的诠释。其一，能做包工头的人大多很能担当。改革开放初期的第一、二代包工头大多没文化，大多是农村人。他们是靠多年磨炼出的技术、胆识和一定的人格魅力，把工人集中到一起来的。其二，他们大多也很讲诚信，要不他们也揽不下活干，也不会有人跟他们干。其三，他们对社会也作出了一定的贡献。他们把农村剩余的劳动力整合起来，送到需要的地方去。没有他们承上启下的作用，当代的城市建设与各行用工还真是个问题。

人们大多只知道包工头很光鲜，开着豪车、住着豪宅，他们在一些人的心目中往往是不良分子，挣的好像是不干净的昧心钱。一旦有劳资纠纷，媒体抨击的都是这类"不良分子"。其实不然，做了这一行，才知道这一行的苦。包工头没有时间概念，从来没有稳固的休息时间。常年不在家，家人也整天跟着担心。如有那么一两天在家休息，家人反而不适应，生怕又出了什么乱子，就算是春节也没安心过。他们辛辛苦苦拿来的项目，除了正常工作，还要花大量时间检查各种安全隐患、进行各种排查，工人的脑袋别在自己的裤腰上，生怕一点疏忽，倾家荡产、家破人亡。所以，时间干长一点的包工头，大多有一身毛病。这个行业有一句俗语叫"前半生拼命赚钱，后半生用钱养命"。

包工头缺资金，时时都为钱发愁。每天不是要钱，就是在要钱的路上。不能拖欠工人，又不敢得罪甲方。出问题只有死扛，扛得住则好，扛不住被清理出场，就再难有爬起来的机会，劳务队长就成了欠薪的冤大头。其实，时下包工头影响力还是很大的。他们就像以前的乡绅，一言一行都会被人关注。个人素质的高低，会影响身边一大批人。我总是小心翼翼，生怕给社会造成负面影响，因为此时，我已是关注率很高的包工头了。

建一个工程，树一座丰碑

百年大计，质量为本。走在太原的大街小巷，哪里都有我们的劳动果实，心里感到无限自豪，也无限感慨：在唐槐大厦施工时，曾三天三夜不下火线；在"非典"时期，支援第四人民医院和动物园搬迁工程，日日夜夜守在一线，吃住都在工地上；在山西博物馆、飞机场的建设中，克服很多技术难题，创新了很多技术指标。我用工匠精神要求自己和团队，兢兢业业做好每个环节，取得了好的成绩，并获得了社会的认可和一致好评。

我们每承揽一项任务，一旦投入工作岗位，赚钱与否，已顾不及考虑，一门心思就是考虑怎样才能更好地完成任务。2009年的汶川建设，让我记忆最深。那时山西负责对口援助茂县灾后重建。记得那是3月初，我与几位队长驾着车从太原出发，走了一天半到了都江堰。由于是单号，所有车只能下，在都江堰又等到第二天才能进山。在都江堰时没感觉地震破坏强度有多大，可越往山里走，越感到触目惊心，原有的公路几乎全部损坏，有的路段被山上的滑坡毁坏，有的被上涨的江水淹没，我们走的基本上是抢险救灾时临时修的路。

一路上，时不时看到江对岸还来不及处理的被乱石埋得只露一点轮角的大巴车、小汽车和房屋。路上抢险的人很多，有修路基的，有挂在半山腰上做边坡加固的，也有指挥交通的。

途经映秀镇，它受破坏最大，几乎没有一栋完整的建筑，只有两三栋东倒西歪的楼挤在一起，好像在诉说着当时何等的凄惨和悲凉。七十多公里路，我们从早上6点出发，走走停停到晚上6点才到达茂县。从都江堰到茂县一路上，看不到一张笑脸。人们脸上都写满了茫然和悲痛，写满了生者的坚强和坚持，还有感恩和热情……那个晚上，宾馆的那位女老板悲情地诉说感恩的心情，让我们泪流满面，无不动容。当时我们暗下决心，就算付出生命，也要帮灾区人民重建家园。

我的任务是负责茂县中学建设的劳务工作。其间余震不断，我从都江堰回汶川路上，途经一座桥，我们刚过去不到十分钟，余震把山顶石头震落，几十吨重的石头把桥砸断。三辆车上4人遇难，两人重伤。此情此景我们顾不上后怕，只要我们都还活着，就一直会向目标前进。我们在山西建工集团的精心指挥下，克服着种种困难，用了半年多的时间，终于让孩子们不用再在帐篷里上课。本着一种精神，一种责任，我们多次保质保量地完成施工任务。我们所参建的山西大医院、山西博物馆、武宿机场荣获工程最高荣誉——"鲁班奖"。我们参建的福建泉州火车站，大干一年通车，被福建省住建厅定为样板工程。内蒙古自治区党校、赛罕区政府大楼等系列工程，都得到了甲方的一致好评。我曾经一天跑三个省，那一段时间根本没空闲。如今这些施工建筑成果就像我的孩子一样矗立在那，我骄傲着、自豪着、欣赏着。

做一项工程，树一座丰碑。每一项任务都要给业主、给社会交上一份满意的答卷，用努力赢得行业的认可和社会的尊重，这也是我最大的收获。

回报社会，知行合一见良知

我在山西呆了 24 个年头。从一名建筑工地学徒工一路走来，我付出，我收获，有失去的痛苦，也有收获的喜悦，不管遇到什么，都能从容面对。我在部队学会了坚强，用一念报持的决心，用至诚胜于至巧的态度，并用战士的精神学会了担当。

世间磨难皆是砥砺。一人不为众，独木不成林。做事最大的成功是把追随自己的人培养成才。我带领团队，信奉这些法则，从我手下出来的行业人才，遍布全国。从我手下出来的工人，不管走到哪里，职业操守和技术素质都很好。有许多人笑我，你就像农民工大学校一样，每年帮别人培养这么多工人。是啊，从我手下走出的几万人，靠我一个人之力，我是养不活的。他们学会了本领，都能找到自己的人生平台，那才是最重要的。我们应考虑怎样更好地服务于社会，又怎能只顾一己之私呢。这或许就是我的初心。

回想一路走来，一路坎坷，一路艰辛。只要肯付出，就会有回报。我做人的信条是：做人要诚，做事要实，心存敬畏，努力从善。"慎思之，笃行之。知行合一，见良知"，王阳明的这些思想精髓深深印在我的脑海里，因此我尽量去帮助身边有需要的人，尽我一切努力为社会贡献自己的微薄之力，做一名合格的共产党员。我资助很多工友的小孩，以奖励的方式鼓励他们子女读书考学。这些年还资助很多所小学校，出资修建本村的进村公路，帮助贫困户架杆接电，为受灾群众捐钱捐物……

通过团队的共同努力，我们多次得到用工单位的认可和表彰。我个人多次荣获市、县、镇、村优秀共产党员称号及"县双拥模范"称号。2007年我荣获山西五一劳动奖章，2008年荣获全国五一劳动奖章，2010年被评为山西省劳动模范。我还当选为中华全国总工会第十六届代表大会代表，并于2015年荣获全国劳动模范称号，得到中共中央和国务院的表彰。

一份份荣誉，是对我工作的认可，更是一种前行的动力。有得必有失，我虽然在事业上取得了一点成绩，却愧对我的家人。我不是个好儿子、好父亲、好丈夫。家里都是妻子在操持，我的父母亲在走之前也没享受过几天儿孙绕膝的天伦之乐。小孩幼时爷爷奶奶带，后来条件允许回到身边，我早出晚归也难与之见上一面，没参加过一次他的家长会，很少带他们出去玩。这给孩子心里留下很多阴影，同时也给我自己留下了难以弥补的遗憾。

六　大学梦圆，不忘初心朝前进

劳模班是一个充满正能量的集体，他们来自全国不同的岗位，有着不一样的人生经历，都是通过努力拼搏才走到了今天。每一个人都是一本书，里面有取之不尽、用之不竭的资源。

2015年底，我接到了中国劳动关系学院录取通知书，当时激动的心情溢于言表。我终于可以圆我的大学梦了，终于填补了内心那份深深的遗憾。可冷静下来之后，我犹豫了，因为手上的事太多，这么多人还要吃饭，很难脱身走人。更难的是我母亲，"父母在，不远游"，母亲八十岁了，且身在病中，让我如何取舍，渐渐地也就打消了上学的念头。但母亲最终知道了这件事情，她对我说："你该干什么就干什么去，我有陈妹（我妻子）照顾，就别管我了。"

知子莫若母，母亲了解我，然而这么多年忙于事业，也难回家守在她身边，思虑再三，我对她说："这么大年龄了，不去上了，去也学不好，你不要为我操心了。"母爱的伟大之处就在于，为了孩子，她会倾其所有，哪怕是生命。我的母亲开始行动了，开始不配合医师的治疗，不按时吃药，不肯去医院，怎么劝也没用，谁劝她向谁发火。我知道母亲的心事，她是认为这一生没有给过我好的东西而愧疚，不能因为她而阻挡我的前程。可母亲您又何尝知道，您给予我可贵的生命，给予我养育的恩情，给予我朴实向上的品行，给予我从善诚实的教诲……这就是无穷的财富。

山西项目年底竣工放假，我回去了几天，把母亲劝去医院，并安排妥当后回到太原，再打电话回来询问母亲，没想到她逼着哥哥送她回了农村老家。她说就想回老家看看，她是在与她的生前作最后告别。母亲是心脏病，只要停药，随时都有危险。我顾不上手头的事情，匆匆赶回。我在与她抢时间，我的母亲已是万分危急了。回到家的第二天，母亲心脏病发作，她喊着我的乳名永远离开了人世。

我不能辜负了母亲的愿望，安葬了母亲，擦干眼泪，告别家人，按时来到了学校报到。重入学堂，百感交集。想到二十几年前把一切都"灰飞烟灭"的那个晚上，现在回过头来才知道，只要有持之以恒的努力，破灭的希望也能重生。

劳模班是一个充满正能量的集体，他们来自全国不同的岗位，有着不一样的人生经历，都是通过努力拼搏才走到了今天。每一个人都是一本书，里面有取之不尽、用之不竭的资源。跟普本大学生们相比，我们的脸上少了一些青涩，多了一份珍惜、一份眷恋。我们更懂得如何把握时间，珍惜眼前。大家都很珍惜此次上学的机会，也很珍惜这份迟来的同学情。我们约定了"不抛弃，不放弃"。我们经常三五成群在宿舍里展望未来、交流经验、探讨人生。我们经常利用周末集体来一次说走就走的旅行，为的只是留住美好的相聚。

由于工作的原因，就在上学期间还得在山西、贵州、湖南几地往返，难免会经常缺课，但为了心中那份信念，我坚守着我的那份坚持。我想把这份坚持留给自己，留给我的孩子，或许还有身边的人。同学们也很理解我，"不抛弃，不放弃"成了我们2016级劳模班的座右铭。班级的微信群名采纳了我的建议——"不老的青春"，承载着我们共同的期望。同窗数载凝聚着无数美好瞬间，将永远铭刻在我的记忆之中。

自省能自明。我深深地知道，荣誉代表的只是过去，更多的是一份前行的动力。今天我感谢一建集团公司那些支持我、培养我的领导，感谢与我一起在山西奋斗过的父老乡亲以及他们的家人们，更感谢跟我一起打拼的工友们。我时时刻刻知道自己作为一名共产党员、一名老兵的社会责任与使命，我依然愿意与工友们在一起，改善、建设我们的家乡。

我始终会记得临退伍时，教导员送给我们的那句话，"吃苦、吃亏、夹着尾巴做人"。我感恩这个社会给我认可，给我平台，感恩我们的国家给我们这么好的政策，感恩身边的工友以及关注、关心我的每一个人。这是一个奋斗的时代，成绩是暂时的，荣誉是过去的，我会不辱使命，不忘初心，继续前进，无愧我心，无愧时代！

致敬词

　　他，曾是一名热血男儿，离开铁打的营盘，依旧眷恋着橄榄绿；他，曾经闯荡天涯打工，不抛弃不放弃，候鸟式地南北穿梭，耐住孤寂艰辛，终于久久为功，在风雨后迎来命运的转机；他，珍惜每一次机会，珍视每一份恩情，用工匠精神要求自己和团队，赢得了行业的认可、社会的尊重；他，是一个有信念的"施工队长"，立志做一项工程，就要树一座丰碑。从建筑工地学徒工到全国劳模，他说，"做人要诚，做事要实，心存敬畏，努力从善"，牢记社会责任，追求知行合一。

　　致敬——山西省太原一建集团公司混合作业队队长杨霖。

从秦巴山区走出来的
"草根劳模"

——陕西省青年企业家协会副会长
梁汝明的故事

人物小传

梁汝明　男，汉族，1975 年 11 月生于陕西省安康市旬阳县唐家院村，从"北漂"打工者成长为农民工创业者。先后获"安康市优秀农村外出务工青年""100 名优秀农村外出务工青年""先进个人""优秀企业家""中国杰出策划师""陕西青年五四奖章""全国劳动模范"等荣誉。担任陕西青年企业家协会副会长、陕西省青年创业就业导师、北京陕西企业商会副会长、安康市侨商联合会常务副会长、陕西省青联副主席、陕西省人大代表等社会职务。中国劳动关系学院 2016 级劳动模范本科班学员。

一 儿时苦楚 不愿回首

也就是在那样的生活条件下，我自己学着打草鞋，我也是穿着自己打的草鞋，在泥巴路上，走过了小学、初中、高中，一直走到了北京。

现在我们国家大多数家庭都过得很殷实，生活条件也变得越来越小康，但是我还始终保持着节俭朴素的生活作风，这应该与我那段艰难困苦的童年生活有着密切的关系。

一项特别的技能——打草鞋

我有一个自己至今说起来还很兴高采烈、但别人听了后却内心沉重的技能——打草鞋。我的家是在陕西省安康市旬阳县的一处被秦巴山脉所包裹的山沟沟里，在二十世纪七八十年代，我所在的村子距离镇上虽然只有十几里，但因为全是山高路险的黄泥巴小道，没有通电，也没有公路，可以说是与世隔绝，能与外界的沟通全凭留那踏在山路上的匆匆脚步，去镇上一来一往，至少要花费半天的时间，遇上像大雨大雪这样的恶劣天气，为了防止意外，就只能乖乖在家里待着。

在我家所处的那个地方，在我小时候所处的那个生活环境，凡事都要靠人力，所以我的家乡有一句话——多一个孩子就多一份力，因此，我上面有一个哥哥和四个姐姐，按理说我最小应该最享福，但是事实并非如此。记得上高中之前，除了姐姐们做的布鞋、草鞋，我从来就没有穿过其

他的鞋，甚至连想也没想过。即使是上高中时穿的第一双塑胶鞋，也是姐姐觉得我这个弟弟长大了不能太寒碜，全家人节衣缩食省出来的。我的妈妈在我7岁时得病半身不遂，家里很少一点收入也是要先为妈妈治病的，姐姐们也都要做农活为家里增加收入。也就是在那样的生活条件下，我自己学着打草鞋，我也是穿着自己打的草鞋，在泥巴路上，走过了小学、初中、高中，一直走到了北京。我现在经常开玩笑地说，现在的身体状况还不错，全是因为童年泥巴山路的滋养。

自制的取暖器——搪瓷水杯装木炭

每年冬天来临时，也是我最害怕的时候，因为冬天上学真的是太受罪了。秦巴山区的冬天本就寒冷，还经常伴有大风，家里太穷了，即使冬天上学，我也只是穿着裹着棕叶的草鞋，背着书包穿着这样的草鞋在雪地里经常走得没了知觉，因为实在太冷了，脚早就冻麻木了。冷得受不了的时候，我就会把自己唯一的取暖工具拿出来，那是一个大的搪瓷水杯，这个当然是从镇上捡回来的，我把杯柄敲掉，然后在水杯的两侧钻出小眼，小眼里套上细铁丝，然后就可以挂在脖子上了。早上上学时，我会从家里的炭火堆里挑出几块还没烧尽的木炭，把它们放到用坏的喝水铁缸子里，上面再撒上些灰烬，这就是我的"取暖器"了。在上学的路上，装着木炭的铁缸子吊在胸前可以有丝丝暖意，到了镇上四面漏风的教室，我则把杯子放在大腿上，在我看来，上课时是手也冷、脚也冷，如果把杯子放到脚下，顶多暖一只脚，而且手会冷，想来想去还是把杯子放大腿上吧，手可以暖和下，另外，大腿暖和了，也可以把温暖传递到脚上。草鞋和装木炭的搪瓷水杯可以说是我童年求学时的最佳搭档了。

总的来说小时候的生活状态就一个字——苦！除了要不畏酷暑严寒每天来回走十几里泥巴山路上学之外，我还要做大量的农活，播种、犁地、锄草、施肥、放牛、砍柴……这些我都是样样精通。每到寒暑假，我得砍大量的柴火，然后挑到镇上去卖，因为这样才能把下一年的学费挣出来。放学后还得干各种农活，只有晚上才能坐在煤油灯下做老师布置的作业。

直到高中时，一次意外的演讲，开始让我对外面的世界有了无限可能的憧憬，开始对自己要走的路和心中的理想有了郑重思考。那是在炎热的夏天里的一个晌午，当时学校的校长让我们安静地、规规矩矩地坐在教室里。据校长介绍，要来一位成功的企业家为我们做一场演讲，这个企业家也是学校历届校友里屈指可数的大人物。那一天，我深深地记住了一个名字——郭家学。这是位从我家乡旬阳走出的在中国医药界叱咤风云的大人物，他当时对我们这群懵懂少年所说的那些理想、使命、少年的自强梦、东盛科技的发展之路等，在我的内心世界里就像引爆了一颗原子弹。关于那天的其他回忆，我只记得在听完演讲后，一言不发，结束后就拿着砍柴刀在山里砍了半天柴，然后挑着重重的担子走了十几里山路回家，边走边任思绪飘摇，竟然一点都没有感觉到累。

二 走出大山 进京打拼

靠着秦巴山区造就的诚实、守信、本分、实干的性格，从帮别人刷墙到帮别人盖房子，我慢慢地收获了自己人生的第一桶金，也拥有了属于自己的第一家建筑装饰公司。

往事如烟，如今回忆起刚来北京那几年总会感慨万千。陌生的城市，不熟悉的人群，背井离乡的乡愁……各种滋味夹杂在一起，虽然艰辛，但也挺过来了；虽然劳苦，但也坚持下来了。

建筑工地里的泥瓦工

高中毕业后，也就是 1995 年那一年，我满怀着对大城市的憧憬以及对未来的向往，同几名同乡伙伴一起，坐上绿皮火车来到了北京，经过在京老乡的介绍，我便在北京的一个建筑工地上找到了一份泥瓦工的差事。从此，在京城百万建筑工人队伍中，便多了一个泥瓦工。凭着从小苦过来的良好身体素质，还有从小就锻炼起来的干活技能，这份工作对我来说根本就是驾轻就熟。一个月干下来，当 570 元的工资被实实在在攥在手里的时候，我第一次感觉到了成功和满足。我也暗暗地告诉自己，要在这个城市里凭借自己的能力生存下来。但是随着初到北京的新鲜感逐渐被日复一日的辛苦劳作所取代，在当了大半年建筑工人后，我有些迷茫了，不畏酷暑，不惧严寒，每天机械性地劳作十几个小时，一天下来躺在工棚里的大通铺上，感觉身体都要散架了。特别是手持瓦刀的右胳膊，累得不想再抬一下。每天的伙食，就是蹲在工地的角落里，端着一碗经常伴有沙粒的大锅菜……这样的状态，我在脑海里思考，我将如何在北京生存下去？

再苦再累还要再坚持

趁着手里攒了点积蓄，我开始打算逃离建筑工地，我当时已经和来时的几个伙伴商量好，大家准备在晚上集合，一起去火车站买票回陕西。以后或在西安或在安康随便找个活干，都比在这里受罪强。扛着铺盖卷的我趁着夜幕在工地门口最后一眼回望自己亲手参与建设的大楼时，心里瞬时百感交集，我用几近被泪水模糊的双眼去寻找自己施工的楼层，暗自计算着哪些墙面的砖是自己亲手砌上去的。我想起了家里泥巴山路上自己风雪求学的童年，想起了那场让自己终生难忘的演讲，想起了临行前亲朋好友们为我凑齐的车票钱，想起了老母亲为我这个远行的儿子在煤油灯下一针一针缝起的两床被褥，想起了临行前拄着拐杖的老母亲站在山坳上目送我远行直至看不到我的身影……对，我不能就这样回去，再苦再累，也要坚持下去！于是我就爽约没有去火车站和大家会合。

再次拿起瓦刀时，我已不是一个泥瓦工了。除了做好泥瓦工的本职工作，我拼命地学习，向身边一切值得学习的人和事学习，不知疲倦地学习，在实践中学习，我向工地的技术人员学习放线、测量、砂浆的配比、各种地基的区别，在实践中体会砌体工程、混凝土结构工程、钢结构工程、木结构工程、层面工程、地下防水工程等的施工工艺……在有限的休息时间里，我买来了门类庞杂的大量书籍，既有施工工艺技术的，又有项目管理、给排水、机电工程、装饰材料、工程测量的，等等。刻苦，再加上本来就聪明好学的天资，在度过了最初的迷茫期后，我感觉到自己在北京过得前所未有的充实。

很快，凭着精湛的手艺和远超泥瓦工的专业见地，我从施工队的小工变成了大工，从小组长变成了班长，从工段长变成了整个建筑公司里有史以来最年轻的项目经理。随着知识的增长和眼界的开阔，天性就不满足现状的我开始认真思考创业的问题，我想到自己接触到的那些包工头，他们可以组织几十人承接工程，为什么我就不可以呢？在反复思考后，我便组织了几十个相互熟悉的工友，开始从承包小工程干起，靠着秦巴山区造就的诚实、守信、本分、实干的性格，从帮别人刷墙到帮别人盖房子，我慢慢地收获了自己人生的第一桶金，也拥有了属于自己的第一家建筑装饰公司。

总的来说在我初来北京干上泥瓦工直到拥有自己的建筑公司这么多年里，我的生活状态就一个字——累，无论是当泥瓦工那段日子里，还是求知若渴地学习各方面知识时。但是，再苦再累我也坚持下来了，人啊，贵在坚持，只有坚持住了，才会有收获果实时的满足与喜悦。

三　扎根北京　立志创业

从起初盖一栋房子到建十栋、二十栋，从只是盖房子到小城镇综合商业街区的建设，从起初的房山窦店到现在遍布于陕西、山西、山东。

在收获了自己人生的第一桶金后，我便开起了属于自己的第一家建筑装饰公司。当了小老板后，我并没有故步自封，裹足不前，而是在不断的承包工程体验中总结经验。我经常问自己一个问题：既然我可以帮开发商盖楼，那为什么我自己不能开发建设呢？在北京奋斗8个年头后，我决定自己搞开发建设。没有背景，没有雄厚的资金实力，该怎样才能在北京自己搞开发建设呢？

创业启航之地——房山窦店

我与团队经过多番调查研究，并进行了实地考察，最终，我选中了北京西南六环以外的房山区窦店镇。在我看来，相比北京市区，当时的窦店镇可真算得上是穷乡僻壤了，那时候大的投资商都不愿意到这里来搞房地产建设，但当地政府又想通过招商引资来发展该地区经济。在了解了这种情况后，我便找到了当时的相关负责人，在开诚布公地谈完自己的经历和理想后，最终达成合作投资协议。从起初盖一栋房子到建十栋、二十栋，从只是盖房子到小城镇综合商业街区的建设，从起初的房山窦店到现在遍布于陕西、山西、山东，用了近十余年的时间，把公司打造出了两大板块：第一板块，小城镇综合体开发，包括房山窦店的山水华府、山水美地、聚豪苑等项目，陕西兴平汇豪天下项目，陕西汉中汇豪新世界项目，陕西泾阳汇豪甜城项目，以及山西、山东等多个项目；第二板块，商业服务业板块，包括北京窦店商业街、酒店、物业管理及建材市场等。

公司自成立以来，荣获市、区等授予的荣誉30多项，2003～2017年连续被评为房山区纳税大户，2006年被市委、市政府评为花园式单位、先进单位、重合同守信用单位，2008年度被评为区域综合十强单位，2009年被"中房协"评为区域十强企业。公司发展至今，在为自己带来回报的同时，也积极地为当地人员解决就业问题，促进了当地经济的繁荣发展，也算是为当地的经济发展尽了自己的一份绵薄之力。

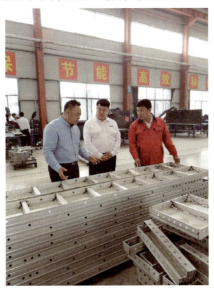

子欲养而亲不待

在我的记忆里，家贫而父严。父亲是个不苟言笑、不爱言语的人，他厚重如山、深沉似海，对我却是相当严厉，要说我生平最怕的人是谁，那父亲应该排在第一名，我觉得我从小是被父亲打着长大的，父亲也是我最敬重的人。高中毕业后我就背井离乡来到北京打工，直到2001年在房山窦店扎下根以后，才把父母接到身边和我一起生活。人有旦夕祸福，2005年时父亲病重，一直吵着让我把他送回老家，我当时企业刚刚有所起色，不敢离开太久，最后不得不把父亲母亲二位老人送回老家，然后自己匆匆赶回了北京。父亲最终还是没有战胜病魔，当年就去世了。听到这个噩耗时我正在施工现场监督工期，我当场大哭起来，赶紧安排车，和在北京的亲戚连夜开车回到了老家，安排父亲的后事。屋漏偏逢连阴雨，在料理完父亲后事后我和小姐夫开车准备回北京时，我伤心过度，一路上一直在哭，小姐夫心情也不好，终究酿成车祸，我昏迷了好久才醒来，而小姐夫却再也没有醒过来。这件事情我会内疚一辈子，对于四姐的亏欠我这辈子都是无法弥补的。

父亲的去世，加之小姐夫的离开，让我觉得亲情真的太珍贵，失去了就是一辈子都无法再挽回的。父亲一辈子过于操劳，和母亲一起含辛茹苦地把我们兄弟姐妹六个拉扯大，可以说直到去世都没有享过几天清福，作为儿子我真的很愧疚。家中还有一位老母亲，我一定要在母亲的身边，让母亲在以后的日子里足够幸福，于是我把母亲再次接到了北京，让妻子辞去了工作，和四姐一起专心照顾。我即使每天工作再忙、再累，都会抽出时间去看看我的老母亲，和她聊聊天，说说话，一起出去走动走动……就这样，我一直陪在老母亲身边直到她去世。

四　产业转型　振兴实业

致富不忘众乡邻。在外创业成功后，我始终不会忘记我是秦巴山区走出来的农民的儿子，带动家乡父老乡亲创业兴业，推动农业转型升级。

实业关乎一个国家的未来，关系一座城市的发展。实业是国家强大的必由之路，也是城市振兴的必然选择。新材料、新能源是未来经济发展的必然趋势，"三农"更是民之根本、国之基础，我选择了进军这两个领域。

进军新材料领域

在房山站稳脚跟后，在开发建设了一系列项目后，我陷入了思考，"必须要进行产业转型"这是我最为迫切需要做的。而转型于何处，如何进行转型，这些都得考虑。当时正值国家提出节能减排，节能环保越来越成为被广泛关注的话题，我敏锐地觉察到汽车重量对环境和能源的影响非常大，汽车的轻量化将会成为必然趋势，新材料将会被广泛应用到普通汽车领域。于是，我对汽车轻量化的材料进行了多方考察，深入研究。我们研究发现，目前国内铝土矿静态可开采年限仅为 14 年，远落后于全球的 102 年，未来我国很可能会面临国内资源短缺的困境，形成的铝土矿缺口将更多地依赖进口满足（澳大利亚、几内亚），铝土矿进口量和对外依存度很可能大幅上升，如同石油一样关乎国家经济安全。然而，我国镁资源储量丰富，居世界首位，已探明菱镁矿与白云石 104 亿吨，并且镁的密度只有 $1.74 g/cm^3$，是铝的 2/3，钢的 2/9，采用镁合金能减轻整车重量，可在铝轻量的基础上再减轻 20% ~ 30%。因此，我认为镁合金可能是最轻质的金属结构材料。同样体积的车架，在保证基本性能尤其是安全性的前提下，镁合金车架比铝合金车架一般减重质量 20% ~ 30%。同样的价格，性价比最高，而且 100% 可回收再利用。镁合金与塑料不同，它可以简单地回收使用且不降低其机械性能，镁合金与其他金属相比，熔点低，比热小，在重新回收使用时所消耗的能源是新材料制造所消耗的能源的 4%，因此，我决定进军稀土镁合金领域。2009 年我成功收购了位于内蒙古包头固阳的白云矿开采基地，探明储量 5000 万吨，成立了内蒙古汇豪镁业有限公司。

内蒙古汇豪镁业有限公司已经走过了 10 个年头，经过团队的不懈努力，公司在矿产、能源、冶炼产能、新材料研究开发、产业链等方面拥有明显优势，已经初步形成了集镁矿开采，镁金属冶炼，多用途高品质镁合金新材料，高强度、高精度、高直线度镁合金型材，废料回收为一体的全产业链，并且建成了国内领先、设备完善、功能齐全的检测中心，涵盖了原材料检测、半成品检测、镁及镁合金成分光谱分析检测、金相组织显微分析、铸造缺陷超声波无损探伤检测、抗腐蚀盐雾检测、氯化物检测、电流效率检测等。公司拥有 20 多项专利产品，并且通过了 ISO9001 质量管理体系认证和国家军用标准 GJB9001B 武器装备质量管理体系认证。2015 年12 月，经内蒙古自治区发展和改革委员会批准，成立了内蒙古自治区唯一一家镁合金材料工程研究中心和内蒙古镁合金材料检测中心，围绕镁产业转型升级发展中的重大技术问题开发攻关，进行系统化、配套化和工程化研究，提供可规模化的成套技术、标准和工艺，重点研究解决镁合金材料制备及特种镁合金的技术难题。公司还建成了国内领先、设备完备、功能齐全的检测中心，力争建成内蒙古自治区国家级镁合金新材料工程研究中心。

谋划"三农"产业

致富不忘众乡邻。在外创业成功后，我始终不会忘记我是秦巴山区走出来的农民的儿子。为了带动家乡父老乡亲创业兴业，推动农业转型升级，我在 2009 年首先创办了陕西润农实业发展有限公司，该公司是集饲料加工和研发、绿色农产品种植、生态农业示范为一体的现代循环农业科技企业。企业带动了旬阳县乃至周围县区 3 万多农户从事生猪养殖，解决了近 5 万名农村富余人员的就业问题。农业发展的出路在于农业现代化，2010 年，我在旬阳投资 4500 万元建设年产 30 万吨的"润农畜牧混合饲料厂"循环农业项目，直接降低 3 万多户农民养殖的成本，带动了循环畜、农业的快速发展。陕西润农实业发展有限公司先后获得"陕西省著名商标""陕西省名牌产品""饲料质量安全管理规范省级企业"等多项荣誉。企业研发生产的"京汉润农富硒饲料"获得了陕西省"饲料安全生产许可证"。2012 年，陕西润农实业发展有限公司承办的首届旬阳畜牧产业发展论坛暨润农 100 万惠农资金启动，此活动直接给农户养殖惠农补贴 400 万元。随后，又成立了旬阳润农益民合作社，引领生态循环农业从"小而散"走向规模化、集约化、生态化发展，被陕西省农业厅评为"陕西现代农业园区"。2015 年，同时在白柳镇唐家院贫困村投资 8074 万元兴建"西部年产十万头商品仔猪生态立体养殖试验场"，项目建成后可解决农村劳动力 800 人就业，覆盖区农民增收 3200 元，带动旬阳畜牧养殖业快速发展，从而形成了"饲料＋养殖＋农产品"的现代化生态循环农业。

五　砥砺前行　再创辉煌

我通过企业工会实施了"员工关爱工程"，建立了"困难职工帮扶制度"，做到"员工家有困难必帮、员工家有大事必问、员工思想有问题必谈"，使员工有尊严地工作、体面地生活。

"用心，才能不断超越"，这是汇豪人自己的企业精神。偶尔，在和自己年轻时的校友、同乡相聚聊天时，谈及当年在中学的求学种种，总是会惺惺相惜。如何做好一位民营企业家？如何带领汇豪集团成为优秀的民营企业公民？企业家该具备怎样的社会责任感？财富与感恩究竟如何完美整合？在这所大学里，我觉得自己才刚刚起步，值得学习的东西太多太多……

我经常说："员工是企业核心竞争力和持续发展的基础，是企业的宝贵财富。"我通过企业工会实施了"员工关爱工程"，建立了"困难职工帮扶制度"，做到"员工家有困难必帮、员工家有大事必问、员工思想有问题必谈"，使员工有尊严地工作、体面地生活。企业关爱员工，员工也一心为企业着想。

新起点，新征程。在总体统筹规划下，集团确定是以高新科技产业为长期投资方向，以金属镁核心技术研发应用和现代循环农业产业发展为重点投资目标，以商业、房地产项目投资开发管理为品牌，以资本运作平台开展项目融资、风险投资、企业收购、兼并与重组等业务的综合型大型投资控股企业。

内蒙古汇豪镁业有限公司经历近十年的发展，制定出了"建设四个基地、三个中心，实现一个目标"的发展战略与布局。四个基地，即镁矿资源基地、冶炼精炼生产基地、型材加工基地、智能制造基地。三个中心，即镁合金工程研究中心、金属材料检测中心、研发设计中心。实现一个目标，即力争在较短时间内使中投汇豪集团镁材料产值超百亿元，产业技术达到国内一流、国际领先水平，成为国际一流的镁基结构材料、功能材料、能源材料，集产、学、研、用为一体的镁产业集群。我们秉承"汇聚创新元素，实现共赢发展"的理念，推动镁产业的可持续发展，最终实现中国制造到中国创造的历史性跨越。

陕西润农实业发展有限公司也进行了润农现代循环农业产业发展的"3＋2＋1"的战略与布局：建设三个基地，即建设优质繁育及富硒商品猪基地、润农富硒优质饲料生产基地、动物粪便＋烟沫综合有机肥生产基地；建设两个中心，即产品开发、市场名品培育科研中心，产品扶贫（公司＋基地＋合作社＋农户）服务管理中心；实现一个目标，即力争在较短时间内把润农集团打造成现代循环农业产值超 10 亿元，产业达到国内一流的现代农业科技产业集群，推动"现代循环农业科技产业＋扶贫"的可持续发展。

六　不忘初心　回报家乡

学校建成交付使用后，看到操场上迎着太阳冉冉升起的五星红旗，看着孩子们脸上洋溢着幸福的笑容，我感到了喜悦和满足。

中国自古就有这样一句话，"三岁看大，七岁看老"，虽然有些片面，但是也反映出在一个人的成长轨迹中童年、少年时期的重要性。我的儿时经历让我对于孩子教育这件事情上格外关切，对于秦巴山区也怀有深深的感情和思念。

"再穷不能穷教育"

我始终不敢忘记，是繁荣稳定的祖国给了我发展的平台，是瞬息万变的时代给了我成功的机遇，我也不曾忘记自己因为家贫而不得不辍学外出打工。因此，创业之余，我热衷于投身公益事业，我现在一直资助十几个贫困大学生，我本人以及公司也积极参与到当地的教育事业建设中去，为当地幼儿园、小学、中学等校舍的建设捐资捐物，捐助教学教务用品。2007 年，我在北大经管学院进修学习期间，得知青海省湟中县好多孩子因为没有像样的学校而辍学在家务农时，我便与培训班学友共同向青海省湟中县捐建两所希望小学，并亲自担任工程监管小组组长。学校建成交付使用后，看到操场上迎着太阳冉冉升起的五星红旗，看着孩子们脸上洋溢着幸福的笑容，我感到了喜悦和满足。

2013 年在北京阜外医院，一位来自陕西省安康市的善良母亲，为了给患有复杂先天性心脏病的女儿严小梦治病，家里早已是四壁空空，卖房卖地、砸锅卖铁、东凑西借……来北京看病是小梦生命最后的希望，可是面对高昂的治疗费用，这个家庭却已经处在崩溃的边缘。当我知道这件事情后，第一时间找到了我的老大哥、乡党郭家学，在我和老大哥的感召下，包括北京陕西企业商会在内的许多好心人，纷纷雪中送炭，为小梦的生命之路不断蓄力。终于，就连阜外医院的专家也感慨完成了史无前例堪称奇迹的根治手术。2014年1月18日，火车隆隆一路向西，渡过生命中最阴冷历程的严小梦一家，带着满满的感动返回了陕西安康老家。在之后的岁月里，我也经常打电话给这个家庭，了解家庭情况，询问小梦的上学情况……

"再苦不能苦孩子，再穷不能穷教育"，这是我儿时在家乡各处的白墙上面都能看到的一句话，我也深深地记着这句话。在我看来，由于小时候家境不好，自己没能好好地上学，一直是我的心头里最遗憾的事情，现在我会尽自己的一份微薄之力去关心和资助那些因为家庭原因而不能上学的孩子。在慈善教育这方面，我之前在做，现在在做，以后我会更加满怀热情地去做。

"要想富，先修路"

记忆里，儿时从家里到镇上学校的那条泥巴小路宛如天堑。在2006年，我终于圆了自己儿时的心愿，也是自己儿时的梦想：去镇上上学再也不再走那么远的泥巴路了。我自己拿出做建筑积攒的百万元，为家乡修建了一条通村公路，并且年年组织机械与人工进行维护。2013年时，为了彻底改变陕南山区年年洪水毁路的状况，我又在通村路上铺设了泄洪管道。2016年年初我再一次捐资捐款为唐家院村修建了一条上山的水泥路，解决了村民上山种庄稼困难的问题，同时还捐资捐款寻找饮用水水源地，修建蓄水池，安排人定期进行管道维修，解决了柳村坝五组村民一千多人的饮水难题。2010年7月18日，在自己的家乡陕西省安康市发生了"7·18"特大泥石流灾害，道路损毁非常严重，我自己第一时间捐款20万元，又在北京陕西企业商会第二届商会班子换届选举晚会现场倡议到会的在京陕西籍创业人士向陕西安康"7·18"特大泥石流灾区捐款100多万元，并代表北京陕西企业商会将捐赠物资送抵"7·18"特大泥石流灾区安康。

本来家乡就处于秦巴山区里，人们出行很不方便，如果再加上大雨大雪这样容易发生自然灾害的天气，那更是寸步难行，交通闭塞，人们无法与外界联系，人心更是无法与外界相连的。所以为家乡修路，不仅是让人们出行顺畅，更是要让山里的父老乡亲们的心与外界紧密相连，便于相互沟通。

"带回去，走出来"

"小康不小康，关键在老乡"，这是习近平总书记经常讲起的一句话。在我看来，修了通村、通山的路，不仅是要把自己在外创业所获得的资金、经验、技术等带回去，更是要让家乡的人才、资源等走出来。在扶贫济困修路的同时，我更希望通过"先进"引领"后进"、"先富"带动"后富"，探索企业发展和扶贫开发共赢的模式。

近几年，我和我的企业将在北京发展获得的大笔资金和先进经验带回家乡陕西投资兴业，带动家乡创业就业。从 2007 年至今，我回乡创办的企业总计 8 家，累计总投资约 6.5 亿元。2009 年，投资陕西旬阳县汉江流域（旬阳县城堤防防护）阳鱼岛综合项目，为当地农民建筑工人提供了 600 人以上的就业；2010 年，在西洽会上签约了循环农业项目旬阳年产 30 万吨"畜牧混合饲料"，总投资 4500 万元，可安置当地就业人员 180 人，目前项目已建成投产；2010 年，在陕西汉中总投资 1.2 亿元建设"汉中汇豪新世界中心"项目，解决了 540 名下岗职工的再就业问题；2011 年，陕西咸阳汇豪天下城市综合体项目开工，项目建设短期解决农民工建设者就业 800~1200 人，长期可解决 450 人就业；2012 年，陕西润农实业发展有限公司承办的首届旬阳畜牧产业发展论坛暨润农 100 万惠农资金启动，此次活动直接给农户养殖惠农补贴 400 万元，带动地方万户农民养殖积极性；2012 年，（西咸新区泾河新城）泾阳棚户区旧城改造（汇豪甜城项目），总投资 5 亿元，目前棚户区居民安置房已经建成，居民已经全部搬入新居，开始了新的幸福生活；2015 年在白柳镇唐家院贫困村投资 8074 万元兴建"西部年产十万头商品仔猪生态立体养殖试验场"，项目建成后可解决农村劳动力 800 人就业，覆盖区农民增收 3200 元，带动旬阳畜牧养殖业快速发展；2017 年为包抓白柳镇唐家院贫困村新产业扶贫修路 3.2 公里，又出资 8 万多元给 27 户贫困户免费建猪舍一间，免费发放猪仔一头。提供技术支持，以给他们上技术培训课、赠送科技书籍和音像制品的方式，教育贫困户学科学、用科学，以宣传学文化、学科学为重点，引导贫困户打破传统的种养殖模式，学会科学种田、科学养殖，千方百计提高农副产品附加值，实现帮扶对象经济收入有较大的增长，达到按时脱贫的目的。

这些项目，除了给当地带来了大笔税收，更直接带动了就业数千人、间接带动了就业人数近万人。企业所属的下属公司，带动的安康籍在京农村劳务工人就有 1500 人，并在 2011 年受到陕西团省委的赴京慰问。2014年 4 月 29 日团中央开放日，公司的一线工人，作为唯一的外地在京务工青年代表，更是受到团中央书记的接见。

我是从秦巴山区走出来的农民的儿子，我所坚持和践行的，正是对老乡的牵挂、对小康的梦想、对责任的理解。我一直觉得一个人富了不算富，大家富了才算富，我出生在秦巴山区，我更要奉献于秦巴山区，带动秦巴山区的父老乡亲在致富的道路上一直走下去。

公司多年以来得到很多荣誉奖章，如"捐资助学先进单位""纳税大户"等，本人也荣获很多慈善基金的奖章，也荣幸担任一些社会职务，这些是对我所做的事情的肯定和鞭策，我会一如既往，再接再厉。

七　圆梦大学　助力成长

在中国劳动关系学院学习期间，我不仅有了充实自身的机会，更结识到了各行各业中的翘楚，他们不仅技术过硬，而且为人和善。从他们那里，我学到了我所不具有的品格，彼此之间建立起了深厚的友谊。

对于高中毕业就出来打工的我来说，大学可以说是可望而不可即的，我一直觉得我这辈子都不可能再上大学了。但我是幸运的，2015 年年底我接到中国劳动关系学院的录取通知书，圆了我的大学梦。那一刻，激动、喜悦、期待……这些情绪一一涌现在我心头。

记得去学校第一次上课的时候我是拄着拐杖（因为当时腿骨折了）进教室的，当班上的同学看到我时愣住了，而我很不好意思地脸红了，随后他们热情地把我扶着坐到了座位上。在学校学习期间，我不仅有了充实自身的机会，更结识到了各行各业中的翘楚，他们不仅技术过硬，而且为人和善。从他们那里，我学到了我所不具有的品格，彼此之间建立起了深厚的友谊。

2017 年是我在劳动关系学院上学的第二年。这一年对我来说是难忘的。我在学校收获了同学之间的深厚友谊；但是，我的老母亲被检查出了肝癌晚期。真如晴天霹雳！老母亲一直好好的，这才享了几年福，一下子检查出了癌症，快 80 岁的人了，根本没法手术了，我只能选择保守治疗。那段时间我是公司、学校、家里三头跑，平时还要多挤出一些时间陪母亲。看到母亲身体越来越差，我只能把母亲送回老家，我觉得落叶得归根，还是让母亲在最后的时间里回到我们祖祖辈辈都生活的大山里吧！于是我在山上我们原有的土房上盖了两层楼房，让母亲度过最后的时光。病来如山倒，母亲于 6 月份也离我而去。树欲静而风不止，子欲养而亲不待。父亲母亲都离我而去，从我小时候家贫到成家再到自己干事业，他们对我影响相当大，我对他们很是惭愧，在该给他们尽孝道的时候我一直在外打拼，在该让他们享福的时候他们却都来不及去享。正如一首诗里描述的那样：

　　童年时看父亲/父亲是一座山/而我是一只林中鸟/鸟永远离不开山的熏陶/童年时看母亲/母亲是一片蓝色的湖/而我则是一尾鱼/鱼永远离不开湖的怀/山给我坚强的品格/湖给我水的欢笑/山进化我飞翔的羽毛/湖蜕尽我游弋的鳞屑/

　　成年时再看父亲/父亲变成山中一片林/而我却挺拔成一座山/山永远报答不完林的恩情/成年时再看母亲/母亲则变成湖中的一片水草/而我却坦荡成一片湖/水草永远庇护湖的波涛/

2018 年 7 月 27 日，纪实电影《信·守》中国首映礼在陕西咸阳大秦剧院隆重举行，这是一部由我担任总制片人，我的陕西乡党、青年女性导演寇森执导的一部电影，是陕西省首部弘扬"中国好人"精神的社会主义核心价值观影片。该影片以彬州市北极镇白保村"中国好人"、"陕西省第五届道德模范"计宗英的感人事迹为原型，讲述了计宗英老人 65 年无怨无悔、坚持照顾盲人小叔子的大爱人生，是一部反映孝老爱亲、崇德向善、信守承诺的主旋律影片。该影片已在第五届丝绸之路国际电影节展映，受邀参加第十三届巴黎中国电影节并荣获"最佳新锐导演""最佳男演员""最佳儿童演员"三项大奖，得到观众和媒体的一致好评。影片通过计宗英老人的事迹，不仅展示了人性的真善美，更充分展现了我在劳模班上学习的弘扬尊老孝亲、崇德向善、诚实做人的传统美德，践行社会主义核心价值观。我们不仅要在劳动上是模范，更应该向"道德模范"去学习，去认真学习习近平新时代中国特色社会主义思想以及有关精神文明建设讲话精神，去践行社会主义核心价值观，让我们在道德上也能成为模范，这样才能不愧对"全国劳动模范"这个称号。

致敬词

　　巍峨的秦岭，给了他壮美的风景，也让他饱尝了苦难。苦心人，天不负，从秦巴山区到首都北京，他所走的这条路漫长而艰辛，从工地上的小工做起，最终实现了从务工人员到知名企业家的华丽转身，精彩阐释了"幸福都是奋斗出来的"道理。"一人富，不算富；大家富，才是富。"他，心系乡亲，将个人发展始终与秦巴乡亲的命运联系在一起，从为家乡修路引水引电，到回乡投资带动当地就业，带领家乡父老共同脱贫致富；他，来自平凡，但以其顽强的生命力，成长为一棵大树，更因其根植于大地而富有生机。

　　致敬——陕西省青年企业家协会副会长梁汝明！

附录　书面访谈提纲

一、家庭情况

1. 您是否知道祖父母、外祖父母等祖辈的人生经历？其中，有没有让您印象特别深刻的事情？

2. 您是否了解父母的人生经历？在成长道路上，父母给予了您什么样的影响？其中，有没有让您印象特别深刻的事情？

3. 您是否有兄弟姐妹？他们有怎样的人生经历？你们之间是如何相处的？其中，有没有让您感觉特别难忘的事情？

4. 您现在有没有孩子？在子女成长过程中，您扮演什么样的角色？您是否能体会到家人之间的爱与支持？其中，有没有让您感觉特别难忘的事情？

注：我们充分尊重您的隐私，请您按自己的意愿讲述。

二、教育经历

1. 您是什么时候开始上学的？有没有让您终生感念的老师？有没有关系很融洽的同学？有没有特别难忘的校园故事？

2. 回顾求学过程，您如何看待自己的学业？最重要的学业收获是什么？

3. 您的职业技能是从哪里学来的？与当初学业教育有直接关联吗？

4. 在受教育方面，您有没有遗憾？如果有，具体是哪些因素导致的？

注：在实际操作中，会根据每位劳模的个人经历设计具体问题。

三、职业生涯

1. 请您谈谈自己的职业经历。您是怎么转到现在的职业上来的？每一次职业更换是怎么发生的？哪些因素起了重要影响作用？

2. 您的第一份工作是什么？还记得自己刚参加工作时的情形吗？自己

是怎么适应工作岗位的？

3. 进厂的时候，有没有您特别敬佩的师傅？他对您的帮助具体体现在什么地方？

4. 在什么情况下考虑自己创业的？创业过程中有哪些难忘的故事？

5. 从什么时候开始，自己的职业开始稳定下来？自己的技能是怎么练成的？有没有记忆犹新的故事？

6. 在您看来，自己现在从事的职业怎么样？怎么看待自己所处的行业？

7. 您是如何看待创新的？您觉得作为一名产业技术工人，怎样才能实现创新？

注：在实际操作中，会根据每位劳模的个人经历设计具体问题。

四、荣誉激励

1. 您获得的第一个荣誉称号是什么？对当时的您而言，这个荣誉意味着什么？

2. 截至目前，您共获得了哪些荣誉称号？其中，您最在乎的是哪个？为什么？

3. 激励肯定之外，荣誉有没有给您带来过烦恼？如果有，具体是什么造成的？

4. 您的同事怎样看待您获得的荣誉？

5. 您的家人怎样看待您获得的荣誉？

6. 您有没有带出也获得荣誉的徒弟？

五、大学生活

1. 您是怎么来中国劳动关系学院读书的？怎样一个过程？初衷是什么？

2. 您来中国劳动关系学院学习之后，家庭、单位方面是否有具体困难？

3. 从劳动模范到成为大学生，在转换过程中您面临的最大挑战是什么？

4. 您在中国劳动关系学院的校园生活中，个人感觉最有收获的是什么？

六、理念思考

1. 在个人成长、成才、成功的道路上，您觉得什么样的品质最重要？为什么？

2. 结合自己的经历，您觉得对于一个人的成长、成才、成功，个人品质和时代机遇的影响分别是什么？哪一方面更重要？

3. 当下呼吁和倡导"工匠精神"已成为一种社会共识。以个人在职业生涯中的具体经历为例，谈谈您是如何理解"工匠精神"的？

4. 习近平总书记在给劳模班学员的回信中，强调"劳动最光荣、劳动最崇高、劳动最伟大、劳动最美丽"。联系个人在职业生涯中的具体经历，谈谈您是如何理解这句话的？

后　记

　　面对《中国劳模口述史》第二辑、第三辑两本书稿，突然有种"一部二十四史，不知从何说起"的感觉。书中主人公既非凡又平凡，一位劳模就是一部传奇，细细地读来，不由得又沉浸其中。"时来天地皆同力"，两本口述史能同时面世，是在特殊历史时空中成就的。

　　"总书记给我们回信了！"——提及此事，劳模本科班的学员们念兹在兹。谈到回信，"激动""兴奋""自豪"是大家最常用的三个词语。2018年"五一"国际劳动节前夕，中国劳动关系学院 2017 级、2018 级劳模本科班共 38 名劳模学员给习近平总书记写信，汇报了学习习近平新时代中国特色社会主义思想的体会，表达了当好主人翁、建功新时代的决心。总书记在回信中殷殷寄语勉励他们——"社会主义是干出来的，新时代也是干出来的。希望你们珍惜荣誉、努力学习，在各自岗位上继续拼搏、再创佳绩，用你们的干劲、闯劲、钻劲鼓舞更多的人，激励广大劳动群众争做新时代的奋斗者。"还高度肯定了劳动精神的珍贵——"我一直强调，劳动最光荣、劳动最崇高、劳动最伟大、劳动最美丽。全社会都应该尊敬劳动模范、弘扬劳模精神，让诚实劳动、勤勉工作蔚然成风。"

　　近一年来，"中国劳动关系学院""劳模本科班""回信"三个原本相互独立的关键词，在新时代背景下，构成了一桩富有历史意义的事件——"给中国劳动关系学院劳模本科班学员回信"，载入了中国劳动关系学院校史乃至中国工运史。它的重要性持续显现，作为一个标志性事件，这封回信在中国工会十七大的开幕式、2018 年度"大国工匠"颁奖典礼等重大场合多次被提及，成为激励广大劳动群众争做新时代奋斗者的嘹亮号角。在历史唯物主义思想脉络中，偶然性和必然性是一体两面。我们在编撰《中国劳模口述史（第一辑）》时，更多的想法是，换一种文体呈现劳模们的不平凡经历,用回归个体、有烟火气息的口述史的方式,生动呈现劳模故事,积极传播劳模精神。按照原定计划,我们每年编撰一本,坚持若干年后,让劳模群体的口述史,能成为反映时代印记的一种载体。出乎意料,"口述史"与"回信"能在历史中相遇,这让我们更体察到编撰《中国劳模口述史》的重要意义。同时,正是因为这一特殊事件,我们经过充分酝酿,最后决定克服计划变动所致的重重困难,努力将参与去信的38位劳模的故事一并呈现出来。这既是学习贯彻落实"五一"回信精神的具体实践,也是在积极弘扬新时代劳模精神和工匠精神。

2018年3月,《中国劳模口述史(第一辑)》面世,以口述访谈的形式呈现劳模们作为普通人的酸甜苦辣。这一让劳模跳脱"脸谱化"和"概念化"的尝试,得到了新华网、求是网、中国网、中工网、《工人日报》、《中国社会科学报》等多家媒体的关注报道,他们肯定此书"给我们展示了传神并且多层次的劳模形象","在朴素的叙事中彰显出劳模人物的时代价值","使得劳模精神不再遥远、不再抽象、更具感染力"。良好的社会反响是奖掖奋斗、勉励前行的动力,我们由此生发出更为沉甸甸的责任感——尽力让社会公众更全面地认知劳模群体,更深入地感知劳动精神。

人是历史时空中的行动者。我们编撰《中国劳模口述史》的行动,是个人的抉择,也是对时代的回应。细细想来,它可谓人生与历史在社会中相互交织的具体节点,社会的相互依存性及历史的转型力量,均在其间展现无遗。从提出动议到初见成果,我们的编撰工作主要集中在2018年。2018年,这是一个极富历史感的年份:改革开放40周年,基于对时代潮流的深刻洞察,我们的党和人民用"大胆地试、勇敢地改",终于"干出了一片新天地"。从40年前回望,"劳动"是国家转型和社会发展的关键性要素,其重要性值得再三强调。2018年9月10日,全国教育大会召开,明确提出应当努力构建德智体美劳全面培养的教育体系,"要在学生中弘扬劳动精神,教育引导学生崇尚劳动、尊重劳动,懂得劳动最光荣、劳动最崇高、劳动最伟大、劳动最美丽的道理,长大后能够辛勤劳动、诚实劳动、创造性劳动"。2018年12月18日,在庆祝改革开放40周年大会上的讲话中,习近平总书记指出,必须"扭住完善和发展中国特色社会主义制度这个关键",从而"让一切劳动、知识、技术、管理、资本等要素的活力竞相迸发"。体悟上述话语,当下如何"讲好劳模故事",已被赋予了更深厚的意义。"劳模"是新文化传统的重要创造，是对劳动价值的制度性认可。劳模群体是亿万职工的杰出代表，劳模精神是时代精神的重要内容。工匠精神更是亟须深入世道人心的文化，它意味着对卓越的不懈追求，是一种志业，是一种信仰。那么，该如何培育和弘扬新时代的劳模精神和工匠精神？对此，我们通过努力挖掘和讲述劳模的个体亲身经历，来寻求对这一宏大时代命题的思考与探索。

迄今，《中国劳模口述史》已编撰了三辑。第二辑、第三辑与第一辑的关系，可概括为"变"与"不变"。"不变"的是核心理念，我们力图以"口述史"的方法全面、立体地呈现劳模群体，让其尽量走出刻板宣传的桎梏。"变"的则是具体实践，我们尽力去完善"口述史"的操作方式，让劳模们尽可能地鲜活、可感，从而真正走进人心。

追根溯源，口述史作为一种传播方式，有着悠久的传统，被视作"历史的第一种形式"。然而，作为一个专门学科领域，口述史在20世纪以来的兴起与发展，则是"新史学"孕育出的一个产物。概括而言，"新史学"的产生，是对西方传统史学在方法和意义上的挑战，代表的是一种新的潮流、新的范式。其中，在史观上，它把历史学视为"一门关于人、关于人类过去的科学"，反对传统史学"局限于政治史的狭隘性"，主张对历史进行"多层次的、多方面的综合考察"。由此，口述史具有三个重要特征："自下而上"的角度、特有的"人性"、"社会记忆"成为可能①。在具体编撰过程中，我们通过诸多努力，力求更好地呈现口述史的本质内涵。

其一，扩充编撰队伍。此前的第一辑《中国劳模口述史》由李珂独立完成，如今的第二、三两辑是由李珂和吴麟协调分工、合作完成。李珂博士直接为劳模班学员授课，与他们有多次现实接触，进行口述文稿写作的专题辅导，聆听他们充满细节的即时讲述，督促学员们按期保质地提交初稿，主要扮演着课堂"传道者"、现场"聆听者"及流程"组织者"的角色。吴麟博士则更多的是担任文稿"编辑者"、后台"聆听者"及事实"核查者"的角色：首先深入地细读劳模们的事迹材料，列出个性化的访谈提纲；然后反复研读他们的文稿，针对结构、文字、逻辑等一一提出修改建议；最终确认文本材料的准确性，在保持故事原貌内核的基础上，按照口述史的风格进行调整完善。两位编者充分发挥所长，努力讲好劳模故事。从概念化

---

① 定宜庄、汪润主编《口述史读本》，北京大学出版社，2011，第2~4页。

的事迹材料到有可读性的口述故事，两书32篇文稿，每篇均经过反复互动打磨，全程历时近一年。

其二，完善操作实践。"自下而上"是口述史的一个基本特征，意味着将关注对象从上层的精英转为普通的民众，其关键点在于，那些话语权比较弱的人们，有发出自己声音的可能性，使其经历、行为和记忆有进入历史记录并成为历史有机构成的机会。在现有语境中，劳模们当然不是无声者，几乎每一位都不乏相关典型报道，这其实也是"劳模"生成机制的核心环节。然而，从人的"主体性"角度考察，他们纯粹自主发声的可能性，恐怕还亟待提升。在诸多事迹宣传中，社会公众看到的，往往是完美形象，是高光时刻，他们有着超越常人的激情、坚忍、担当。那么，他们是否有作为凡人的迷茫、怯懦、不甘？真实的普通人，会有日常的酸甜苦辣；面临严峻挑战时，难免会有犹疑、会有私心；做事的动机，多数情况下，也有不同维度的考量。劳模之所以成为劳模，当然是非同寻常；然而，劳模也是尘世中人，自然会有烟火气息。

鉴于此，我们在编撰过程中，力求尽可能全面挖掘他们的故事。我们从家庭情况、教育经历、职业生涯、荣誉激励、大学生活、理念思考六个方面，为书中每一位劳模都"量身定制"了千余字的访谈提纲。在打磨文稿的过程中，我们反复和劳模们沟通，共同努力寻求实现下述目标——"真实、平实、讲故事，有逻辑、有细节。一方面，要弘扬劳模精神，呈现'钢铁是怎样炼成的'；另一方面，要尽量地接地气，呈现'普通人的喜怒哀乐'。"为此，我们提出不少具体要求，诸如"写清楚、写明白；少抒情和议论，尽量少用大词和套话，以及不必要的形容词"；"务必要淡化'事迹材料'的味道，多讲原汁原味的故事，用个性化的细节传神"；"在讲故事时不妨'换位思考'，假如我是读者，能否理解、认同乃至同样抉择"；"在保有隐私的前提下，多讲述与家人的相处情境"；等等。锤炼的过程虽然辛苦，但更有收获的愉悦——我们讲述了这些劳模"活生生"的人的故事。他们不是一个个悬浮于日常世界的符号，而是芸芸众生中那些努力向上、向善的人。他们不仅可佩可敬，而且可亲可近。

其三，追求历史价值。口述史是最具"个人性"的历史，特有的"人性"亦是其基本特征之一。它以记录由个人亲述的生活和经验为主，重视从个人的角度来体现对历史事件的记忆和认知，从而寻求观察宏观制度和结构之外的微观人性和心态。前述"五一"回信，是当代中国工运事业中的重要历史事件，共有 38 名劳模学员参与此事。尊重个体意愿，我们收录了其中 30 位的故事。针对他们，在各自访谈提纲中设计了两个相同的问题：您是如何理解"工匠精神"？如何理解"劳动最光荣、劳动最崇高、劳动最伟大、劳动最美丽"这一论述的？劳模们提交的初稿中，这一部分问题很突出。在谈个人经历时，不少故事都讲得不错，比较平实；一谈到"工匠精神"及如何理解回信精神时，套话开始多了起来，有些表述稍显虚浮。当时，我们和劳模们反复沟通，强调务必"走心"，尽量"见到自己"，应结合实际的人生经历、职业体验、心路历程来谈，显现个性，而非千人一面。何以如此？我们旨在追求实现口述史独有的历史价值，期待能对揭示历史深层结构有所贡献，正如美国口述史学家威廉斯（T. Harry Williams）所言："我越来越相信口述史的价值，它不仅是一种编纂近代史的必不可少的工具，而且还可以为研究过去提供一个不同寻常的视角，即它可以从人们内心深处审视过去。"①

口述史看似简单，实际操作起来却很复杂。概括起来，做一个完整的口述史访谈，必须包括三个方面：问卷设计、访谈现场、成果整理。相较 2018 年，问卷设计方面有所完善，我们根据前期交流以及事迹材料，为每一位受访者列出了访谈提纲。访谈现场方面，限于可行性，我们未采取经典的"模式"——面对面的访谈、进行同步录音；而是沿用以往做法，让劳模们主要根据访谈提纲，以文字的形式进行"口述"。在此方面，我们赞同口述史研究学者杨祥银教授的观点：不应简单以"记录手段"作为标准判断一项访谈活动能否被视作口述历史②。为了弥补"现场感"的缺失，我们还是量力采取了相关举措，如借讲授课程、组织秋游等机会，尽可能面对面聆听他们的讲述。此外，每篇故事后面，我们在劳模故事的基础上撰写了"致敬词"，以挖掘和呈现劳模们最为闪光的亮点，进一步捕捉他们的心声，增进对他们的认知。成果整理方面，我们遵循了口述史这一领域通行的伦理道德标准，尽可能保护口述人的隐私。

英国著名口述历史学家保罗·汤普森（Paul Thompson）在其经典作品《过去的声音：口述史》一书中，有一段关于口述史价值的论述——"口

---

① 转引自定宜庄、汪润主编《口述史读本》，北京大学出版社，2011。
② 转引自杨祥银《美国现代口述史学研究》，中国社会科学出版社，2016。

述史是一种围绕人民所建构的历史。它为历史本身注入了活力，并拓宽了其视野。它不仅允许英雄来自领袖，而且还包括不被人知晓的大多数人。它鼓励教师与学生成为工作伙伴。它将历史带入社群，又从中引出历史。它帮助较少有特权者（尤其是老人）获得尊严与自信。它有助于社会阶层、代际的接触，以及由此而来的理解……总之，它有助于人类变得更加充实。"① 通过编撰《中国劳模口述史》，我们深切地体会到这一论述的精辟，直接倾听来自行动者的真实心声，确实有助于健全历史、促进理解。在此方面，我们愿意继续探索。

"一个篱笆三个桩，一个好汉三人帮。"《中国劳模口述史》的陆续出版，是一个得到相关各方大力协助的系统工程。在此，我们要向所有关心支持这一工程的领导、同仁致以诚挚的谢意。感谢学院党委，正是在学院党委的重视支持下，本项目才得以持续，并被纳入庆祝中国劳动关系学院建校 70 周年的校庆学术论丛之中。感谢学院科研处、继续教育学院的同仁们，科研处给予了具体的经费支持，继续教育学院在组织劳模学员方面做了很多工作。感谢学校大国工匠与劳动模范研究所，因为有了这个平台，赋予了我们更多的研究动力，也给予了很多的资源支撑。感谢社会科学文献出版社，在第一辑的基础上，又做了许多开拓性工作，贡献了很多创意，进一步提升了本书的出版质量。当然，更要感谢参与第二辑、第三辑口述史的劳模学员们，虽说有了第一辑作为参照，他们依然要面对此前同样的困难，如何转换讲述故事的话语体系，仍然是一种严峻的挑战。可以说，一次打磨就是一次煎熬；但是，他们选择了坚持，在完成口述故事中，再次彰显了劳模精神。最后，作为编者，我们也感谢自己，这是一次自我修炼，艰难但充满信心。

习近平总书记在庆祝改革开放 40 周年大会上强调："伟大梦想不是等得来、喊得来的，而是拼出来、干出来的。"愿新时代的每一位劳动者，都用干劲、闯劲、钻劲书写自己的人生故事，大家众志成城，"用劳动托起中国梦！"

编　者

2019 年 3 月于中国劳动关系学院

---

① 转引自杨祥银《美国现代口述史学研究》，中国社会科学出版社，2016。

图书在版编目（CIP）数据

中国劳模口述史. 第三辑／李珂，吴麟编著. -- 北
京：社会科学文献出版社，2019.3
ISBN 978 - 7 - 5201 - 4244 - 1

Ⅰ.①中…　Ⅱ.①李…②吴…　Ⅲ.①劳动模范 - 先
进事迹 - 中国 - 现代　Ⅳ.①K820.7

中国版本图书馆 CIP 数据核字（2019）第 024023 号

中国劳模口述史（第三辑）

编　　著／李　珂　吴　麟

出 版 人／谢寿光
责任编辑／王玉霞　李艳芳
文稿编辑／刘如东

出　　版／社会科学文献出版社·城市和绿色发展分社（010）59367143
　　　　　地址：北京市北三环中路甲 29 号院华龙大厦　邮编：100029
　　　　　网址：www. ssap. com. cn
发　　行／市场营销中心（010）59367081　59367083
印　　装／三河市东方印刷有限公司

规　　格／开　本：787mm × 1092mm　1/16
　　　　　印　张：18.75　字　数：307 千字
版　　次／2019 年 3 月第 1 版　2019 年 3 月第 1 次印刷
书　　号／ISBN 978 - 7 - 5201 - 4244 - 1
定　　价／68.00 元

本书如有印装质量问题，请与读者服务中心（010 - 59367028）联系